比较与借鉴：
国外现代四大职教模式研究

顾月琴 著

苏州大学出版社

图书在版编目(CIP)数据

比较与借鉴:国外现代四大职教模式研究 / 顾月琴著. —苏州:苏州大学出版社,2016.10
 ISBN 978-7-5672-1899-4

Ⅰ.①比… Ⅱ.①顾… Ⅲ.①高等职业教育—教育模式—对比研究—世界 Ⅳ.①G718.5

中国版本图书馆 CIP 数据核字(2016)第 257540 号

比较与借鉴:国外现代四大职教模式研究

作　　者:顾月琴
出 版 人:张建初
责任编辑:周建国
封面设计:吴　钰

出版发行:苏州大学出版社
地　　址:苏州市十梓街1号,215006
电　　话:0512-65225020
传　　真:0512-67258875
网　　址:http://www.sudapress.com
E - mail:jack@suda.edu.cn
法律顾问:李晓伟

印　　刷:宜兴市盛世文化印刷有限公司
装　　订:宜兴市盛世文化印刷有限公司
本书如有破损、缺页、装订错误,请与本社联系调换

开　本:700 mm×1 000 mm 1/16　印 张:17.75
字　数:299千字
版　次:2016年10月第1版　印 次:2016年10月第1次印刷
书　号:ISBN 978-7-5672-1899-4
定　价:48.00元

前 言 Preface

　　技术与职业教育作为终身学习不可分割的一部分,在新的时代将发挥重要的作用。它是实现(和平文化、保护环境的适当的可持续发展、社会凝聚和国际公民等)目标的有效工具。

——《技术与职业教育和培训:21世纪愿景》

　　进入21世纪,随着经济全球化的发展,世界各国经济社会发生了根本性的变化,高新科技产业的崛起改变了世界各国传统的产业结构,新的行业和新的岗位不断产生,社会对人才的需求也随着市场经济的快速发展而不断变化。以培养社会各行各业需要的技术人才为目标的职业教育,成为与经济发展联系最密切和最直接的教育类型。

　　经过几十年的探索与发展,世界各国的职业教育取得了显著的成就,并形成了各具特色的职教模式。其中较为典型的有德国双元制、北美CBE、澳大利亚TAFE和英国BTEC。这四大职教模式,立足本国的实际情况,从市场需求出发,与企业广泛合作,为社会发展培养了大批高素质的技术应用型人才,成为本国经济发展的"助推器"和实现高等教育大众化的"主渠道"。通过对这四大职教模式的分析与比较,可以了解发达国家高等职业教育人才培养模式的特点和发展趋势。

　　当今时代各国的竞争将是经济实力和科技水平的竞争,而其背后实则是劳动者素质和人才的竞争。21世纪将是一个知识、信息、通信的时代,是以高新技术为核心的知识经济占主导地位的时代。与以往的经济形态相比,知识经济的最大不同在于,它的繁荣不是直接取决于资源、资本、硬件技术的数量、规模和增量,而是直接依赖于知识或有效信息的积累和利用。国家的综合国力和国际竞争将取决于获取知识、运用知识和创造新知识的能力,即取决于在这方面人才培养的竞争。全球化与信息和通信技术的革命意味着有必要建立以人为中心的发展模式。

　　中国要应对经济全球化的挑战,并在竞争中取得优势,就必须以海纳百川的胸怀,不断学习其他国家先进的教育理念,更应在此基础上锐意创新进取,培养高素质的技术人才,这样才能在激烈的竞争中立于不败之地。"每一个国家和民族的文化都有自己的优势和长处,不同文化之间的相互学习和借鉴是文化发展的必要条件"。

高等职业教育是我国高等教育的重要组成部分,在实施科教兴国战略和人才强国战略中具有特殊的地位。改革开放以来,我国社会各方面都取得了令人瞩目的成就。随着高等教育事业的发展和社会经济对技术应用型人才的需要,20世纪80年代我国开始大力发展职业教育。目前,我国的职业教育在规模上取得了空前发展,但由于起步晚,基础薄弱,加上受传统高等教育的影响,社会对高等职业技术教育培养的技术人才褒贬不一。

"他山之石,可以攻玉",对当今世界典型的四大职教模式进行比较研究,可以更好地借鉴其他国家职教发展的经验与教训,把握世界职业教育发展的基本规律,还能更好地解决我国在教育发展变革中存在的某些问题,弥补我国职业教育理论研究的薄弱与不足。此外,汲取这四大职教模式中的精髓,并根据区域经济和文化发展需求进行改革创新,从而可以形成适合我国国情和区情的本土化职教模式。

本书在撰写过程中参考了中外职业教育及四大职教研究的有关资料,引用了相关数据,并借鉴了学者们的相关研究成果,在此一并表示衷心的感谢。

由于本人学术水平有限,书稿还存在许多不足之处,敬请各位前辈和专家批评指正。

目录 Contents

第一章 高等职业教育人才培养模式概述 …………………………… 1
 第一节 相关概念界定 ………………………………………………… 1
 第二节 我国高等职业教育的发展历程 ……………………………… 6
 第三节 我国高等职业教育人才培养模式分类 ……………………… 9
 第四节 我国高等职业教育人才培养模式的主要特征
     ………………………………………………………………… 24
 第五节 我国高等职业教育人才培养模式存在的主要问题
     ………………………………………………………………… 26

第二章 德国双元制职业教育模式 …………………………………… 30
 第一节 德国双元制职业教育的发展历程 …………………………… 30
 第二节 德国双元制职业教育的内涵与具体表现 …………………… 36
 第三节 德国双元制职业教育的具体实施 …………………………… 39
 第四节 德国双元制职业教育的主要特点 …………………………… 44
 第五节 德国双元制职业教育形成的因素分析 ……………………… 47
 第六节 德国双元制面临的挑战与发展趋势 ………………………… 52
 第七节 德国双元制职教模式对我国职业教育的启示
     ………………………………………………………………… 60

第三章 北美 CBE 职业教育模式 …………………………………… 65
 第一节 北美 CBE 职业教育的内涵与发展进程 …………………… 65
 第二节 北美 CBE 职教模式的实施过程 …………………………… 68
 第三节 北美 CBE 职业教育模式的特征分析 ……………………… 72
 第四节 北美 CBE 面临的挑战和发展趋势 ………………………… 75
 第五节 北美 CBE 职业教育对我国高职教育的借鉴作用
     ………………………………………………………………… 78

第四章 澳大利亚 TAFE 职业教育模式 ………………… 82
　第一节 澳大利亚 TAFE 职业教育模式的内涵与发展进程 …… 82
　第二节 澳大利亚 TAFE 的课程开发 …………………………… 93
　第三节 澳大利亚 TAFE 课程的设置 …………………………… 100
　第四节 澳大利亚 TAFE 的教学实施 …………………………… 105
　第五节 澳大利亚 TAFE 的教学评价 …………………………… 106
　第六节 澳大利亚 TAFE 的特色 ………………………………… 107
　第七节 澳大利亚 TAFE 面临的挑战及发展趋势 ……………… 111
　第八节 澳大利亚 TAFE 对我国高职教育的启示 ……………… 116

第五章 英国 BTEC 职业教育模式 ……………………… 120
　第一节 英国职业技术教育发展历程 …………………………… 120
　第二节 英国 BTEC 职业教育模式的产生和内涵 ……………… 127
　第三节 英国 BTEC 职教模式的实施 …………………………… 134
　第四节 英国 BTEC 职教模式的特点 …………………………… 140
　第五节 英国 BTEC 职教模式面临的挑战及发展趋势 ………… 143
　第六节 英国 BTEC 职教模式给我国高职教育的启示 ………… 145

第六章 现代四大职教模式的比较与发展趋势 …………… 149
　第一节 现代四大职教模式的共同之处 ………………………… 149
　第二节 现代四大职教模式的不同之处 ………………………… 157
　第三节 国外高等职业教育的发展趋势 ………………………… 164

第七章 冲突与融合：文化与职业教育 …………………… 173
　第一节 文化、文化传统及其与职业教育的关系 ……………… 173
　第二节 文化传统对英德两国职业教育的影响 ………………… 178
　第三节 我国职业教育发展遭遇瓶颈的文化反思 ……………… 183

第八章 我国高等职业教育人才培养模式的构建与改革 …… 191
　第一节 我国高等职业教育人才培养模式改革的背景 ………… 191
　第二节 我国高等职业教育人才培养模式的发展趋势 ………… 198
　第三节 我国高等职业教育人才培养模式改革的策略 ………… 201

附录一　（德国）联邦职业教育法 …………………………… 206
附录二　加拿大职业分类体系 ………………………………… 239
附录三　澳大利亚部分 TAFE 学院一览表 …………………… 259
附录四　英国最主要 4 家综合性颁证机构颁证清单及分类
　　　　………………………………………………………… 263

主要参考文献 …………………………………………………… 265
后　　记 ………………………………………………………… 274

> 1999年4月26日，联合国教科文总干事马约尔先生在韩国汉城（今首尔）第二届国际技术与职业教育大会上说："可以不夸张地说，在未来，对一个国家来说，其社会和经济发展的骨干将是专业技术人员。这应引起政府的关注，重视教育并给予职业技术教育相当的投资。这对于各国适应全球化尤其重要！"

第一章 高等职业教育人才培养模式概述

人才培养模式主要是指学校为实现其培养目标而采取的培养过程的构造样式和运行方式，它主要包括专业设置、课程模式、教学设计、教育方法、师资队伍组成、培养途径与特色、实践教学等构成要素。人才培养模式直接关系到所培养的人才的规格和质量，进而关系到一个地区乃至一个国家社会经济发展的水平和质量。随着我国社会主义现代化建设与改革开放的不断深入和我国工业化城市化进程的不断加快，对高技能高素质人才的需求也急剧增加，这为我国高等职业教育提供了良好的机遇。而改革开放近30年来，我国的高等职业教育确实得到了快速发展，为社会主义现代化建设培养了大批高素质的技能型人才。但是，我国的高等职业教育也存在诸多问题，如办学目标定位不明确、缺乏办学经费、师资队伍不合理、专业设置缺乏特色、学生就业前景不乐观等，这就需要我们借鉴国外发达国家的职业教育模式，如德国的双元制模式、北美的CBE模式、澳大利亚的TAFE模式和英国的BTEC模式，以改革我国现有职业教育模式中的不合理因素，从而提高学生的职业技能，培养社会需要的高素质人才，全面提升高职教育的质量。

第一节 相关概念界定

高等职业教育人才培养模式已成为当前学术界研究高等职业教育的热点问题之一，学者们从各种视角出发探讨人才培养模式问题，尤其是从办学实践方面进行总结归纳。为更好地阐述问题，本书先界定涉及高等职业教育人才培养模式的相关概念。

一、模式

模式,英文单词为 Model 或 Mode,Pattern,原意是模型、样品、方式等,是从一般科学方法或科学哲学中引用而来的。它表示用实物或符号形式将原物、活动、理论等仿制或再现出来。模式作为一种科学认识手段和思维方式,有学者认为它是指人们对某种或某组事物的存在或运动形式进行抽象分析后做出的理论概括,即人们为了某种特定目的,对认识、研究对象的运动、表现或相关联系的形状、发展态势以及机制、动作的方向等方面做出的高度理论性描述。①《国际教育百科全书》对模式的叙述是:"对任何一个领域的探究都有一个过程。在鉴别出影响特定结果的变量,或提出与特定问题有关的定义、解释和预示的假设之后,当变量与假设之间的内在联系得到系统的阐述时,就需要把变量和假设之间的内在联系合并成为一个假定的模式。""模式可以被建立和被检验,并且如果需要的话,还可以根据探究进行重建。它们与理论有关,可从理论中派生,但从概念上说,它们又不同于理论。"②

因此,模式不但可以借助具体事物,还可以用抽象方式来表述,它可以是对事物发展本身的归纳总结,也可以是事物发展方向的设计,但不管怎样,它们都必须是事物内部规律的反映。概括来说,模式是对特定事物的结构与发展过程,连同对其相互关系的抽象简约的描述,是能够通过理论和实践检验重复做的标准形式。

二、人才培养模式

进入 21 世纪,随着我国在人才培养模式方面研究的开展,目前关于人才培养模式的概念层出不穷,主要有以下几种代表性的论述:

第一种是目标方式说。认为人才培养模式是由人才的培养目标、培养规格以及基本培养方式所组成,它决定着高校人才的基本特征,集中体现了高等教育思想和教育观念。③

第二种是结构方式说。认为人才培养模式是指人才的培养目标、培养规格、培养方案,它集中体现在人才培养计划上,包括专业培养目标、人才培养规格、学生知识、能力、素质结构、课程体系、教学内容及培养过程等。

---

① 刘兰明、宋文光:《关于高等职业教育办学模式的探讨》,《邯郸职业技术学院学报》,2003 年第 2 期。

② Torsten, Husen, T. Neville, Postlethwaite,李进:《国际教育百科全书 6 M-O》,贵州教育出版社 1990 年版,第 236 页。

③ 教育部高等教育司:《高等教育教学改革(1999)》,高等教育出版社 2000 年版,第 8 页。

第三种是综合方式说。认为人才培养模式是培养目标、业务规格、培养过程、培养方法、教育管理等方面的综合特征或主要特点。人才培养模式是由人才培养的指导思想、目标、内容、方式、质量评价标准等要素所构成的相互协调的系统,是高等职业院校办学思想、办学水平和办学特点的集中体现。

也有学者认为,人才培养模式是指在一定的现代教育理论、教育思想指导下,按照特定的培养目标和人才规格,以相对稳定的教学内容和课程体系、管理制度和评估方式,实施人才教育的过程的总和。①

1998 年教育部召开了第一次全国普通高校教学工作会议,时任教育部副部长的周远清同志曾对人才培养模式做出过阐述,他认为所谓的人才培养模式,实际上就是人才的培养目标和培养规格以及实现这些培养目标的方法或手段,具体可以包括四层含义:

一是培养目标和规格;

二是为实现一定的培养目标和规格的整个教育过程;

三是为实现这一过程的一整套管理和评估制度;

四是与之相匹配的科学的教学方式、方法和手段。

虽然关于人才培养模式的内涵界定众说纷纭,但其基本构成要素主要有以下几点:

培养目标:培养目标是培养模式中的决定因素,指教育目的或各级各类学校、各专业的具体培养要求,一般包括人才根本特征、培养方向、培养规格、业务培养要求等内容。社会对人才类型、规格的需要与学生的基础条件及全面发展要求制约着培养目标。

培养内容:培养内容是指作用于受教育者的影响物。学校人才培养内容一般以课程的形式体现出来,这里的课程不单指学校规定的课程,还包括全部的课外活动,以及其他对学生产生影响的行为活动。

培养过程:培养过程是指为实现培养目标,根据人才培养制度的规定,运用教材、实验、实习等中介手段,采取各种方式从事教学活动的过程。它是人才培养模式的本质属性,包括专业设置、课程体系、培养途径等要素。

培养制度:培养制度是人才培养能够如期实施的重要保障与基本前提,它指关于人才培养的重要规定、程序及其实施体系,主要包括专业设置制度、修业制度和日常教学管理制度等内容。

---

① 傅伟:《高等职业教育人才培养模式探究》,西南师范大学出版社 2014 年版,第 13 页。

培养评价：培养评价是人才培养过程中的重要环节，主要依据一定的标准对培养过程及所培养人才的质量与效益做出客观的衡量和科学的判断。它能对培养目标、培养过程进行监控，并及时进行反馈与调节。

三、高等职业教育

高等职业教育的出现是与经济发展和科技进步紧密相关的，其目标是培养适应生产建设、管理与服务等第一线需要的高级应用型和服务型人才。"高等职业教育"是中国特有的称谓，不同时期和不同国家有着不同的表述，但主要内涵基本一致。

《中国教育百科全书》指出，高等职业教育是指通过学校教育和职业技术培训，把中等职业技术学校的毕业生、普通高中毕业生以及具有相应文化水平和实践经验的中级技术工人，进行为期2～3年（若专业需要还可有4～5年）的教育后（其中重点培养学生的实际技能），使其成为社会生产部门第一线需要的高级应用型人才和高级技术工人的教育过程。① 教育机构主要有：各种职业技术专科学校、高级技工学校、职业技术师范学校（有的学制为4年）、短期职业大学、职工大学、广播电视大学、普通高等院校举办的函授大学、夜大等。此类教育着重于学生实际技能的培养，以为国民经济各部门输送高级应用型人才和高级技术工人为培养目的。职业技术师范学院还要加强教育理论和教学能力的培养，为各级职业技术教育提供合格的师资。②

《教育大词典》对于高等职业教育进行了如下解释：高等职业教育包括职业教育和技术教育，它们同属于第三级教育层次，这种教育可以是就业前的职业技术教育，也可以是从业后的有关继续教育。高等职业教育主要培养文科、理科、工科、农林、医药、政法、财经等7个科类的专业人才，并且在不同的经济发展时期和不同的国家，高等职业教育的内容会有所不同。③

1976年，联合国教科文组织在《国际教育标准分类》描述了高等职业教育的特点："对所学学科中的理论性、一般性和科学性原理不太侧重，花时不多，而侧重它们在个别职业中的实际应用。故所列课程计划与相应大学学位教育相比，修业期限要短一些，一般少于4年。"④ 1997年，联合国教科文组织对国际教育标准进行了全面的修订，将属于高等教育的第五层次划

---

① 李蔺田：《中国职业技术教育史》，高等教育出版社1994年版，第105页。
② 吕鑫祥：《高等职业技术教育研究》，上海教育出版社，1998年版，第29页。
③ 顾明远：《教育大词典》，上海教育出版社1998年版，第345页。
④ 孟广英：《当代中国职业技术教育》，高等教育出版社1993年版，第217-218页。

分为 A、B 两类,其中 5A 是"理论型的为研究做准备的课程",5B 则是"实用的、技术的具体职业课程"。①

有学者认为,高等职业教育是培养技术型人才的教育,它包括学历教育和非学历教育两部分。高等职业教育中的学历教育可以有多种层次,而由于我国当前的高等职业教育大部分为大专层次,所以它与我国高专教育的主要特征是相同的,同属国际教育标准分类中的第五层次教育,是我国高等教育的组成部分。②

在我国,高等职业教育是高等教育的重要组成部分,它以职业岗位为导向,具有教育性和实践性相结合、时代性和地区性相结合、能力和素质相结合、学历教育与非学历教育相结合等特点,并与普通教育相互沟通,共同构成了我国现行的高等教育体系。

四、高等职业教育人才培养模式

高等职业教育人才培养模式既具有一般人才培养模式的共性,又具有其自身的个性。就高等职业教育人才培养模式的本质属性而言,高等职业教育人才培养模式是在一定的教育思想指导下,为实现高等职业教育人才培养目标而采取的人才培养活动的组织样式和运行方式。其内涵包括:

(1) 高等职业教育人才培养模式是一种教育思想,凝聚着教育主体对高等职业教育的认识,该认识主要包括高等职业教育主张、教育理论和教育学说等。

(2) 高等职业教育人才培养模式是一种有明确目标的活动,以培养生产、服务和管理第一线的应用型高级技术人才为目标,这一目标既体现了社会对高等职业教育的要求,也是高等职业教育发展的依据。

(3) 高等职业教育人才培养模式所涉及的人才培养活动,既包括学校的教育、教学和管理活动,也包括由学校设计并组织的校外教育教学活动。虽然教育教学活动的地点不同,但高等职业教育的特殊性决定了人才培养的课程体系、教学方式、教学形式、运行机制及非教学培养途径等各方面的特殊性。

(4) 高等职业教育人才培养模式是一种组织样式和运行方式,人才培养是多要素参与的集体劳动成果。各要素之间和集体成员之间如何组织、

---

① 王明伦:《高等职业教育发展论》,教育科学出版社 2004 年版,第 12 页。
② 吕鑫祥:《高等职业技术教育研究》,上海教育出版社 1997 年版,第 97 页。

怎样运行,形成了不同的模式特征和风格,决定了不同的组织效率和工作效率。①

第二节 我国高等职业教育的发展历程

20世纪80年代以来,随着我国产业经济的发展,我国高等职业技术教育也得到了发展。在短短的二十多年时间里,我国的高等职业教育经历了起步阶段、缓慢发展阶段和快速发展阶段。

一、高等职业教育的兴起(1980—1989)

20世纪70年代末,十年动乱刚刚结束,我国各项事业百废待兴。1979年,党的十一届三中全会确定了把党和国家的工作重点转移到经济建设与改革开放的战略决策,明确提出了我国社会主义现代化建设大体分三步走的战略目标。经济的发展需要更多的人才,但十年动乱之后学校数量减少且都在恢复之中,这使得普通高中毕业生升学竞争异常激烈。同时,一些中心城市经济发展速度明显加快,而人才供应却严重不足。1980年初,为适应地方建设对人才的迫切需求,一些大中城市创办了"以收费、走读、不包分配"为特点的大学,由于这些学校都是培养地方经济建设迫切需要的高等应用型人才,因而取名为"短期职业大学"。我国首批13所职业大学的诞生,标志着我国高等职业教育的正式起步。

随着改革开放的推进,大批高新技术和先进仪器设备被引入我国,传统的产业结构不断调整,国际化水平提高,对生产第一线的技术、管理和服务人员提出了新的要求。发展高等职业教育已成为当时社会经济和社会发展的迫切要求。1982年,五届全国人大五次会议提出:"要试办一批花钱少、见效快,可收学费,学生尽可能走读,毕业生择优录用的专科学校和短期职业大学。"据此,国家教委在1983年批准建立了33所职业大学;1984年、1985年又分别批准建立了22所。1985年5月,《中共中央关于教育体制改革的决定》中提出"积极发展高等职业技术院校,逐步建立起一个从初级到高级、行业配套、结构合理又能与普通教育相互沟通的职业技术教育体系"。20世纪80年代中期,为推动高等职业教育的发展,我国曾从世界银行争取到3500万美元的贷款,集中支持17所职业大学的建设。② 这一时期,由于

---

① 刘福军、成文章:《高等职业教育人才培养模式》,北京:科学出版社2007年版,第8页。
② 易元祥:《中国高等职业教育的发展研究》,华中科技大学2004年博士学位论文,第46页。

政府的财政支持,有力地推动了高等职业教育的发展,职业大学的数量从1980年的13所增加到20世纪80年代末期的126所。

地方政府在兴办早期的职业大学过程中起了关键作用,但由于各种原因,职业大学发展初期困难重重,有些职业大学甚至向普通高校靠拢。1990年10月,在"全国普通高等专科教育工作座谈会"上专家们提出了职业大学可以分流的意见,并在会后发布的《关于加强普通高等专科教育工作的意见》,提出"一部分应办成以培养高级技艺性人才为目标的高等职业教育;一部分根据需要,经过上级主管部门审定并报国家教委批准,可以明确为普通高等专科学校"。这些意见虽然有争议,但引起了一些职业大学的转向或升格。1995年,国家教委印发教职[1995]12号文件,正式承认职业大学是我国高等教育的一种办学形式,是高职教育的重要组成部分,是国家承认学历的全日制高等学校,同高职教育一起得到了国家的正式认同。

二、高等职业教育的缓慢发展(1990—1995)

20世纪90年代后,随着改革开放的深入,在沿海经济发达地区,由于区域产业结构的调整和产品结构的升级,高素质技能人才严重缺乏,社会对高等职业教育的需求更加迫切。此时,从80年代后期开始的日益严重的高等教育结构失衡问题逐渐成为人们关注的焦点。但是90年代国家对高等职业教育采取了"三不一高"的政策,"三不"即不转户口、不发教育部统一的毕业证书、不发派遣证;"一高"即高收费。在此政策影响下,90年代中期全国出现了"普高热"现象;与此相反,高中阶段职业教育的招生困难重重,这很大程度上阻碍了高等职业院校的发展。

为改变这种不利局面,国家领导人高度重视高等职业教育的发展问题。1994年6月召开全国教育工作会议,江泽民同志指出:"要大力发展各种层次的职业教育和成人教育。"李鹏同志指出高等教育"今后一个时期,适当扩大规模的重点是高等专科教育和高等职业教育"。李岚清同志强调"高中后的分流要多样化,培养更多的技艺型和应用型人才"。1996年,国务院组织召开了第三次全国职业教育工作会议,提出"积极发展高等职业教育",并开始进行高等职业院校的省市试点工作。此时,高等职业教育得到了缓慢的发展。

三、高等职业教育的快速发展(1996至今)

随着我国社会主义市场经济的发展,科教兴国战略的实施和知识经济的来临,以及高等教育大众化的要求,从1996年开始,我国高等职业教育进入了新的发展时期。

1996年9月1日《中华人民共和国教育法》开始实施,《教育法》是我国教育法规体系中最重要的法律,全面规范了我国教育改革和发展的重要原则,为落实教育优先发展的战略地位,建立适应社会主义市场经济的教育体系提供了法律基础。同时,我国的《职业教育法》也正式实施。该法规定:"职业学校教育分为初等、中等、高等职业学校教育","高等职业学校教育根据需要和条件由高等职业学校实施,或由普通高等学校实施"。该法的颁布标志着职业教育有了自己的法律法规,以法律的形式确立了高等职业教育的地位。1998年9月,我国《高等教育法》颁布实施,该法第六十八条指出:"本法所称高等学校是指大学、独立设置的学院和高等专科学校,其中包括高等职业学校和成人高等学校。"

为了加快高等职业教育的发展和加大高等职业学校的改革力度,1998年,新组建的教育部又提出"三多一改"的发展高等职业教育的指导方针,即多形式、多模式、多机制和深化改革。"多形式"主要指办学形式多样化;"多模式"主要是人才培养模式的多样化;"多机制"主要指高等职业教育办学主体的多样化;"深化改革"指通过改革提高人才培养质量,体现高等职业教育的办学特色。1998年12月教育部在《面向21世纪教育振兴行动计划》中提出:对于学历高等职业教育,在"三改一补"(改革、改组、改制、补充)的基础上,部分本科院校可以设立高等职业技术学院,并特别要采取新的办学模式和运行机制,积极探索民办高等职业教育。①

1999年1月,教育部等部委印发《试行按新的管理模式和运行机制举办高等职业教育的实施意见》,调整中央和地方管理职责,改变传统的专科人才培养模式,加快专科教育向高职教育转变的步伐;改革现有的运行机制,按新的模式举办高职教育……并在同年开始,一大批普通本科院校组建了二级学院,加入高职教育的行列。1999年6月,党中央、国务院在《关于深化教育改革全面推进素质教育的决定》中首次提出"要大力发展高等职业教育,培养一大批具有必要的理论知识和较强的实践能力,生产、建设、管理和服务第一线和农村急需的人才","现有的职业大学,独立设置的成人高校和部分高等专科学校要通过改革、改组和改制,逐步调整为职业技术学院(或职业学院)。支持本科高等学校举办或与企业合作举办职业技术学院(或职业学院)。省、自治区、直辖市人民政府在对当地教育资源的统筹下,可以举办综合性、社区性的职业技术学院(或职业学院)",并在政策上给予

---

① 易元祥:《中国高等职业教育的发展研究》,华中科技大学2004年博士学位论文,第48页。

照顾,从而使高职教育得以快速发展。

2001年7月26日教育部在《全国教育事业第十个五年计划》的"战略要点"中提出,"面向未来的挑战,努力在构建终身教育体系,推进教育手段现代化和教育信息化,鼓励和支持社会力量办学,发展高等职业技术教育等方面实现重大突破";在"主要目标"中提出,"继续加快高等职业教育的发展并进一步办出特色";这表明,高等职业教育已成为我国高等教育的重要组成部分,并开始摆脱边缘化的地位。2005年国务院再次召开全国职业教育工作会议,更进一步要求"高等职业教育招生规模占高等教育招生规模的一半以上","'十一五'期间,要为社会输送1100多万名高等职业院校毕业生"。截至2005年年底,全国共有高职(专科)院校1091所。① 这样,高职高专院校就已占全国1792所普通高校总数的61%,在校生达到713万人,占全国普通高校在校生总数的46%。在1091所高职高专院校中,高职为921所,占全国全日制普通高校的半数以上,其他高专院校实际上多改成了高职院校②。我国的高等职业教育得到了突飞猛进的发展,办学模式也日趋多元化,由单一的政府办学逐渐发展到政府办学、行业办学、企业办学和校企合作办学等各种形式。

第三节 我国高等职业教育人才培养模式分类

高校的根本任务是培养人才,而高职院校只有努力探索人才培养模式,才能为社会输送优秀的技术型人才。改革开放以来,随着我国高等职业教育的发展,在学习和借鉴发达国家先进职教人才培养模式的基础上,我国高等职业教育人才培养模式也有了新的发展,并呈现出多元化的发展趋势。但人才培养是一个系统,涉及学校、学生、企业等多方面因素,不同学校在分析专业特点时会制订不同的人才培养方案并采取不同的做法。目前,我国高职院校较多采用与企业合作,"工学结合"的人才培养模式。

"工学结合"的教育模式具有悠久的历史,它是一项系统工程,是长期教育实践的结晶。其基本特点是企业参与了人才培养的全过程,学生兼具"员工"和学生的双重身份,该模式基本实现了职业教育与就业岗位的"无缝"

---

① 教育部:《2005年全国教育事业发展统计公报》,2006年5月。
② 潘懋元:《黄炎培职业教育思想对当前高等职业教育的启示》,《教育研究》,2007年第1期。

对接,做到了学校、企业和学生共赢的效果,是我国教育与生产劳动相结合在高职教育中的成功实践。

一、"工学结合"人才培养模式的发展与内涵

1. "工学结合"人才培养模式的发展

"工学结合"最早起源于1903年,当时英国桑德兰技术学院在工程和船舶建筑系中实施"学习—实践—学习"的产教结合模式,要求学生在校学习期间参加校外的实际工作训练。该模式类似于三明治,又称"三明治"教学模式(Sandwich Program)。1906年,美国辛辛那提大学实施工程合作教育计划,要求学生边学习边工作,由学校和企业合作共同为学生提供职业技术教育。1961年,在福特基金会的支持下,美国进行了一次对工学结合教育的调查,并形成了威尔逊—莱昂斯报告,该报告后被编撰成《学习与工作相结合的大学计划书》。1983年,世界合作教育协会(The World Association for Cooperative Education,简称 WACE)在美国成立,主张"合作教育是将课堂上的学习与工作中的学习结合起来,学生将理论知识运用于现实的实践中,然后将工作中遇到的挑战和见识带回学校,促进学习的教与学"。该协会成员来自全球40多个国家,每年召开一次国际会议,其影响越来越大,很多国家开始探索"工学结合"的教育模式。2000年,经协会理事会讨论,决定将"合作教育"(Cooperative Education)改为"与工作相结合的学习"(Work Integrated With Learning),从而在名称上进一步凸显了"工学结合"的基本特征。

一百多年来的实践证明,工学结合教育具有强大的生命力,它对美国产生了重大影响,不仅有效地推进和促进了美国经济的发展,还促进了美国高等教育的发展。21世纪初,美国1000所院校开办和实施了不同层次、类型与形式的工学结合教育模式,而作为倡导工学结合的辛辛那提大学的学生已遍布美国36个州和其他6个国家或地区从事各种实习工作。[①]

虽然师傅带徒弟的形式进行技术教育在我国历史悠久,但我国最早出现"工学结合"一词是在1992年10月17日国务院颁布的《关于大力发展职业技术教育的决定》,该《决定》明确提出"提倡产教结合,工学结合",这应该是改革开放后对职教运行的最早表述。2002年、2003年和2004年三次全国职业教育工作会议促进了全国职业教育的发展。2004年7月出版的《必由之路——高等职业教育产学研结合操作指南》一书,其中"'工学结

---

① 华北庄、胡文宝等:《中国产学合作教育模式探索》,武汉大学出版社2005年版,第43页。

合,校企双向介入'人才培养模式及其案例",是最早将"工学结合"视为人才培养模式表述的文本。2005年2月28日教育部《关于加快中等职业教育的意见》中提到"要采取灵活的办学模式和机制,推动校企合作,实行订单式培养"。随后,2005年8月19日,教育部在天津召开职业教育工学结合座谈会,研究新形势下推进工学结合、勤工俭学,创新人才的培养模式。时任教育部部长周济指出:"坚持工学结合、半工半读,是我国职业教育改革与发展的一个关键问题,是我国职业教育改革的重要方向,是我国职业教育发展的根本举措。当前和今后一个时期,职业院校都要进一步加强与企业的联系,加强学生的生产实习和社会实践,改革以学校和课堂为中心的传统人才培养模式,大力推进工学结合、半工半读的人才培养模式。"①这次会议标志着工学结合人才培养模式得到了大力发展和深入推进。2005年11月,国务院颁布了《关于大力发展职业教育的决定》,再次明确了"大力推行工学结合、校企合作的培养模式"。2006年3月30日,教育部又下达了《关于职业院校推行工学结合、半工半读的意见》,要求将工学结合、半工半读作为职业教育改革创新的重点,同时应将推进工学结合、半工半读作为职业院校改革发展的基本方向。

2."工学结合"人才培养模式的内涵

"工学结合"人才培养模式是在长期的教育实践中逐步构建的,不同国家和院校实行的"工学结合"模式各具特色。但总体来说,"工学结合"有其自身的规律和特征,1997年加拿大合作教育协会编写的《合作教育工作手册》中将人们对合作教育的不同解释概括为三种:① 合作教育是一种将校内的学习与校外真实的工作经历结合在一起的教育策略,学生在校外的工作往往与他们所学的知识有直接的联系。② 合作教育是一种将课堂学习和与学生所学知识有关的校外工作分阶段结合起来的教育方法。③ 合作教育是一种将学生参加真实的工作作为常规,使其成为课程设置中必不可少的一部分的教育计划。②

结合上述三种解释和我国学者对"工学结合"的相关定义,笔者认为,"工学结合"人才培养模式是充分利用学校和企业不同的教育环境与资源,发挥学校和企业在人才培养方面的优势,使学习与工作紧密结合,以学生为

---

① 周济:《工学结合、半工半读实现我国职业教育改革和发展的新突破》,《中国教育报》,2005年8月20日。
② 苏俭、王益宇:《对高职院校"工学结合"教育模式的再思考》,《中国高教研究》,2010年第5期。

主体，以职业技能培养为主线，把学校课堂教学和直接获取实际经验的企业工作有机结合起来，以扩大学生参与和受益面，从而实现学生职业能力与企业岗位要求之间"无缝"对接的应用型人才培养模式。

二、我国当前人才培养模式的主要类型

（一）"2+1"人才培养模式

1．"2+1"人才培养模式的基本思路

所谓"2+1"人才培养模式是指在高职三年学制下，以培养学生动手能力和实践课堂理论知识为出发点，根据专业建设的需要，学生两年在校进行专业理论知识和基本专业技能训练，一年在相关企事业单位完成顶岗实习、专业综合实践、毕业设计和就业实践等教学环节。其中的"1"多指最后一学年，或指三年教学时间中总计一年时间的顶岗实习。在整个顶岗实习阶段，一方面企业将其作为学生看待，以师傅带徒弟的方式锻炼学生的职业技能，另一方面学生也直接参与企业的一些基础性工作，以在真实的工作环境中培养其职业能力。通过在企业的学习和生活，学生可以充分利用企业先进的机器设备、丰富的技术人力资源和优良的企业文化，将所学的知识在实际环境中进行及时充分的运用，有效提高动手能力和职业素养，从而提高学生的综合素质，实现学校与企业的"零距离"对接，为学生就业打下坚实的基础。

2．"2+1"人才培养模式的实施过程

任何一种人才培养模式的产生都有其理论基础与现实背景，"2+1"人才培养模式也不例外，它以多元化的人才培养理论为基础，吸取国外或其他院校人才培养模式的优点，解决了学生理论知识与实践技能脱节的问题。"2+1"人才培养模式是学校、企业、教师各方面密切配合的系统工程。它具有其自身的特点，特别在"1"阶段，结合了实习实训、顶岗实习、毕业设计等环节，在本质上将职业院校与企业这两个不同的学习环境进行整合，从而产生了新的人才培养模式，通过理论学习和技能培养，使学生实现顺利上岗。下面以苏州健雄职业技术学院"2+1"定岗双元人才培养模式为例进行说明。

苏州健雄职业技术学院"2+1"定岗双元人才培养模式是学院参照德国"双元制"教育的基本要求组织实施，吸取了德国"双元制"精髓，使学生在校三年的培养均保证在"企业元"和"学校元"的共同作用下完成的一种模式。第一、第二年学生主要轮流在学院的课堂和教学工厂中学习文化知识、专业理论和专业技能，第三年通过与企业的双向选择而与企业签约，定岗双

元培养，在企业生产岗位上实习。无论在学院还是企业学习的各个环节，从教材、教学计划、教学大纲、课程设计、教学手段、学生评价等方面均参照德国"双元制"模式，特别强调"学校元"和"企业元"的共同作用。

这一模式中，为了凸显前两年中"企业元"的作用，学院参照德国"双元制"模式中理论与实践教学的时间比例，尽量增加学生在学院教学工厂的实训和企业生产部门的实习时间；学院教学工厂的环境和氛围也尽可能模拟企业生产车间，内部全框架开放式，分培训师办公区、专业理论教学区、实践操作区等三大功能区；培训师都是从企业应聘者中录用的高级技术工人，并接受"双元制"教育理论、模式、方法和实践操作的专门培训。同样，为了避免学生第三年在企业生产学习时学院管理失控，学院特别重视第三年"学校元"的作用。首先，在学生入学的第二年，即开设就业指导课，对学生的就业意识、就业能力等进行规范化培训；第二年年末，组织若干场大规模的企业与学生双向选择会，让学生与企业充分了解，互相选择，签订就业协议，定岗位双元培养；在实习过程中，学院有严格的管理制度，规定每个学生必须由企业技术人员或能工巧匠担任实习指导教师，与学院的指导老师共同指导完成实习任务，校企双方指导老师要填写完整的教学档案，学生要完成学院的学习任务和企业的生产任务；学院教师与企业教师就被指导的学生要定期交流，反馈学生各方面的情况，如果发现较大规模的理论教学问题，学院将学生召回重新进行理论培训，及时补充理论教学。通过以上种种措施，非但没让学生放任自流，反而增强了个性化辅导，让"企业元"和"学校元"的共同培养在第三年得到升华。

这一模式以学院为主导、以企业为辅助培养学生，前两年学院的教学工厂与实训环境构成"企业元"，补充完善企业角色，而在第三年里学校的作用并没有削弱，针对企业岗位进行双元培养，"学校元"和"企业元"三年中共同完成了"双元制"人才培养。这种模式充分体现了"双元制"的精髓，是学院在太仓本土大规模实施、运用最广泛的一种形式，涵盖现有16个专业所有班级和学生。

3. "2+1"人才培养模式的特征

"2+1"人才培养模式是高职教育人才培养模式之一，除具备高职教育模式目标的共性如职业性、技术性和实用性外，还具备以下特点：

办学形式方面，采取校企双方签订合作办学协议。即双方通过签订相关协议，明确各自的职责和义务，这种形式打破了传统的以学校为中心的办学形式，体现了办学形式由单一走向合作的趋向。高职教育培养的是技能型人才，仅仅依靠学校的知识传授无法解决学生在工作环境中遇到的实际问题。与企业签订协议合作办学，明确双方的分工，同时校企又不断沟通，使学生既能在学校接受相关的理论知识和基本技能的传授，又能在企业真实的岗位中进行技能锻炼，办学形式的多样化，有助于学生知识和能力的全面提升。

专业设置方面，校企双方通过商议，按照企业所需的职业岗位或岗位群设置专业，从实际需要出发，针对性强，能培养第一线的职业型和技能型的人才。"2+1"人才培养模式突破了以往专业设置落后于市场需求的弊端，由于与企业的直接对接，能够清楚地了解企业岗位或岗位群的需求，从而根据企业的需求合理开设专业，以保证所学即能所用，让学生就业时实现与岗位需求的零距离对接，解决了学生结构性失业的难题。

师资队伍建设方面，建立专兼职结合的"双师型"教师队伍。"2+1"人才培养模式突破了传统的做法，随之而来的是对教师要求的进一步提高。从实际情况来看，仅仅依靠高职院校教师是无法满足"2+1"人才培养模式的要求的。因此，在教师队伍建设方面，"2+1"人才培养模式也具有新的特点，即建立专兼职结合的师资队伍。一方面，充分利用学院内部的教师，促使他们深入工厂和企业，学习和了解企业的生产情况，积极参与企业的产品开发，提高自身实践能力；另一方面，从企业聘请经验丰富的技术人员、专家、企业家作为兼职教师，对学生进行技能训练，同时参与理论教学。通过专兼职结合的师资队伍建设，保证了"2+1"人才培养模式的顺利开展。

课程体系构建方面，打破传统的学科体系，构建以培养学生动手能力为主线的课程模块体系。课程建设是人才培养的核心和关键，但也是高职院校发展过程中的软肋。虽然高职院校的课程改革进行如火如荼，但依然摆脱不了走本科课程"压缩型"的困境。"2+1"人才培养模式中，前2年学校根据学生的综合素质提升和终身教育的需要合理设置文化课，根据岗位需要开设专业基础课，同时保证实践教学的课时，第三年根据企业岗位工作技能需要而设置专业课或工作任务，提升学生的专业技能。这种课程模块体系，既要符合其专业人才的培养规格，又要与职业资格考核认证的内容和要求相适应。

4."2+1"人才培养模式的优势与成效

促进专业建设和课程改革，提高教学内容的先进性和实用性。"2+1"人才培养模式中，学生需要在企业进行顶岗实习，因此学校与企业随时进行沟通联系，尤其在专业建设过程中，学校必须始终关注行业企业的发展动态,使专业建设保持实用性和先进性,以便学生的知识和技能跟上企业发展步伐。同时,学校聘请企业的专家、一线技术人员和相关企业家组成专业指导委员会,对学校的专业建设和教学改革进行有效的指导。根据专业指导委员会的意见,学校对教学内容和教学方法进行适当的调整,推进学校教学内容的改革。同时,实训教师带领学生深入企业一线,在真实的工作环境中,直接接触新技术和新工艺,了解企业技术发展的最新需求,不断更新教材,以提高教学内容的先进性、实用性和针对性。

培养学生的职业意识,提高学生的综合素质。"2+1"人才培养模式中,学生有一年左右的时间在企业工作与生活,他们可以广泛地参与企业的各种活动,包括各种竞赛活动或社区服务活动,并且在与企业职工同吃同住的过程中,学生的交往能力和责任意识可以得到锻炼,主人翁意识可以得到增强。同时,学生通过在企业真实岗位的实习,可以有效提高学习热情,增强解决实际问题的能力、与人沟通的能力和团队协作的能力。而企业文化的熏陶,更能使学生深刻了解个人成长与企业发展的关系。这些将大大提高学生职业道德修养,使他们成为符合企业发展所需要的现代职业人。

加强专兼职教师队伍建设,促进产学研结合。"2+1"人才培养模式中,学校聘请企业的技术骨干和管理人才作为兼职教师,指导学生的实习实训,同时企业的技术和管理人员也直接参与制订人才培养方案,并在实施过程中不断对其加以完善。此外,学校教师也必须深入企业,了解企业当前的生产与技术发展趋势,这样不但提高了教师的思想素质,还锻炼了教师的动手能力,加快其"双师"身份的转型。通过上述举措,加强了专兼职教师队伍的建设,促进了产学研合作的深入开展。

5. "2+1"人才培养模式存在的主要问题

"2+1"人才培养模式多数采用最后一年在企业实习的方式,这已使其突破了单纯意义上的实习,而将学生的培养转移到了企业。事实表明,学生第三学年的任务更复杂和艰巨,因为这不仅涉及课程学习、顶岗实习、毕业设计和就业实践等问题,还关系到学生的职业定位和企业文化熏陶。因此,它不仅是单纯的教学活动,而是一个内涵丰富的人才培育过程。在此过程中,也存在着一些问题。

"2+1"人才培养模式合作缺乏动力。在当前市场经济发展过程中,企业之间的竞争加剧,如何生存并获得更好的发展机会是企业首要考虑的问题。相对于与职业院校的合作来说,企业更关注自身产品销售和利润问题,无法将重点放在落实合作的具体事宜上面,出于无奈,他们往往仅仅提供一些流水线机械性操作等无关紧要的岗位。其次,企业配备的指导老师虽然能对学生实习提供相关意见和建议,但由于没有科学有效的评价体系和绩效体系,他们往往将学生当成简单的劳动力使用,而不能做到全方位的跟踪指导,这是企业指导老师缺乏动力的主要原因和表现。此外,学生虽然对企业实习抱有一定的积极性和幻想,但进入企业后,在真实的工作环境中,更多时候从事的是低级简单的重复劳动,这往往使他们产生失落,容易出现消极对付的现象。

学生管理工作面临新的挑战。"2+1"人才培养模式的实施是一个复杂的系统工程,它涉及学校、企业、学生、教师等不同的单位和个体。由于学生处于学校和企业这两种完全不同的环境中生活与学习,这就给学生的管理工作带来了新的挑战。职业院校对学生的管理制度可能不适应学生在企业实习的状况,而企业的规章制度又有别于学校的管理制度,这不利于学生角色的转换,从而使他们在某些方面忽视职业院校和企业提供的各种学习机会,使"2+1"人才培养模式的实施变成为了实习而实习,因缺乏实际内容而流于形式。

师资队伍建设有待提高。"2+1"人才培养模式中,师资力量是个关键因素。当前我国很多高职院校的教师都是从普通高等院校直接招聘进来的,他们虽然具有一定的理论基础,但缺乏企业实践技能的锻炼,也不能更好地把握当前企业的技术需求与发展趋势。而职业院校从企业招聘的指导老师也存在一定的问题,他们虽然有丰富的实践经验和精湛的技能水平,但理论水平欠缺,对需要运用相关理论解决的复杂问题往往束手无策。职业教育培养的是理论与实践相结合的应用型人才,无论是理论知识还是实践技能的欠缺都不能满足职业教育的需要。因此,师资队伍的建设就成为"2+1"人才培养模式的关键因素。

(二)"订单式"人才培养模式

高职院校的办学宗旨是为地方经济建设和社会发展服务,为企业输送高技能的一线技术人员。而高等职业教育的重要特色也体现在校企合作、产学研结合与学生职业能力的培养方面。高职院校只有和企业形成紧密的合作关系才能使学校、企业和学生三方共赢。而"订单式"人才培养模式是促进校企合作的一条有效途径,近年来许多高职院校都采用"订单式"人才培养模式来推进人才培养模式改革的步伐。

1. "订单式"人才培养模式的基本内涵

"订单"较多应用于商业活动范畴,指买卖双方订购货物的合同、契约或单据,也指在一方的生产经营过程中,按与客户签订的合同组织安排生产的一种生产模式;其主要作用是反映市场需求,引导生产方按市场需求进行生产。

"订单式"人才培养模式是指学校和企业签订人才培养协议,由学校根据企业所需人才的数量、职业技能、职业素质等要求,在规定的时间内向企业提供相应数量与质量的人力资源的合约式教育模式。此培养模式是一种充分发挥双方的教育资源优势,共同制订人才培养计划并参与人才培养过程及管理,企业按照协议约定组织学生就业的教育方式。"订单式"人才培养模式特别强调"订单"在其中的表征作用,其实质就是通过校企双方签订合作"订单",密切学校与用人单位之间的联系,实现生产、教学的有机结合,从根本上解决学生在校学习的职业针对性、技术应用性以及就业等问题,直接为经济建设服务。①

"订单式"人才培养模式源于国外的"Cooperative Education",即"合作教育"。早在 20 世纪初,美国就开始了这种教育模式的尝试,当时以一所综合性州立大学——辛辛那提大学为首,并很快在美国其他高校普及开来。随着我国市场经济体制的逐步完善和高等教育的快速发展,市场配置资源的机制也被逐步引入教育领域,从而产生了一种新的人才培养模式——"订单式"人才培养模式。2004 年教育部在第三次全国高职高专产学研结合经验交流会上提出把"订单式"培养作为高职高专的一个发展方向。

2. "订单式"人才培养模式的主要类型

"订单式"人才培养模式目前并无统一的分类,有学者从不同的角度出发,将人才培养模式分为"顶岗式订单"和"综合性订单",或分为"紧密性订单"和"松散型订单"等。而目前,一般职业院校的培养模式主要有以下几种类型:

(1) 直接订单。在市场调查和风险评估的基础上,职业院校直接与用人单位签订人才培养订单。直接订单的运作过程只是校企双方的共同参与,并没有其他机构的介入。按订单的实施时间不同,又可以分为三种方式:

学前订单。其特点是校企双方全程管理学生的录取以及在校学习,订单履行时间较长,生源录取广泛,学校招生等同于企业招工。一般情况下,企业委派专门人员参与招生面试、录取、人才培养方案制订、考试考核等工

---

① 肖洪寿、张春兰:《我国职业教育的主要模式》,《教育学术月刊》,2008 年第 10 期。

作。学校也安排专业课教师深入企业进行调研，提出人才培养方案"蓝本"供企业参考。校企双方通过不断的沟通与协调，最终形成符合企业人才需求状况、岗位技能要求的人才培养方案。这种订单一般中职学校采纳较多，招录学生面向全社会。

学中订单。其特点是学校按照常规方法进行招生，第一学年，新生接受通识教育；第二学年，根据订单提供的信息和自己的兴趣爱好选择具体专业，企业根据订单约定，从升入二年级的学生中选录培养人才，实行校企结合，共同培养。第三学年，安排合作培养的学生进企业顶岗实习，实行"工学交替"，校企共同管理实习过程。这类订单缩短了企业合作培养期限，有利于企业急需人才的需要。但由于这类订单招录的学生仅限于在校生，企业选拔人才的范围受到限制。

毕业季订单。这类订单是指学生在即将毕业之际，企业到学校通过查阅学习档案以及面试的方式选拔适应企业岗位所需的专业人才，根据选拔结果在学校或企业进行较短时间学习的人才培养方式，相当于校企合作的一种岗前培训契约。但由于岗前培训时间较短，学生进入企业后很难获取岗位所需的能力和各种资格证书，企业与学生之间相互缺乏认可，容易造成学生上岗后的流失。

（2）间接订单。间接订单是学校与用人单位不直接签订协议，而是与中介机构或设备销售企业签订订单，学校接受订单培养后，再由这些中介机构或企业进行"二次分配"。

与中介机构签订订单。由于我国市场经济体系的逐步建立和完善，各类中介服务机构也蓬勃发展，其中劳务派遣公司和劳务中介组织也在各地逐步兴起，很多大中型企业开始接受劳务派遣员工。近年来，我国的职业教育取得了快速的发展，特别是随着中职学校开放式招生政策的实施，使职业院校成为培养实用型人才的主要场所。基于此，一些劳务派遣公司或劳务中介机构抓住商机，充分发挥自身就业信息丰富的优势，积极与职业院校签订人才培养订单。由职业院校按照用工单位的要求对学生进行短期培训，之后再由劳务派遣公司或中介机构将毕业生派遣或介绍到用工单位。

与中间企业签订订单。此类订单所指的中间企业多为专用或高新技术设备制造企业或销售企业。根据订单约定，学校与企业联合培养修理或操纵该企业生产或销售的专用设备或高新技术设备人员。当设备销售时，同时将按订单培养的学生派遣到设备应用企业工作，实现"人随设备走"。这类按订单培养的人才专业性较强，在人才培养过程中，主体是设备制造企业或销售企业,学校仅配合企业完成相应的理论教学及学生管理工作。由于专业性太强,学生就业面较窄,选择余地较少,但与其他毕业生相比,其薪金、福利待遇较高。[①]

3."订单式"人才培养模式的实施

实施"订单式"人才培养模式,校企双方共同参与教育教学的各环节,是培养技能型人才的途径之一,其主要实施过程如下:

调研市场,寻找订单。实施"订单式"校企合作人才培养模式,可以实现学校、企业和学生的共赢。但若缺乏企业的参与,"订单式"人才培养模式就无法实施。因此,高职院校应该主动出击,积极寻找合作企业。经过长期深入的调研,与有意向的企业进行磋商,建立校企双向考察机制,加深双方的了解与沟通。一方面,学校组织相关人员深入企业实地考察,了解企业对技术型人才的知识、技能及需求数量等方面要求,同时考察企业的实力、经营状况、发展趋势等,为学生将来的就业做好充分的调研。另外一方面,邀请企业领导和技术人员对学校进行考察,了解学校的教学设备、专业设置和教学现状等情况。通过双方的相互沟通和联系,为签订人才培养与使用合同做好前期准备。

签订合同,招录学生。在校企双方有意合作的基础上,签订相关合同。在合同中,明确双方的职责与义务,从法律上保障合同实施的有效性。同时,根据订单约定和订单的类型,招收不同的生源。在招生宣讲时,要向学生及其家长明确介绍"订单式"人才培养模式的具体操作过程,如实介绍企业目前的情况及未来的规划,让学生和家长充分了解就业后的工作岗位与工资待遇等情况。

双方共管,实施培养。按照订单约定,校企双方共同完成人才培养的过程,其中首先需要根据企业用人标准和国家职业教育的相关要求制订人才培养计划。新生入学的第一学年,主要是对学生进行通识教育,培养学生具备正确的世界观、人生观及良好的职业道德。第二年对学生进行专业理论知识和技能教育,工学结合,加强实训培养,确保学生具备扎实的专业素养和实际操作技能。第三学年,安排学生进入相关企业进行顶岗实习,在真实的工作环境中,了解企业文化和岗位要求,锻炼实际动手能力。在培养过程中,校企双方充分利用各自的资源优势,共同选派教师和技术人员参与培养

---

① 魏慧敏、闫志利:《订单式人才培养模式的主要类型及推进措施》,《职业技术教育》,2011年第20期。

过程,确保人才培养质量。

上岗考核,定期关注。由于订单类型不同,考核的方式也存在一定的差异。一般来说,学前订单、学中订单和中间企业订单,实行以学校为主、企业参与的考核方法。学校负责拟定考核项目,包括监考、阅卷等,企业负责审定和认可,必要时参与评分等工作。毕业季订单和中介机构订单多以企业或中介机构为主、学校参与的考核办法,由企业或中介机构按人才需求标准,直接拟定相关考核项目。随着国家职业资格证书和上岗证书的推广,多数订单将证书的获取情况纳入职业院校毕业生上岗的主要依据。订单培养的学生上岗后,多处于顶岗实习阶段,需要校企双方继续完成人才培养工作。校企双方不断的沟通与交流,有助于学生职业素养的培育,同时也提高了校企双方的信誉度。

4. "订单式"人才培养的特点和优势

"订单式"人才培养模式探索了一条职业技能教育与人力资源有效配置的全新路径,就业导向明确,企业参与程度高,不仅降低了企业培养员工的人力资源成本,还为学生提供了就业机会,形成了学校、企业和学生共赢的局面,实现职业教育与企业的无缝对接,培养适需对路的应用型人才。具体来看,"订单式"人才培养模式具有以下优势:

适应高职教育改革的趋势。"订单式"人才培养模式,以明确的教育目标、模块化的教学体系、独特的教学方法,主动适应了高职教育在市场经济发展下的改革要求,扭转了传统人才培养的观念,为企业培养了各类急需的高技能人才,满足了市场的需求。

体现较强的职业针对性。"订单式"人才培养模式中,学校根据企业的需求,校企双方共同确定人才规格、课程计划和评估标准。在实施过程中,学校密切关注企业需求变化,调整专业方向,确定培养规模,进行基础性和综合性的知识积累。同时,对学生进行针对性的培训,提高学生操作技能。顶岗实习期间,学生可以将书本知识转化为操作技能,较好地做到了理论与实践相结合。这样,不仅有效利用校企双方的优势,还能使学生直接上岗,实现校企人才培养与人才使用的无缝对接。

提升服务地方经济的能力。高职教育主要是为区域经济和当地企业发展提供一线技术人员。"订单式"人才培养模式中校企紧密结合,专业设置以市场需求为导向,为企业按需培养人才,做到适销对路,培养的学生能直接服务企业,促进企业发展,提升了高职院校服务地方经济的能力。

发挥校企双方的教育资源。"订单式"人才培养模式中,校企双方的教育资源得到了充分利用。一方面,学校可以利用企业先进的机器设备和技术优势,为学生技能锻炼提供硬件设施和技术指导,提高学生的实际动手能力,并提升学校的办学水平;另一方面,企业也可利用学校的师资力量和学习场所等,使学生具备一定的基础知识和职业道德,从而招到满意的员工。

5. "订单式"人才培养模式面临的主要问题

"订单式"人才培养模式探索出了高职教育发展的新途径,实现了传统教学模式向现代教学模式的转变,提升了学生的综合素质,一定程度上解决了学生的就业问题,其在高职教育改革中的重要作用逐渐得到社会各界的认可。但是,根据实施情况来看,"订单式"人才培养模式也存在一定的问题,主要表现如下:

影响了学生的流动性和积极性。"订单式"人才培养模式是为了更好地与市场、企业相结合,学生在进入学校前后都可被"预订"。这虽然增加了就业的稳定性,提高了就业率,但从学生长远发展的角度来看,"订单式"人才培养模式具有一定的消极影响。一方面,由于是按需培养,培养目标的具体和狭窄,造成学生知识结构的单一和狭窄,并且学生毕业后进入企业就业,其很难在社会上进行合理的流通;另一方面,由于就业基本保障,容易使学生产生倦怠心理,缺乏学习积极性,认为只要按部就班就可以顺利进企业顶岗实习,不愿在学业上多花时间和精力,这在一定程度上影响了学生职业生涯的发展。

校企双方合作的有效机制尚未形成。任何单位之间的合作都需要一定的机制来保障双方的权利和义务,校企合作也不例外。从目前的实施情况来看,"订单式"人才培养模式的有效机制尚未形成。其主要原因有以下几点:第一,缺乏政府相关政策的支持和引导,校企合作成为民间行为,社会对合作教育认同度不高,订单合作存在一定的盲目性和不确定性。第二,合作动力不足。目前整体经济下滑的情况下,企业发展比较艰难,更多的关注产品在市场上的竞争性,缺乏人力资源合作上的主动性。第三,信息的不对称性。校企双方由于各自努力的领域和关注的角度不同,双方的信息往往无法保持对称与通畅,从而错失合作的机会。

市场的变化导致订单的不确定性。"订单式"人才培养模式是在校企双方合作的基础上展开的,因此企业的经营状况和接纳能力成为影响订单的重要因素。而企业的经营状况和接纳能力是受市场经济的影响的,一般来说,市场运行稳定,企业经营状况良好,对人才的需求量就大,对"订单式"人才培养模式就有需求和热情;反之,如果受到市场竞争的影响,企业经营处于萎缩状态,对"订单式"人才培养模式就缺乏主动和热情,即使签订协议,也无法消化更多的毕业生就业。况且,高职学生一般学制为3年,在长达3年的时间里,由于市场中行业的竞争,企业的经营会存在许多不稳定的因素,而一旦出现风险就会导致人才需求的变化,但由于"订单式"人才培养模式是按照企业的需求制定的,专业针对性强,学生转岗存在一定的困难。

(三)"产学研结合"的人才培养模式

1. "产学研结合"人才培养模式的内涵

对于"产学研结合"的人才培养模式,不同学者有不同的理解,但其内涵基本一致。有学者认为"产学研结合"是指我国普通高校在引进国外合作教育模式的基础上,按照我国"与教学、科研、生产劳动三结合"的习惯提法,和企业(包括科研院所)优势互补,资源共享,合作进行人才培养、科学研究、成果转化、产品开发、技术服务、员工培训等方面的广泛合作。① 也有学者将产学研结合表述为产业、学校、科研机构相互配合,发挥各自优势,形成强大的研究、开发、生产一体化的先进系统,并在运行过程中体现出综合优势。这种综合是以科研为纽带,将生产、教学和科研紧密结合在一起,从而实现校企合作、互惠共赢的教育模式。② 此外,还有学者将"产学研结合"定义为一种以培养学生的全面素质、综合能力和就业竞争力为重点,学校与企业共同合作,利用学校和企业(泛指用人单位)两种不同的教育环境和教育资源,采取课堂教学与学生参加实际工作有机结合,实训与科研有机渗透,来培养不同用人单位需要的应用型人才的教育模式。③ 以上学者的表述,体现了"产学研结合"人才培养模式是校企双方紧密全面的联系与沟通,"将教学、科研、生产劳动"有机结合,是一种较高层次的合作形式。"产学研结合"教学模式和传统教学模式的根本区别在于前者与市场、经济和社会的联系比后者更为紧密。④

2. "产学研结合"人才培养模式的优势

产学研结合可以实现高职院校社会服务功能,增强社会服务能力。高职院校以培养高素质技术技能人才为目标,尤其是以地方经济建设为己任,为区域经济和周边企业培养生产、建设、管理第一线的技术技能型人才。高

---

① 余群英:《高职产学合作教育人才培养模式的变迁与解析》,《高教探索》,2007年第5期。
② 傅伟:《高等职业教育人才培养模式探究》,西南师范大学出版社2014年版,第87页。
③ 肖洪寿、张春兰:《我国职业教育的主要模式》,《教育学术月刊》,2008年第10期。
④ 中华人民共和国教育部高等教育司、全国高职高专校长联席会:《教学相长——高等职业教育教师基础知识读本》,高等教育出版社2004年版,第81页。

职院校服务社会与经济发展的能力和水平,体现了其办学水平和实力,只有走产学研结合的道路,才能使高职院校教学、科研和社会服务的各项功能协调发展,真正起到助推区域经济的作用。

产学研结合是高等教育改革的现实需要。一方面,产学研结合能够推动高校人才培养观念和模式的变革,它将传统人才培养的"课堂"从教室延伸到企业和工厂真实的工作环境,能及时掌握企业先进的技术需求和发展趋势,从而及时调整学校课程设置和专业方向;另一方面,产学研结合有助于科技成果的转化,提高职业院校和企业的科研成果应用,学校、企业与科研机构的合作,可以改变彼此之间封闭式的科研开发,并及时将成果运用于生产实际,产生较好的经济效益和人才效益。

产学研结合有助于增强校企双方的竞争力。产学研结合有助于企业的新技术、新产品和新工艺的问世,从而增加企业市场竞争能力。同时,高职院校发挥技术科研优势,面向市场、面向经济建设,使教育紧密联系社会现实,真正推动经济发展。而学生在参与科研和技术服务的过程中,能将理论知识转化为实践能力,提高综合素质和创新能力,从而更受社会欢迎。

3. "产学研结合"人才培养模式存在的问题

产学研合作人才培养模式缺乏深度发展。产学研合作是学校、企业和科研机构多方协调才能有效运行的一种教育模式。但在实际中合作各方都存在一定问题。从学校方面来看,由于对产学研模式认识不足,学校常常把产学研合作等同于普通的校企合作,在寻找合作伙伴时满足于要求对方为学生提供实习岗位,把建立实践教学基地等同于合作的全部内容,忽略了学生参与技术开发或将研究成果转化的能力方面的培养。从企业方面来看,由于政府未对产学研合作的企业提供相关优惠的政策,因而企业对合作的热情不高,这限制了产学研合作的深度和广度。从科研机构来看,虽然科研机构愿意与学校、企业合作,但由于学校企业对合作的希望不同,缺乏一定的凝聚力,导致合作中处于消极地位。

产学研合作人才培养模式形式单一。产学研合作中,"学"是基础,"产"是核心,"研"是灵魂。虽然经过三年的学习,学生掌握了一定的理论知识,但由于高职院校师资科研能力所限,加之企业较少参与科研活动,导致产学研合作形式单一。这主要表现为以下两方面:首先,产学研合作往往停留在顶岗实习阶段,时间短,且缺乏生产实际的课题及项目支撑实践教学。其次,高职院校教师科研能力有限,虽然能在理论上对某类技术问题进行论证,但无法为企业解决实际问题,所谓的"研"也仅仅是个别教师与企业的合作,高职院校缺乏技术开发和成果推广方面的专业队伍。

产学研合作人才培养模式缺乏长效机制。产学研合作应该是多方共赢的教育模式,即学校、企业(科研机构)或学生都能在此模式中实现签订协议时的初衷。但在目前市场经济形势下,由于缺乏相关长效保障机制,导致合作三方都尽量规避风险承担。尤其是企业,在人力资源紧缺的情况下,企业合作的意愿比较强烈,提供的岗位也比较充裕,但一旦出现生产淡季,企业与高职院校的合作就比较消极,甚至单方面取消相关约定。这就造成了产学研合作的随意性和主观性,使合作随着企业经营状态上下波动。

产学研合作人才培养模式缺乏经费支持。产学研合作的周期相对而言比较长,投入的经费也很多。由于受传统观念影响,多元化筹措办学经费目前还存在很大的难度。资金的匮乏造成产学研合作发展艰难,无论是技术研发,还是成果转化,都必须有一定的资金支持,拓宽产学研项目的经费来源是产学研发展过程中亟待解决的问题之一。

第四节　我国高等职业教育人才培养模式的主要特征

高等职业教育作为高等教育的重要组成部分,具有普通高等教育人才培养模式所不具备的特征。2000年教育部《关于加强高职高专教育人才培养工作的意见》将高等职业教育人才培养模式的基本特征归纳为以下六点:以培养适应生产、建设、管理和服务第一线需要的高等技术应用型人才为根本任务;以社会需求为目标、技术应用能力的培养为主线,设计教学体系和培养方案;以应用为主旨和特征构建课程和教学内容体系,基础理论教学以"应用"为目的,以"必需、够用"为度,专业课加强针对性和实用性;实践教学的主要目的是培养学生的技术应用能力,在教学计划中有较大比例;"双师型"师资队伍的建设是高职高专教育成功的关键;产学结合、校企结合是培养技术应用型人才的途径。① 具体来说,高等职业教育人才培养模式的主要特征体现在以下六个方面:

一、培养目标:职业定向性和职业技能性

培养目标对高等职业教育人才培养模式具有决定意义和导向作用。高等职业教育培养的是社会发展所需的各个行业的高素质技能型人才。普通

---

① 教育部高教司:《高职高专改革与建设——2000年高职高专教育文件资料汇编》,高等教育出版社2001年版,第108页。

高等教育培养的是理论研究型人才,而高等职业教育培养的是实践应用型人才,高职学生毕业后主要是将知识与技能直接应用于生产和管理的过程中,使之转化为现实的生产力,增加社会财富。在此过程中,学生在校所学的知识和技能迅速运用于职业岗位,实现了学习与工作的无缝对接,体现了较强的职业性。因此,高等职业教育人才培养的首要目标是重视学生能力的培养,尤其重视职业能力的培养和锻炼。

二、专业设置:以市场分析和需求为导向

专业设置是高职院校存在和发展的关键,它是联系社会需求和实际教学的纽带,高职院校主要通过专业建设来快速灵活适应社会需求的变化。高等职业教育的发展与社会经济、科技的发展和产业结构的调整密切相关。高职院校一般以面向区域经济发展而培养人才,因此,区域产业结构和社会人才需求的变化成为确定专业主体框架的依据。同时,产业结构的调整和高科技的发展,无疑为高职教育的发展创造了有利条件。高职院校必须以市场需求为契机,根据自己的培养目标,面向企业行业,主动适应社会,按照职业岗位(群)与技术领域的实际需求设置和调整专业。

三、教学设计:以培养综合职业能力为宗旨

综合能力主要由专业能力、方法能力和社会能力三项基本要素构成。目前,随着科技发展和产业结构调整,劳动者频繁变换职业已成为一种常态,这就使劳动者必须具备综合职业能力以适应岗位变化。高等职业教育培养的是面向生产、建设和管理第一线的高素质技能型人才,因此,高等职业教育的教学设计要以岗位需求为出发点,培养学生的综合能力,使他们既具备熟练的操作技能,又具备完善的智力技能,以适应科技进步与经济活动规模的扩大。

四、教学过程:注重实践教学

高等职业教育与普通高等教育的显著区别就是高职教育的实践教学,这是高等职业教育实现综合职业能力的关键,也是培养技术应用型人才的客观要求。实践教学包括了实验、实训和实习等多个方面。加强实践教学已成为职业教育的基本要求,主要通过周密的教学计划与严格的教学管理,确保实践教学的实现。高职院校应与企业共同制订人才培养方案,并共同开发课程,将企业需求和标准引入教学过程,通过实习实训提高学生的操作技能。

五、师资队伍:高素质的双师型队伍为主

高等职业教育的职业性、实用性和技能性特征决定了其教师不但要具备高等教育教师的基本素质,还应具备相应的实践经验和操作技能,即所谓的"双师型"教师。这里的"双师型"主要有两层含义:一方面,从教师队伍整体结构而言,既有专职教师,又有兼职教师;既有专业理论教师,又有专业技能教师;另一方面,从教师个体而言,既具备专业理论知识,又有较强的实践技能。"双师型"教师是职业教育有别于普通教育的重要方面,是高等职业院校人才培养质量的根本保证,直接关系到高等职业院校的教育教学质量。

六、培养途径:依托行业企业的产学研合作

产学研结合是高等职业教育培养高素质技能型人才最有效、最基本的途径。高等职业教育培养的是技术应用型人才,若仅仅依靠学校教育,是无法培养出企业满意的人才的。在科学技术发展日新月异的今天,只有与行业企业紧密联系,才能获取最新的技术发展动态,并得到最先进的实验设施与实训基地,并使学校的专业设置、培养方案、教学内容等符合社会发展的需求,理论与实践紧密结合,提高学生的技能水平,使他们能较快地适应岗位工作。目前,较多高职院校与企业、科研机构紧密联系,正积极推进产学研合作教育的探索,主要有以下几种方式:开发新专业、共建实训实习基地、参与教学改革、选聘和培养师资等。

第五节 我国高等职业教育人才培养模式存在的主要问题

近年来,我国的高等职业教育迅猛发展,招生规模不断扩大,在校生人数超过整个普通高校的50%。在看到高等职业教育发展成就的同时,我们也必须清醒地意识到其发展过程中存在的一些问题。这些问题既对社会经济的发展产生了一定的影响,也在一定程度上阻碍了我国高等职业教育的可持续发展。归纳起来,主要体现为以下几个方面:

一、办学理念模糊,偏离了社会实际需求

没有正确的办学理念就没有科学的人才培养模式,正确的办学理念是高等职业教育保持旺盛生命力的源泉。高等职业教育与普通高等教育不同,高等职业教育必须根据社会发展和市场经济的要求,明确自己的使命,树立正确的办学理念,为区域经济发展提供高素质人才。教育部前部长周济在2004年6月召开的全国职业教育工作会议上指出,高等职业教育要把技能型人才特别是高技能人才纳入全党人才工作的视野之中,把培养技能型人才作为实施人才强国战略的重要内容,把职业教育的发展摆在更加突

出的重要位置;要以服务为宗旨,促进职业教育为现代化建设做出贡献;要以就业为导向,加快推进职业教育的改革创新。但目前,高职院校还未转变教育观念,如过分注重系统理论知识的传授,忽视学生创新能力的培养,实习实训缺乏实效性;注重对学生专业技能和专业知识的训练,缺乏通识教育的培养;重视学生岗位技能的培养,忽视关键能力的培养;等等。这些问题的存在,使高等职业教育培养的学生无法与社会及企业需求相吻合。

二、培养目标定位还不够准确,认识存在偏差

2000年教育部《关于加强高职高专人才培养工作的意见》(教高[2000]2号)指出了我国高等职业教育的人才培养目标是"培养拥护党的基本路线,适应生产、建设、管理、服务第一线需要的,德、智、体、美等方面全面发展的高等技术应用型专门人才",它明确指明了高等职业教育的培养目标应该是高素质的技术应用型人才。但目前,无论是政府与教育主管部门、高职院校,还是学生家长,对高等职业教育人才培养目标的认识普遍有一定的偏差。从政府和教育主管部门看,忽视了高等职业教育人才培养目标特殊性的分析,在职业院校扩招过程中存在一定的盲目性;从学校方面看,在整个教育教学过程中对人才培养目标的定位不够准确,课程设置、教学内容偏离社会实际需求,毕业生缺乏就业能力。从家长方面看,认为职业教育是高考失利后的无奈选择,层次上低于高等教育,因此,专升本成为接受高职教育后的重要目标。

三、专业建设缺乏特色,与市场需求脱节

专业设置是高等职业教育培养人才的基本载体,也是社会需求的直接反映。随着行业和产业结构的不断变化,专业设置是否能及时调整,这不仅关系到高等职业教育办学的导向性,也影响到毕业生的就业选择。因此,专业设置在高等职业教育发展中起着关键作用。但目前,我国某些高职院校的专业设置还存在很大的问题:首先,专业设置与区域经济发展不相适应。虽然高等职业教育以地方经济发展对人才的需求为出发点设置专业,但由于惯性影响,高职院校专业建设无法与区域经济发展同步进行,专业设置滞后,办学水平受到影响。其次,根据市场变化盲目设置专业。由于缺乏对市场进行谨慎细密的调查分析,只根据一时的市场供需情况就确定专业,这种短期行为导致毕业生供过于求,就业困难,影响了高职教育的良性发展。

四、课程体系不够合理,实践教学比例不高

课程体系是高等职业院校人才培养目标和专业设置的具体化,合理的课程体系有助于培养目标的成功实现,也有利于专业建设的顺利开展。目前,我国高等职业教育在课程设置方面存在某些不足之处,主要表现在理论教学与实践教学比例失调,偏重理论性的课程。这一方面是由于受传统学科教育的影响和束缚,使我国高等职业教育很大程度上成了本科教育的压缩版。课程体系基本沿用基础课—专业基础课—专业课这种普遍本科的课程体系模式,虽然强调了知识的系统性和完整性,但大大削减了实践课程的比例;同时,由于受办学条件的限制,高职院校的实训设备设施陈旧,缺乏实训实习基地,这也严重影响了高职院校实践教学的开展。此外,由于某些高职院校缺乏与企业的充分沟通与联系,行业产业的新技术和新知识无法及时补充到课程体系中,教学内容过时,脱离了企业发展的实际情况。这些都大大影响了高职院校人才培养的质量。

五、师资队伍结构不合理,缺乏双师型教师

教师是整个教学活动的组织者和实施者,教师的素质直接影响到人才培养的质量和规格。随着我国高等职业教育的快速发展,高职院校师资队伍方面的问题也日益凸显,主要表现在:教师数量相对不足,缺乏双师型素质教师。近年来,我国高等职业教育教师总体数量不断增加,但相对日益攀升的高职学生来说,高职师资配备还处于短缺状态。高职教育的特点对教师提出了更高的要求,不仅要具备丰富的理论知识,还必须具备熟练的操作技能,即"双师型"教师。但目前,"双师型"教师在整个高职院校师资队伍中的比例不高,很多教师是毕业后直接走向了高职的讲台,缺乏实际操作技能,这在一定程度上影响了高职人才培养的质量。此外,兼职教师的引进方面缺乏完善的法律支持。聘请企业的技术专家担任兼职教师,不但可以使学生了解企业最新的发展动态,而且有助于学生岗位技能的培养,但目前由于缺乏完善的法律支持和一定的人事奖励制度,高职院校无法聘请到一些优秀的技术专家担任兼职教师。这也是我国高职教育发展中遇到的困境之一。

六、评价方式单一,缺乏行业参与

高等职业教育质量的两个重要指标是"规范"和"特色",虽然我国高等职业教育人才培养模式取得了一定的成效,但目前对高等职业教育人才质量的评估依然是以各级政府及教育行政主管部门的专项检查和同行互评为主。虽然这在某种程度上能反映高职院校的人才培养水平,但这种评估方式主体单一,带有很多弊端,如偏重理论教学的评价,忽视实践操作;重视学生考试成绩的评价,忽视学习过程和能力培养的过程;注重教师教学水平的评价,忽视教师的综合素质。并且由于评估结果会影响排名次序,有些高职院校片面追求评估结果,制造虚假数据,使评估偏离初衷,产生负面影响。此外,缺乏企业行业人员参与评估,高职院校就无法了解企业对人才的质量和规格要求,从而无法及时改进教学活动,使教育质量不能得到有效的提升。

在"以就业为导向,以服务为宗旨,校企合作、产学合作"的高职办学方针指导下,我国高等职业教育人才培养模式通过多年的实践探索已经取得了一定的成绩,并在专业设置、课程体系、师资队伍等方面进行了一定的改革,初步彰显了高职教育的特征,但由于我国幅员辽阔,地区差异比较大,在人才培养过程中不可避免地会遇到各种各样的问题,需要我们不断地探索和改革。

第二章 德国双元制职业教育模式

第二次世界大战期间,德国经济受到重创,国家满目疮痍,人民生活贫困。但仅仅过了三十多年,德国就从一片废墟中迅速崛起,一跃成为欧洲的经济强国。从整个发展过程来看,德国经济的发展无疑与其重视全民职业教育密不可分,尤其是久负盛名的"双元制"职教模式,曾被认为是一种最完美的职业教育模式,为德国培养了大批高素质的技术人才,促进了德国经济和科技的发展。1987年,时任联邦德国总理的科尔在总结德国科技与经济发展奥秘时就曾指出,德国人的文化素质和发达的职业教育是经济复兴的重要原因。

第一节 德国双元制职业教育的发展历程

德国双元制职业教育曾被认为是一种最完美的职业教育模式,它为德国培养了大批高素质的技术人才,促进了德国经济与科技的发展。德国双元制起源于中世纪的学徒制度,它是将学校教育与企业培训紧密结合,以企业培训为主的职教模式。受训者既以学徒身份在企业内接受实践技能训练,又以学生身份在学校接受专业理论和文化知识的教育。德国人将双元制职业教育培养的人才视为德国产品高质量的有力保障,并自豪地将双元制誉为"德国经济腾飞的秘密武器"。德国双元制职业教育并不是短期内形成的,而要追溯到中世纪手工业的传统时代,经过漫长的演变发展,才逐渐形成了日益成熟发达的职业教育模式。

一、中世纪时期行业中的学徒培训

早在古希腊、罗马时期,德国就出现了师傅带徒弟的职业培训形式,但直到13世纪,才在手工业中普遍推广。手工业生产是德国中世纪封建时代和近代早期主要的商品生产形式,由师傅、帮工和学徒三者形成密切的交互关系,根据行会确定的方法,以单个生产的方式生产商品,这就是德国早期唯一的职业培训形式。

为保护本行业利益,商人和手工业者建立了互助合作的组织——行会。商人比手工业者更早地联合成同业公会,称基尔特(Gilde)或汉萨(Hanse)。

德国的手工业行会(Zunft)出现于11世纪末,是一种带有自治特征的合法的行业组织,其前身是协会(Amter)、自由结合的兄弟会(Bruderschafte)或手工业同业公会(Innungen)。手工业行会主要任务是保护其成员的生产和生活方面的利益,同时承担行业政策方面的监督职能。此外,手工业行会还承担本行业职业道德建设的任务,以确保产品质量达到要求。手工业行会同时还作为社会秩序的密切组成部分,深入和有效地介入社会经济生活,通过一些强制性的规定,把生产者之间的经济竞争维持在最低限度。

手工业行会中的手工业师傅训练出现于13世纪,个别地区更早。直到18世纪,行会组织下的手工业者都掌握着职业训练。学徒教育是按照手工作坊同业协会制定的严格规章进行,与此同时,每个手工作坊又有自己的实施细则。学徒一般在12岁至18岁之间接受教育与培训,为期4年,刚开始的2~4周为试学期。[①] 只有那些婚生子女,具备德国血统和合法公民身份,其父母也必须是婚生的才能被招生做学徒,其仪式比较隆重,通常情况下,还要签订书面合同。在训练期间,学徒需要向师傅缴纳训练费。

学徒的训练过程,一般通过师傅示范(Vormachen)、学徒模仿(Nachmachen)和练习传统技巧来实现,整个过程缺乏系统的理论知识。训练的效果很大程度上取决于师傅的态度、教育方式和专业能力,同时,所有的产品都必须是手工操作完成。在此过程中,学徒受到严格的监督,经受各种考验,接受师傅的严厉管教。学徒学习期满后,根据考试情况,通过一定的仪式宣布满师或授予手工业者资格。学徒满师后必须经历几年的帮工期,并通过游历来弥补学徒训练中的不足。整个帮工期就是在游历中度过,一般选择行会系统中居住在其他城市和邦国的师傅,以完善学徒自身的知识和技能。[②] 只有在游历期间表现优异,并能做出技艺高超的作品,帮工才获得了作为师傅独立开业的资格。

直至今日,手工业教育中仍保留着学徒—帮工—师傅这样三级划分的行会教育传统,并为大工业时期的职业教育提供了借鉴。

二、双元制职业教育的雏形时期(1870—1920)

19世纪前后,西欧国家陆续从传统的农业社会向工业社会过渡,与英法等国相比,德国工业革命的起步比较晚,但其经济发展速度相当惊人。19

---

① 国家教委职业技术教育中心研究所:《历史与现状——德国双元制职业教育》,经济科学出版社1998年版,第1-3页。

② 孙复祖、金锵:《德国职业技术教育史》,浙江教育出版社2000年版,第4-6页。

世纪后期，德国逐步完成了从自由竞争的资本主义向有组织的资本主义转变，工业产值成倍增长，到了20世纪初德国已从一个以农业为主的国家跃为一个重要的工业国。传统的学徒培训方式显然已无法适应工业化生产和经济发展的需要。因此，德国改革中世纪形成的学徒—帮工—师傅的手工业培训形式，成立进修学校，出现了从普通教育分离出来的企业—学校职业训练体系。

1897年德国政府颁布《保护手工业法》，以法律的形式使处于低谷的学徒培训重新恢复了活力，该法用"一般性条文"规定了在工业和商业中的学徒培训；在129—132条款中以"特殊性条文"规定了在手工业中的培训，并试图将部分时间制学校的教学与学徒训练的具体实践联系起来，以维护手工业性质的生产。为进一步完善学徒培训，1908年德国政府又颁布了《手工业条例》，规定进行学徒培训的企业主，必须自己首先通过"师傅"考试，进一步提高了学徒培训的地位。① 1897年的《保护手工业法》和1908年的《手工业条例》，完善了手工业培训体系，稳定了当时经济发展，成为德国职业教育和"双元制"职业教育的奠基石，促进了职业培训的发展。

同时，随着现代科技的发展并不断代替传统工艺，现实中有许多问题需要用理论知识去解决，师傅带徒弟这种传统的手工业培训形式已不能满足工业发展的需要。19世纪70年代中期的形势，推动着人们去为处于学徒训练关系中的年轻人及一切14至17岁或18岁离校青年建立普通进修学校。进修学校的前身是由教会开办的补习普通教育知识的星期日学校，以补充在手工作坊中的技能培训。1821年萨克森—魏玛大公国的法律中就规定了："师傅……负有严格的义务，向自己的手工作坊或本门手艺的学徒传授基本的知识，并训练其技能，为学徒创造继续学习写作和计算的机会，督促学徒去本地区的公共绘图学校或星期日手工业学校学习。"② 1869年北德意志联邦颁布的《工商条例》规定：所有伙计、帮工、学徒如果没有超过18岁都应该上本地区的进修学校，各企业主保证提供必要的学习时间。普通进修学校后来被按职业划分的进修学校所取代。与此同时，德国大教育家凯兴斯泰纳建议将职业教育放在学校教学的中心地位，并把工场教学和专业理论教学结合起来，并要求通过一种新的教学组织来实现他的这一思想。

---

① 国家教委职业技术教育中心研究所：《历史与现状——德国双元制职业教育》，经济科学出版社1998年版，第3页。

② 国家教委职业技术教育中心研究所：《历史与现状——德国双元制职业教育》，经济科学出版社1998年版，第4页。

根据他的方案,人们开始按学生职业归属把他们分配到不同的班级里。①每周的一个上午或下午进行授课取代了在星期日或晚间的授课。根据经济形势发展的需要,德国陆续建立一批具有职业教育性质的进修学校,如工艺学校、绘图学校、商业学校等,开始普通文化课与职业教育相结合的课程。1919年,《魏玛宪法》第145条明确规定将进修学校作为义务教育进行普及;第148条要求"所有学校均须按照德意志民族的精神及各民族和解的精神努力进行道德、公民意识、个人技能和职业技能方面的教育。……公民课和劳动课应纳入学校教学科目范围。"②1920年,为了具体实现《魏玛宪法》中有关教育的规定,德国在柏林召开了全国学校大会,这次大会以后,进修学校及劳作学校正式被称作"职业学校",即现在"双元制"职业学校的雏形。与此同时,部分时间制职业学校开始配合企业进行职业培训。③

三、双元制职业教育的确立阶段(1920—1964)

19世纪末20世纪初,随着经济的快速发展,德国工业界对人才的需求状况发生变化,传统小作坊的生产方式已无法适应形势需要,机械和电子工业等龙头企业被迫使用在美国开发的新的生产方式。到20世纪中叶,工业界发展了一种新的培训模式,在"科学化企业管理"思想的影响下,培训内容包括建立教学工场、实习车间;引进心理学的方法选拔学生;制定标准化教学课程和教材,制订以职业为导向的教学计划并确定考核规程。此时,虽然德国政局动荡,但"双元制"职业教育却从之前松散的、不统一的企业与学校独立发展,向结构合理、合作密切的方向发展。

采用新的培训模式后,工业界培训人数增加,质量也不断提升。1907年莱茵—威斯特伐伦商业协会的调查结果也显示,关于完成工作的"速度"和"准确性"方面,工业界的培训则被评价为"好"或"很好",而在手工作坊的培训则被评为"不太行",或经过一段试用期后"还可以"。因此,为了发展和推广工业界的培训模式,一些机构陆续成立,如德国技术学校委员会(DATSCH)、德国技术工人培训委员会(DINTA)、职业教育工作委员会等,这些机构主导了传统的手工业改革,完善了职业教育培训。大约在1936年,德国破除了手工业时期的考试制度,取而代之的是新的"人才形象"——技术工人。

---

① 孙复祖、金锵:《德国职业技术教育史》,浙江教育出版社2000年版,第29-30页。
② 夏之莲:《外国教育发展史料选粹》(下),北京师范大学出版社1999年版,第113-114页。
③ 胡健雄、卢爱红、王俊肪:《经济奇迹的"秘密武器"——联邦德国的职业教育》,人民出版社1993年版,第57页。

此外，为解决那些既不自己承担培训任务，又得不到手工业"输送"技术工人的企业（如交通站、电力工厂、国有企业等）的难题，德国曼公司（Maschinenfabrik Augsburg Nürnberg，简称 MAN）的总经理冯·里佩尔建议以机械工业的名义，以超出自己企业需求人数的 50% 的规模为其他企业进行培训，根据需求将培训的技术工人分配到合适的岗位。1909 年冯·里佩尔向德国技术学校委员会提交了一份建议书，包含了机械行业统一培训的标准原则。尽管如此，工业界在当时还不能完全建立自己独立的职业教育模式。而职业学校在此阶段发展较慢，并逐渐成为受普遍认可的学习场所。1934 年，形成了公共职业学校的体系标准，各个州的学校主管部门集中成立了皇家科学、教育和公共教育部。1937 年，统一了不同叫法的职业学校名称，制订了统一的教学计划，学校也被迫使用标准课程（皇家课程），并开始有计划地组织企业内培训。同年，用法律的形式统一了职业学校的管理和经费问题。1938 年，政府颁布了《国家教育法》，第一次规定职业学校教育为义务教育，用法律保障了职业学校的培训。1940 年，统一了职业教育的教学时间。这样，整个职业技术教育分在企业和职业学校两个地点进行。二者相互合作、互相补充，形成了职业教育的"双元制"，并进而成为德国职业技术教育体系的核心。①

第二次世界大战后，德国分为联邦德国和民主德国，前者继承了原德国的职业培训制度，并不断发展和完善这种职业培训（本书主要论述西德的双元制职业教育）。1948 年，德国教育委员会在《对历史和现今的职业培训和职业学校教育的鉴定》中首次使用了"双元制"一词，正式将存在了一百多年的企业与职业学校的"双元"培训形式用文字确定下来。自此，"双元"这一概念逐渐闻名于德国甚至世界职教领域。

四、双元制职业教育的完善和发展（1969 至今）

第二次世界大战使德国遭到重创，当时全国满目疮痍，一片废墟，但经过短短几十年后，联邦德国经济迅速复苏，竟一举跨入了发达国家的前列，创造了经济腾飞的奇迹。纵观第二次世界大战后德国的发展过程，其经济腾飞与重视全民职业素质的传统密不可分。联邦德国将职业教育作为战后经济重建的重要部分，加强全民职业教育，尤其是"双元制"职业教育，培养了大批技术人才，为德国参与世界竞争提供了智力支持和人才保证，被誉为德国经济腾飞的秘密武器。

---

① 翟海魂：《发达国家职业技术教育历史演进》，上海教育出版社 2008 年版，第 101 页。

1969年,《职业教育法》在全联邦颁布实施,该法使国家加强了对职业技术教育的影响力,其内容包括职业培训合同的签订、职业技术教育的权限分配和实施、职业技术教育专业委员会的设立和联邦职业技术教育研究所的建立,等等。之后,德国又相继出台了一系列涉及学徒培训的法律法规,如《企业基本章程法》《劳动促进法》《青年劳动保护法》《实训教师资格条例》等,这些法律的诞生标志着"双元制"职业教育作为一个完整而又独立的训练体系已完成其制度化、规范化的过程,确立了它在德国职业教育的地位与作用。

由于"双元制"较多地考虑企业的生产目的,相对而言忽视职业基础教育,为弥补这种失衡,20世纪70年代以来,德国的改革者主张实施职业基础教育。1972年,在联邦范围内对企业内部培训和各州职业学校培训的课程结构进行了协调。1976年,根据法律规定,成立了联邦职业教育研究所,该研究所的主要任务是通过对职业教育的研究,协助经济界尤其是德国工商业行业大会推进全国职业教育的发展。由于科技的广泛应用、人口激增及人们选择职业方式的变化,传统的培训结构被打破,职业学校和企业培训并行的职业教育得到发展,并日趋完善。职业学校教师也开始在不同层次上参加职业培训的计划、实施和检查。

由于德国中小型企业数量很多,而它们在设备、经费、培训人员等方面明显存在着不足,很难保证全面传授《职业培训条例》所规定的尤其是高新技术方面的教学内容。为满足这类中小企业对培训的需求,在联邦政府的促进和部分资助下,行业协会建立了许多跨企业培训中心,作为企业培训不足的补充,这也被称为"双元制"职业教育的"第三个学习地点"。此后,联邦政府、各州政府和联邦劳动署为已经形成的、布局合理的跨企业培训机构网共计588个中心继续提供大量的资金,除补充中小企业培训内容的不足外,还逐渐承担起了很多由于技术进步、欧洲共同市场和环保事业发展等带来的新课题。今后,跨企业培训机构还将更多地对实训教师进行教育学和教学法方面的业务培训。

为不断改善"双元制"职业教育的质量,使之更加适应现代经济社会的需要,德国加强对实训教师的培养和管理,注重提高职业学校的教学质量,并对培训职业不断进行修改、调整。1989年德国将《职业教育法》公布时的606个培训职业合并、修改为378个。随着现代服务业和信息产业等新兴行业的发展,又采取措施调整双元制职业教育的专业设置,使其更具现代性。自2000年以来德国已对相关职业教育条例进行改造并设置了26个新教育职业,向学生提供更多可供选择的专业。1990年,原联邦德国的"双元制"

职教模式被全盘引入整个德国。

第二节 德国双元制职业教育的内涵与具体表现

一、双元制职业教育的内涵

"双元制"职业教育的德文词是"Dualsystem",也有译为"双轨制"、"双重制"等,指青少年既在企业里接受职业技能与专业培训,又在职业学校里接受理论知识和普通文化教育,其时间比约为7∶3或8∶2。它是在德国传统的学徒培训制度基础上逐步发展而成的一种职教模式。"双元制"中的"双元"具有"二元"的含义,其中"一元"指企业,另"一元"指职业学校。作为德国职业教育的主要形式,它是一种最大限度地利用企业与学校的条件和优势,将实践技能与理论知识紧密结合,以培养高素质的专业技术工人为目标的职业教育制度。

"双元制"中培训企业这"一元",是"双元制"职业教育的核心。凡是在职业学校就读的学生,都必须与企业签订培训合同,入学者如未成年应由父母代签。合同内容包括所学职业名称、时间安排、培训起讫时间、假期、经济收入等。进入企业参加培训,其身份就是学徒,每周必须在企业进行3~4天的实践技能方面的训练和专业知识的学习。学习期满后,学徒可留在原培训企业工作,也可到其他企业工作或继续读书深造。企业也可根据自己的需要,留下有意向的学徒,也可以拒绝雇用已学成的学徒。

"双元制"中职业学校这"一元",是德国中等职业教育的主体,一般有70%的中学毕业生升入"双元制"职业学校接受职业教育。职业学校大多属于部分时间制,其主要任务是在配合企业职业培训的前提下,实施普通教育和专业教育,深化企业培训所需的专业理论。学生一般每周在职业学校上课1~2天,其余3~4天在企业培训;或采取集中几周连续在职业学校学习专业理论知识,然后用更长的时间在企业进行实践技能培训。联邦政府规定职业教育中的义务教育为期3年,但各州的规定有差异,根据专业的不同,义务教育期可分为2年、3年或3.5年。多数联邦州按照五类职业专业方向把职业学校相应分为五类:即工业类、商业类、家务行业类、农业类和混合职业类。整个培训过程划分为基础培训阶段和专业培训阶段。基础教育阶段主要是掌握某行业的基本知识和技能,而专业教育阶段主要学习本专业的知识和技能。

二、双元制职业教育内涵的具体表现

具体而言,"双元制"职业教育的内涵主要表现在以下几个方面:

1. 两个培训主体——企业与职业学校

企业与职业学校是"双元制"职业教育的两个基本培训主体。企业严格按照国家承认的培训职业传授职业技能及职业经验,使学生在实际职业工作过程中接受培训,解决"怎么做"的问题;而职业学校主要传授与培训职业相关的专业理论知识与普通文化知识,解决"为什么这样做"的问题。一般情况下,青少年每周4~5天在企业接受培训,1~2天在职业学校上课,以企业培训为主。从另外的角度来看,这两个主体既涉及私营企业的市场经济,又涉及国家举办的公立学校事业。实际上,两个培训主体的工作并不是截然分开的,两者在学习进程上力求基本保持一致,甚至在某些方面两者是交叉重复的。企业和学校紧密联系,相互配合,相互补充,以共同完成对接受"双元制"的青少年的教育任务。

2. 受训者的两种身份——企业学徒与职校学生

在"双元制"体系中受训的青少年与培训企业签订具有法律效力的培训合同,明确规定在企业培训期间双方的权利与义务。此时,青少年的身份为企业学徒。这些签订了职业培训合同的青少年在合适的职业学校就读,其身份就是职业学校学生,继续接受12年义务教育中的后3年教育。这同时意味着接受"双元制"培训的青少年拥有双重的权利和义务。根据德国联邦职业教育法、联邦劳动促进法和联邦职业教育促进法的有关规定,接受"双元制"教育的企业学徒可享有获取必要知识和技能、领取结业证书、接受经济资助和自谋职业等多项权利;根据《德国联邦职业教育法》《帝国保险法》《联邦雇员保险法》《联邦劳动促进法》的有关规定,接受"双元制"的企业学徒应该履行努力获取知识和技能的义务与参加保险的义务。

3. 两种管理体系——联邦政府与州文教部

企业的职业培训由联邦政府管辖,受联邦制定的《职业教育法》的约束,按照联邦政府颁布的《职业培训条例》等各类培训条例进行,这些条例由联邦政府科教部及联邦职教所制定。全国各企业培训必须严格按照条例所规定的内容进行培训。职业学校的教学则由各州的文教部分管。它以由各州文教部部长联席会议制定的《理论教学大纲》为指导性文件。该大纲规定了教学范围、教学目的、时间安排等。各州可根据具体情况进行改动,而职业学校则必须依照各州制定的《理论教学大纲》组织教学。①

4. 两类课程——实训课与理论课

"双元制"培训体系的课程总体来说可分为两类，即实训课和理论课。实训课主要在企业内进行，理论课在职业学校进行，两者在一定程度上有所交叉。企业实训除在培训岗位、教学实训车间进行外，还在实训指导课教室向学生讲授必要的理论知识；职业学校除了理论教室、实验室外，还有作为理论知识补充的实训演示车间。相应地，培训教材也有实训和理论两种教材。实训教材传授"如何做"，是联邦职业教育研究所编写的全国统编教材，按照职业技能及相关知识为内容进行模块式组合，以保证职业技能培训的统一标准和质量；理论教材则是解释"为什么这样做"，针对职业培训的技能要求由各出版社组织著名专家编写，没有全国、全州的统编教材。

5. 两类师资——实训教师与理论教师

在企业向学生传授实用知识和职业技能的师资称为实训教师或实训师傅；在职业学校传授专业理论和普通文化知识的师资称为理论教师或职业学校教师。实训教师是企业的雇员，包括企业的培训师傅和职业学校实验实习课教师，有专职和兼职两种。一般是已完成职业培训后具备2~5年职业实践的师傅学校和技术员学校的毕业生，并通过教育学、心理学考试后符合《实训教师资格条例》者。职业学校的理论老师是国家公务员，包括专业理论教师和普通文化课教师，他们必须接受两个阶段的大学教育，在第一阶段为期4年的专业学习并通过第一次国家考试后，进入第二阶段为期2年的师范学习，且经过一定的实习期。

6. 两类主要经费来源——企业和国家

德国"双元制"办学模式的特殊性，决定了其办学经费来源的多渠道。但企业和国家（联邦和州）是主要的经费承担者。企业直接资助是德国职业教育尤其是"双元制"职业培训经费的主要渠道。企业除负担承建培训中心、购置培训设施、承担设备和器材损耗外，还必须支付学徒在整个培训期间的津贴和实训教师的工资等；而自己没有培训中心的小型企业，则还需要承担学徒跨企业培训的费用。职业学校的经费则由国家和州政府承担，通常是州政府负担教职工的工资和养老金等费用，地方政府承担校舍及校内设备的建设与维修费用和管理人员的工资等费用。

---

① 石伟平：《比较职业技术教育》，华东师范大学出版社2001年版，第102页。

7. 两类考试——技能考试与资格考试

作为学徒,在3年或3年半的时间里有两次考试,一是第二学年结束前的中间考试,二是3年或3年半培训结束前的结业考试。考试由行业协会负责实施,目的是考核学生对企业培训所传授的技能和知识的掌握程度。行业协会还对跨企业培训进行监控,发挥保证职业培训质量的功能。[①] 同时,作为学生,还应通过理论考试,内容主要针对职业学校里传授的专业理论知识,一般包括笔试和口试。考试合格者颁发证书。同样的,"双元制"职业教育有两类证书:一类是考试证书;另一类是培训证书和毕业证书。前者是与学习地点无关的证明,由行业协会颁发,为全国甚至国外认可的证书;后者是与学习地点有关的证明,由培训企业颁发的培训证书和职业学校颁发的毕业证书。

可见,德国"双元制"职业教育中企业培训和职业学校的"双元"相辅相成,缺一不可。它们在整体培养目标上是合二为一的,但在具体的培训过程中又是一分为二的,表现出明显的双元属性。通过最大限度地利用两者的条件和优势,既使学生在实际工作氛围中获取实践经验,锻炼各种职业能力与社会交往能力;又能使学生在学校系统地掌握专业知识,奠定理论基础,培养敏捷的思维能力,从而适应毕业后的工作。

第三节 德国双元制职业教育的具体实施

德国"双元制"是由企业和学校共同完成、商业协会负责质量监控的一种职业教育模式。作为德国职业教育的主要模式,"双元制"将传统的学徒培训方式与现代职业教育思想紧密结合,由企业和学校紧密联系,合作办学,受教育者以学徒身份在企业接受实践技能培训,同时以学生身份在职业学校接受理论知识方面的正规、系统的职业教育。

一、企业内培训的实施

通常情况下,企业根据自身发展的需求计划提出用人需求(包括时间、岗位及标准等)和技能要求,在州就业局登记、网上发布并录入人员需求库,向社会提供培训岗位。接着,结束普通学校9年义务教育的各类学校毕业生根据自己的爱好、特长及学习成绩向企业或州就业局提出申请。之后举

---

① 弗拉克曼·德维尔特:《德国的高等教育政策》,载弗兰斯·范富格特主编、王承绪等译:《国际高等教育政策比较研究》,浙江教育出版社2001年版,第177页。

行能力测试,根据申请者的技术理解和动手能力遴选合适的学徒,或根据能力将其推荐到别的职业工种。再由工商界的人事部门进行审查,经过三个月试培训,认为其具备当技术工人的条件后,学生便与企业签订培训合同成为企业的学徒。合同规定了培训的目的、性质、内容、时间、期限、欲达标准、培训期间的报酬、假期、合同解除的条件以及培训双方的权利和义务等内容(参见表2-1)。培训合同签订之后,企业必须及时向主管部门申请登记,否则合同无效。之后,由州文教部统一调配至本地区相关职业学校报名入学,成为职业学校的正式学生。至此,企业与职业学校互相配合,共同承担起对该受训者的教育培养任务。

表2-1 职业培训合同示例①

××行业协会职业培训合同　　　　编号:			
实训教师:　　　　学徒 　　　　　　　　姓名:　　　　　出生年月: 　　　　　　　　地址: 　　　　　　　　法人代表:父母　父亲　母亲　监护人 　　　　　　　　法人代表地址:			
培训职业:　　　　　　　　　　专业方向:			
1. 培训时间为_____个月。 　　培训关系从____年____月____日至____年____月____日。 2. 试用期为_____个月。 3. 培训在_____进行。 4. 企业外培训机构为_____进行。 5. 培训承担者每月支付给学徒培训津贴:			
第一学年	第二学年	第三学年	第四学年
6. 每天工作平均时间为_____小时。 7. 假期为_____天。 8. 其他协议_____ _____。			
培训承担者签字: 学徒签字: 学徒代表法人签字: 签订地点:　　　　　　　　　签订日期:			

---

① 邓泽民、王宽:《现代四大职教模式》,中国铁道出版社2006年版,第118页。

企业里的培训必须依照全国统一的培训条例进行。该条例由联邦政府颁布,一般包括培训职业工种、培训期限、训练的技巧和知识、训练内容和时间安排、考试要求及对象等。企业的培训场所是多种多样的,具体可分为:工作岗位、实训工场、企业内部教学课堂及跨企业的训练工场。在多数企业尤其是小企业中,学徒训练通常采用在工作岗位上跟班劳动与模拟操作的方式,由培训师傅进行生产实践指导,并进行适当的理论讲解。而一些大型企业由于分工较细,专业化程度较高,在工作岗位上无法学到全面、扎实、熟练的操作技能,因而建立专门的学徒实训工场作为岗位培训的补充,其任务就是将那些在劳动岗位上无法传授或训练的技能及相应的知识传授给学徒。有些规模较大、拥有大量学徒的企业,除采用上述两种训练场所外,还采用企业内部课堂作为培训场所,主要起到补充、巩固职业学校教学内容的作用。此外,有些小型企业尤其是手工业企业,因其规模小、招收学徒少等原因,无法承担培训项目。它们可建立跨企业的训练工场,以补充本应在企业劳动岗位上进行的培训。跨企业训练工场一般由小企业同业工会、企业界非营利机构或职业学校在国家资助下联合举办和维持。近年来,跨企业培训工场发展很快,成为中小企业重要的培训场所。

企业内的培训场所一般是交叉利用,完全利用某一场所进行培训的企业很少。企业培训最显著的特点是劳动与学习紧密结合,避免了理论与实践的脱节。同时,真实的生产环境可使学徒接触到最新的技术和工艺,并在培训结束后就可从事某门专业化的技术操作。

二、职业学校内的教学

在双元制中,各州学校法规定在企业接受培训的学徒必须同时上指定的职业学校,职业学校的主要任务是教授从事相应职业所需的专业理论知识和普通知识,培训重点大约66%是专业课程。职业学校的教学场所主要是课堂,有些职业学校还有教学车间,主要用于补充企业里无法完成的培训,并进行职业实践,还可为理论教学提供直观的演示手段。有些职业学校还配备实验室,实验室中的设备、仪器、仪表及辅助材料规格齐全,款式先进,接近甚至超过企业的现代化程度。同时,为使学生适应企业生产的需要,各校还配有专职实验教师。

职业学校内的教学必须依据文化教育部长会议的总纲制订教学计划。在该计划的基础上,各州文化教育部长根据本州的实际情况颁布本州的总纲教学计划。这样既可使联邦范围内的职业学校教育保持一定的统一性,又能照顾到各州的差异。此外,该总纲教学计划都会有关于教育目的和该计划结构的原则性说明。文化教育部长会议的总纲教学计划、州总纲教学计划及其说明,就构成了职业学校职业训练的全部内容,其中州总纲教学计划是最详细最重要的。

三、企业培训与职业学校教育的结合

"双元制"职业教育中,以企业培训为主,学生每周 3~4 天在企业接受培训,结合生产中遇到的实际问题,使学生掌握"怎么做"。职业学校教育为辅,学生每周 1~2 天在职业学校接受教育,所学内容与企业培训相关专业为主,以加深其理论基础,也即帮助学生解决"为什么这样做",同时辅以一定的普通文化知识。企业和职业学校相互配合,共同完成整个培训任务。企业培训依据全国统一的培训条例,职业学校教学计划的制订和执行由各州文化教育部决定。为避免职业学校和企业之间传授的内容重复或脱节,或各州职业学校之间在教学内容、质量、深度等方面的差别,以提高全国职业教育质量,使学校与企业更好地密切合作,协调发展,共同培养技术人才,政府强调各州职业学校教学内容的安排在一定程度上也要依据培训条例。在培训条例的制定中,始终有教育界专家的参与,而且职业学校总纲计划的讨论是企业培训条例制定程序中的一部分。为改进和发展企业与职业学校之间的分工及合作关系,联邦政府和各州采取措施,除让职业学校教师与企业培训员要不断协调教学内容和教学方法外,还共同举办职业学校教师和企业培训员的业务进修活动。

四、"双元制"的组织管理和监督

德国职业教育在组织管理和监督方面有严密的规定与机制。其中"双元制"管理采取由联邦政府和州政府进行宏观管理,地区各行业协会进行考核的三级管理体制。联邦教育教科部和相关的联邦其他部门(如经济部或劳动与社会秩序部)是联邦一级职教立法与协调的主管部门,尤其是联邦教科部在职业教育问题上起着统筹与协调的作用。诞生于 1976 年的联邦职业教育研究所,则是协助联邦教科部解决职业教育事业上带有根本性和全局性问题的唯一重要机构,其作用具体包括协助联邦政府统一各州之间的职业教育政策,统一培训规格、贯彻职业培训的双元制原则,协调联邦经济部颁布的培训条例与文教部为职业学校制定的教学大纲之间的内容、进度和教学方法等。州一级的职教立法与协调的主管部门包括州文教部及由雇主、雇员和州政府代表组成的州职业教育委员会与各州文教部长联席会议。地区一级的职教立法与协调的主管部门为各行业协会,是德国职业教育最重要的自主管理机构,具有咨询监督教育过程、制订颁布教育规章等 8 项重

要职责。具体而言,"双元制"教育中的企业教育部分由联邦政府直接管辖,对企业职业教育办学资格的认定、实训教师资格的考核和认定、考核与证书颁发、培训合同的注册与纠纷仲裁等,由联邦职业教育法授权给各行业协会负责。学校教育中的教学由州政府负责管理。联邦政府和州政府负责制定教学大纲和教学进度等要求。"双元制"中职业学校的教学大纲和教学内容由各州的文教部制定,它的基本教学要求是在服从企业培训要求的前提下实施普通的理论和专业教育,同时深化企业实践教学中的专业知识教育。企业培训教学要按照联邦教育部和有关专业部门共同颁布的培训条例进行,包括确定教育内容、时间安排及考核方法等。各培训企业根据培训条例和本企业特点制订具体的培训计划并付诸实施。"双元制"职业教育有统一的教学大纲,但没有统一指定的教材;组织实施教学的职业学校和企业是根据大纲的要求由主讲教师来具体安排教学内容。

五、"双元制"职业教育的考试制度

德国"双元制"职业教育是由联邦、州政府进行宏观管理,地区各行业协会进行考核的三级管理体制。"双元制"职业教育考试的组织和管理是由与培训机构无直接关系的行业协会承担,由各类行业协会的考试委员会具体实施。考试委员会由雇主、雇员、学校三方至少3名代表组成,其中,雇主和工会代表人数相同,且至少应有1名职业学校的教师;雇主和工会代表数应占总人数的2/3。根据《职业教育法》和《手工业条例》规定,各类职业培训考试均分中间考试和结业考试。中间考试在培训学年中间举行,是为了检查学徒在培训期间的学习和培训情况,考试内容包括职业学校和企业同时传授给学生的知识和技能。考试分理论考试和技能考试两个部分。理论考试以笔试进行,技能考试则根据不同的职业类型,分别以实际操作和笔试形式进行。结业考试在培训结束前一个月举行,主要为了检查学徒在培训后是否掌握了《职业培训条例》所规定的实际技能和理论知识。学徒必须具备一定的条件才能参加结业考试。一般情况下,培训合同须在行业协会注册,必须完成规定的培训时间,参加过中间考试并能提交整个培训期间的培训报告手册。申请结业考试的时间最早不能超过培训结束前两个月[①],但对例外的情形也有特殊的规定。结业考试分技能考试和理论考试两个部分,学徒并无义务参加毕业考试,但绝大多数学徒都参加考试,因为取得毕业证

[①] 国家教委职业技术教育中心研究所:《历史与现状——德国双元制职业教育》,经济科学出版社1998年版,第258页。

书的学徒能找到较好的工作,而且整个西欧都承认此类证书。结业考试不合格的学徒还可以再考 1~2 次。

从全国范围来看,"双元制"职业教育考试大部分采用统一命题的试卷,同一专业的考试在同一天进行。两次考试都包括笔试和实际操作。笔试(约 6 小时)检查专业理论和知识水平。操作(约 12 小时)考查设计绘图和制作成品、半成品的技能。两次考试以工厂企业成绩为主,以职业学校成绩为参考;在工厂企业的考试成绩中以操作成绩为主,笔试成绩为参考。学徒通过毕业考试,由行业协会发各州承认的合格工人证书,持有该证书者可被全国任何企业聘用。

第四节　德国双元制职业教育的主要特点

职业教育在德国被视为是政府、社会、企业与个人的共同行为,而双元制已在德国职业技术教育领域中占了主导地位,并在全国各界的努力下日趋完善。从总体而言,德国"双元制"职业教育具有以下几个特点:

一、注重实践,突出技能培养

德国双元制教学模式,在培训过程中十分重视学生实践、技能和技巧的培训。在整个培训过程中,理论与实践之比约为 3∶7 或 2∶8。同时理论教育注重实用性,与实践紧密联系,并服从实践的需要。德国教育专家曾指出:"德国的职业教育体系与其称它为一种教育制度,不如称它为一种思想,是一种注重实践、技能为未来工作而学习的思想。"这一指导思想不仅体现在理论教育与实践训练的时间分配上,而且还贯彻在培训的运行机制、培训计划和教学方法的应用上。

二、培训的实施方案合理,法律体系完备

德国"双元制"教学模式,无论是理论教学、实训教学、实验,还是企业培训,都有严密、完整而又合理的教学目标、计划、教材、设备及师资配置,各类资料无论是形式还是内容,都要求达到规范、系统和美观。同时,德国出台了一系列的法律法规来保障职业教育健康有序地发展。如继《职业教育法》后,又颁布实施了《企业基本法》《青年劳动保护法》《职业教育促进法》《实训教师资格条例》等。此外,还设立了一套包括立法监督、司法监督、行政监督和社会监督的监督系统,以法律的形式完善了职业教育的管理和运行。

三、重视企业在整个培训过程中的主导作用

"双元制"教学中,以企业为核心,以企业培训为主,学校教学为辅,两者

同时进行,紧密联系,成为一个有机的整体。在双元制运行过程中,离不开企业主和董事会的支持,他们不仅是职业培训的指导者,更是职业培训的实际参与者,培训规章及其实施过程中的重大问题必须经董事会讨论通过并在其监督下由企业培训中心执行。以企业为主的优点表现如下:提供精良的培训设备、充足的培训经费和经验丰富的实训教师;及时调整培训计划,培养目标更符合企业实际需要;真实的工作环境,使学生有机会接触到新工艺、新技术,积累生产经验,更好适应未来工作。

四、运行中以市场和社会需求为导向

虽然德国的各类培训职业都有全国统一的教学大纲,但却没有全国统一的课程设置,只要符合教学大纲的难易程度,学校和企业有权根据市场变化设置与选用自己需要的课程或教材,其主导思想是把新工艺、新方法、新技术及时引进培训计划,以适应经济和社会结构的发展变化。因此,德国"双元制"在组织、管理上既强调政府的宏观调控作用,又注意发挥企业、学校和行业协会的职能,从而更好地适应劳动力市场的需要,满足社会对合格劳动力的需求,解决社会就业问题。实际操作中,德国职业教育专业划分采用职业性方案,即"国家承认的职业培训",并根据生产结构和劳动组织的变化,对从业者的资格不断提出更高的要求,每年颁布一次"国家承认的职业培训"的名称和数量。同时,德国重视职业咨询和指导。一方面,强化职业资格预测。德国建立了由最具代表性企业参加的全国性"职业资格早期监测系统",为职业资格标准的确定和课程开发提供实时可靠的信息与数据。另一方面,提供职业指导咨询。德国在全国建立了180多个职业信息中心,向全民免费提供职业指导和职业咨询,而且建立了国家职业信息网络,出版《职业现状手册》《学业与职业选择手册》。① 此外,各州的劳动部门也全都设置职业咨询中心,从中可以了解劳动力市场及培训市场的状况,青年可以根据自己的兴趣、爱好及市场供需状况,决定所选择的培训职业。因此,"双元制"职业教育被认为是一种适应经济发展需要的良好的训练形式。最主要的一点是"双重职业训练体系"体现了国家、私人经济、学校和企业等各方面通力合作,由于它的训练与以现代科学技术为基础的大生产密切结合,所以它对经济部门需求的反应十分敏感,能够及时估计到职业结构的变动和劳动市场的需要,并相应地不断抛弃过时的或显得多余的职业训练和训练章程而代之以新的或必要的。就这一点而言,双重职业训练体系是一个十

---

① 姜大源:《论世界职业教育发展的主体脉络》,《中国职业技术教育》,2001年第11期。

分灵活和高效能的训练体系。①

五、考试制度严格有效

"双元制"职业教育考试与其制度本身一样也是在历史中逐步发展形成的。早在中世纪的手工行业中,已形成"学徒—帮工—师傅"的职业晋升关系,每级晋升时需要通过由行业协会举办的技艺考试。19世纪末,随着《北德行业条例》这部经济法的诞生,手工业中已基本形成一套在行业协会监督管理下独立的考试制度。1969年颁布的《职业教育法》明确规定了工商业行业协会承担本行业学徒考试任务的法律地位。因此,"双元制"职业教育考试的组织和管理是由与培训机构无关、相对独立的机构负责完成的。国家颁布《职业培训条例》,规定每类职业考试的最低标准。考试分中间考试和结业考试,严格按照法律规定进行。接受双元制培训的学生必须经过由企业协会或手工业协会主持、考试委员会组织的统一考试,考试由长达十几个小时的实践技能考试与总时间为5~6小时的专业理论知识考试组成,考试合格才能获得技术工人或技术员的资格。

六、师资队伍训练有素,教育经费充足

德国双元制职业教育模式,一方面对理论教师、实训教师和企业培训师傅均有不同的要求,同时还制订了严格的培训方案、进修措施和考核制度等;另一方面也从社会地位、经济待遇上确实保证教师来源充足、素质良好和教学情绪稳定。一般而言,德国教师待遇优厚,平均工资(包括教师津贴)为工人的1.5~2倍,同时各州政府还定期对各类教师进行考核,优胜劣汰,其师资聘任有着一套成熟的培训模式和任职资格考核制度。这样,经过层层筛选,德国的职业教师大多具有广博的知识、精湛的技能及良好的品质,这就保证了教师队伍的稳定和优良。德国企业和各州政府十分重视对职业技术教育的经费投入,费用主要用于资助学徒接受职业培训和教育,或用于资助企业培训中心、职业学校、跨企业培训中心和典型实验项目,因此德国职业教育的经费充裕,教学设备精良。企业的培训中心和职业学校都有规格齐全、装备精良的实训、实验和电化教学设备,各种教学辅助用品或模型应有尽有。另外,学校公共设施整洁齐全,环境文明优美。这些无疑为德国双元制职业教育的成功运行提供了必要的条件。

七、重视培育职业素养,注意职业教育与普通教育的互通性

职业素养通常是指职业岗位对个体内在的规范和要求,是个体在职业

---

① 李其龙,孙祖复:《战后德国教育研究》,江西教育出版社1995年版,第168页。

过程中所表现出来的内在品质和外在行为方式,即个体从事某种职业所必须具备的专业技能、道德操守、职业态度与兴趣、职业设计与创造的情感、规范、能力及其水平等。概括而言,职业素养主要包括职业技能、职业道德、职业态度和职业意识等。德国人素有严谨、务本求实和富有责任感的传统,在双元制职业教育中,他们重视职业素养尤其是职业道德的培育。对教师而言,他们必须敬业爱岗、诲人不倦、一丝不苟、以身作则;而对于受训者而言,他们做到严格遵守职业行为规范,从点滴抓起,从小事抓起,养成良好的职业道德习惯。因此,受训者在井然有序的双元培训气氛中形成了良好的职业行为和职业道德风尚。此外,德国注意各类教育形式的互通性,这主要体现为两个原则:一是职业教育体系发达,职业教育与普通教育是等值的。德国职业教育体系发达,主要包括三个方面的内容,即职业培训、职业进修、职业改行,前者为职前培训,后两者为职后培训,职前与职后实现了有机的衔接,职业教育不再被认为是终结性的教育。在德国接受职业教育尤其是双元制职业培训并不是"差生"不得已的选择,而是学生和家长主动的意愿。二是整个教育体系具有较大的渗透性,双元制职业教育与普通教育之间相互沟通。德国承认中等职业教育毕业生与普通高中毕业生具有升入大学的同等学历和资格,规定实施"双元制"的职业学校毕业生具有相当于普通高中第一阶段教育学历[①]。在基础教育结束后的每个阶段,学生都可以从普通学校转入职业学校,接受"双元制"培训的学生,也可以经过文化补习后进入高等院校学习。德国职业教育追求这样的目标:"一种职业培训不能走进死胡同,而应该为职业进修以及其他的继续教育过程提供多样化的选择……目标就是职业教育与普通教育的等值以及教育途径的透明度。"[②]

第五节 德国双元制职业教育形成的因素分析

德国"双元制"职业教育模式是德国职业教育的核心部分,它的形成、发展和完善,有着特定的历史文化条件和社会背景,同时也是社会经济发展和科技进步的产物。

---

① 李建:《国际职业教育发展现状、趋势及中国职业教育的基本对策》,《外国教育资料》,2000 年第 6 期。

② 石伟平:《比较职业技术教育》,华东师范大学出版社 2001 年版,第 100 页。

一、独特的民族思维方式和价值取向

德国文化源于古希腊文化,思辨性是其哲学思维方式的重要特征之一。这种思辨的传统使德国对"科学"有其独特的理解,赋予科学以广泛的意义。德语 Wissenschaft(科学)一词含义较广,"包括一切有系统的知识,不论是我们所谓的科学也好,还是语言学、历史与哲学也好"①。他们不仅把自然科学,而且把哲学、语言学和教育学等都作为科学领域,还把一切有系统的知识,其中包括技术、工艺、操作技能及其训练等作为科学问题进行研究和实践。19世纪中叶以后,当务实、实证的自然科学观念和方法在德国处于主导地位时,德国人采纳并彻底贯彻了实证主义精神,将这种务实、实证的科学方法应用到社会生活的各个方面。"双元制"职业教育模式的创立和发展过程充分体现了德国人的科学态度与务实精神。首先,他们进行职业分析,确定各种职业的技术、技能、技巧和规范,并使之系列化和科学化。其次,根据职业目标确定若干个"关键技能",使之课程化。再次,将教育培训与就业制度相结合,使企业主与雇员对培训制度的结构、内容和环节取得一致的认同,在学习的同时获得职业工作经验,能够快速灵活地适应职业技能的要求等。正是基于对教学内容、方法和过程等方面细致入微的分析、完善及操作技能的科学化,德国人就需要通过一定的方式、途径和条件来保证教学质量与操作技能的有效训练。因此,客观上需要职业学校与企业之间,教育行政部门与企业行会或协会之间通力合作,以优化训练,保证质量。

在文化形态中,价值取向对民族的心理影响也是极为深远的。它代表了民族或个体在评价事物时所表现出的某种特定的心理倾向。在德国近代化的过程中,"技术主义"和与之密切相连的"实用主义"一直影响着教育的发展过程。与中国儒家"重德轻技"、"重道轻艺"、"鄙视工商"的思想相反,德意志民族自古就崇尚手工业和技艺,有着强烈的职业归属感。这是"双元制"植根的沃土。德国历史上手工业非常发达,有重视手工业和技艺、重视技术和实践的优良传统。在德国市井保留的雕塑中,无论是古老的面包师、鞋匠、木匠、铁匠、泥瓦匠,还是近代的修鞋匠、邮递员,都是令人尊敬的对象。受过严格训练获得"师傅"称号更令人敬重。大多数德国人视工作为生活的重要部分,极度重视操作技能,并认为"不教儿童手艺,等于教儿童盗窃",因而德国素有"工匠王国"的美誉。这种注重技能的传统深深影响着后来德国的职业教育,在大众的心目中,接受职业教育并非是无可奈何的选

---

① W.C.丹皮尔:《科学史》,商务印书馆1987年版,第389-390页。

择,而是主动的追求。德国著名的宗教改革家马丁·路德曾说过:"鞋和靴是你的▇▇▇,你的生命只有通过它们才具有意义,决不要企图超越这个已经▇▇的目标。"①而德国工人精湛的技艺随处可见,从滴水不漏的水龙头、▇丝合缝的门窗到驰名世界的奔驰轿车都是见证。

因此,无论是从"双元制"模式产生的历史文化背景,还是从操作技能、教学内容及组织的科学化和系统化的过程,都可以看出德国哲学思维方式和价值取向的深层影响。德意志民族文化中的思辨传统及实证务实、细致严谨、重视技术的价值取向正是建构"双元制"这座大厦的支柱。

二、特定的历史原因和国家的政策支持

早在13世纪,德国学徒制度就已广泛地存在于手工业作坊中。1897年的《保护手工业法》将处于低谷的学徒培训制度以法律的形式重新恢复了它的活力,并与1908年的《手工业条例》一起成为"双元制"职业教育的奠基石。16、17世纪宗教界和实业界一起举办了星期日学校。当时的星期日学校主要分为两种,传授普通教育知识的教会星期日学校与教授计算、绘图、机械和普通技术课程的手工业星期日学校。这类学校是专为跟随师傅学艺的学徒补习文化而开设,学徒利用业余时间到星期日学校学习最基本的文化知识。1900年采纳大教育家凯兴斯坦纳的建议,将星期日学校改为以按职业原则划分的教育机构——进修学校。这种学徒培训与星期日学校的最初合作可视为"双元制"模式的雏形。

19世纪末20世纪初,德国逐步从传统的农业社会向工业社会过渡,机器大生产逐渐取代传统的以手工操作为基础的生产方式。经济的发展需要大量较高素质的劳动者,而传统的学徒培养模式已不能满足生产的需求,这就需要寻求一种既能满足人民日益增长的受教育的需求,又能满足工业社会对劳动者高素质需求的教育,"双元制"正是在适应这一要求的过程中逐渐完善起来的。此后国家通过一系列措施和法律完成了其制度化的过程。1948年,德国教育委员会在《对历史和现今的职业培训与职业学校教育的鉴定》中首次使用了"双元制"这一概念描述存在了一百多年的企业与职业学校共同培训的形式。1969年联邦政府公布了《职业教育法》,标志着双元制作为一个完整的培训体系完成了其制度化的过程。之后,又颁布了一系列职业教育法律,如《青年劳动保护法》《职业教育促进法》《实训教师资格条例》等,使"双元制"不断巩固和完善。

---

① 严红卫、郜志明:《德国人》,三秦出版社2004年版,第35页。

德国政府对职业教育的重视,也是"双元制"得以发展的重要因素。德国政府通过制定政策、法令、法规、条例等,明确各方职责,[遮挡]学校的积极性,使"双元制"教育有法可依、有章可循。而各部门在[遮挡]统筹下也保持步调一致,协同发展。并且,德国通过州政府、联邦劳动部和联邦职业教育研究所对各类职业学校、跨企业培训中心和职业继续教育机构提供足够的资金,以确保其稳定而健康地发展。此外,德国政府还直接充当企业和职业学校联系的桥梁,以保证双方培养目标的一致。尤其是近年来,随着德国经济结构、就业结构以及教育观念的改变,"双元制"职业教育遇到了诸多的问题和挑战,并成为德国教育界和经济界争论的焦点。面对各方意见和压力,德国政府则采取坚决和鲜明的态度,即坚持"双元制"职业教育不动摇的方针,支持企业和学校采取更加可行的措施,使这种教育更趋完善。从1991年开始德国率先实施了职业教育领域里的天才教育计划。德国科教部指出,培养一个技术熟练、精湛的劳动者与培养一个知识广博的大学生相比,对国家的经济和社会发展具有同等重要的意义。

三、悠久的行会传统和健全的行会制度

德国的职业教育最早源于中世纪早期的行业协会制度,那时手工业作坊已出现师傅带徒弟的培训形式。德国最古老的行业协会是1106年沃姆斯的贩鱼者行会和1128年马格德堡的制鞋者行会。① 虽然行业协会作为手工业和商业组织在西欧乃至世界的许多地方都存在,但由于德国政治生活长期处于分裂状态,它在德国经济生活中发挥的作用就显得格外重要。换言之,德意志民族国家的"晚生",促进了行业协会组织的强大。②

从中世纪到19世纪中叶,作为商人和手工业者为保护本行业利益而建立的一种互助组织,行业协会在相当大的程度上影响着德国城市的经济生活。它不但保护其成员的生产和生活方面的利益,而且还通过行业协会章程规范本行业的生产和销售行为,如控制产品价格和工资等级、规定企业生产规模、确定劳动时间、教育年轻一代等。虽然早期的手工业学徒训练是在手工业师傅作坊或家里分散进行,但学徒的训练期及关于训练的一切具体要求被详细规定在行业协会的规章或"案卷"里。③ 1871年德国统一后,国家加强了对经济的干预。但基于对成熟的学徒培训制度及国家财政负担等

---

① 陈刚:《西方精神史》,江苏人民出版社2000年版,第63页。
② 周丽华、李守福:《企业自主与国家调控——德国"双元制"职业教育的社会文化及制度基础解析》,《比较教育研究》,2004年第10期。
③ 孙祖复、金锵:《德国职业技术教育史》,浙江教育出版社2000年版,第4页。

方面的考虑,政府并没有过多干涉由各行业主导的职业训练。尽管最初的商业行会、手工业行会随着时代的发展逐渐被同业行会、工会所取代,但这种学徒培训的企业负责制一直保持在日后德国企业自我负责的精神与相应的制度之中。

现在"双元制"职业培训以企业为主的原则是靠经济界通过行业协会强化"学徒制"管理来体现的。历史上的同业协会(行业协会前身)不仅规定录取学徒的标准,还认可学徒是否出师。同业协会的这一使命决定了今天德国国家在职业教育中不占主导地位。如今德国的各行业协会(工商业协会、手工业协会等)依然担负企业内职业教育的许可、咨询、考试及监督等主要职责,包括对承担培训企业的资格认定和监督;缩短和延长培训时间;登记职业培训关系;制定结业考试条例,组织与实施期中考试、结业考试;监督职业培训,开展职业培训咨询;仲裁;等等。由此可见,行业协会在"双元制"职业培训中起着举足轻重的作用。

四、特殊的资源条件和经济结构

职业教育与经济结合最密切,它的形式、内容和目的都直接为生产实践服务。研究德国"双元制"职业教育时,我们不能离开德国特殊的资源条件及经济结构。其特殊性表现在:① 德国位于中欧,国土面积为35.7万平方千米,南北相距800多千米,东西600多千米,地形异常多样,除辽阔宽广的平原外,还有连绵起伏的山峦和密布的湖泊。与英国和法国相比,德国土地面积较小而人口众多,原料基本依赖进口,主要靠输出工业制成品和服务,其国情决定了它的工业品不能依靠价格取胜。据估计,价格条件在联邦德国工业产品竞争中只占2%,他们的竞争优势主要来自产品的质量(35%)、贸易经验(19%)、交货期限(18%)、工艺先进(13%)、销售服务(12%)。① ② 德国的产业结构中,第二产业比重大。手工业是德国传统产业,发展到今天,德国的机械、精密仪表制造、电子光学仪器是德国的支柱产业。1970年第二产业所占比重为49%,虽然德国第二产业在国民经济中所占比重近年来有所下降,但它依然是德国国民经济中的重要部分。这样的产业结构特点决定了德国工业生产过程分工很细,专业化程度很高,这一方面决定了对技术工人的质和量要求很高,另一方面也决定了双元制职业培训重视实践技能的培养,而且实践技能的岗位针对性也很强。③ 随着传统工业的萎缩,原有工业与新兴工业的结构重组,生产和服务流水线作业,市场全球化

---

① 裘元伦:《稳定发展的联邦德国经济》,湖南人民出版社1988年,第81页。

等一系列变化,使德国上下达成了广泛的共识,即对产品和生产过程的不断革新,成为竞争和求职的决定性因素,而新材料与管理模式的创新只有和高素质的劳动者相结合才能发挥作用。

正是这种特殊的资源条件及经济结构,使德国企业的生存和发展很大程度上取决于能否不断地获得素质优良、数量充足的技术工人,并且取决于工人的知识和技能能否适应不断变化的形势。因此,以企业为主,职业学校为辅的"双元制"职业教育符合了德国的经济结构,并在政府的支持下日益发展完善。

第六节 德国双元制面临的挑战与发展趋势

近年来,随着经济全球化和现代科技的发展变革,"双元制"职业教育也面临着一些问题和挑战,如有人质疑双元制职业教育过分依赖企业,易受经济危机影响;双元制职业教育体系不够灵活,对社会发展适应性差;培训专业缺乏兼容与迁移;两个培训主体之间缺乏沟通与协调;等等。面对上述困境,德国政府采取措施来改进双元制职业教育,以适应经济社会的变化,从而使双元制出现了以下发展趋势:成立职业学院,向高等教育阶段延伸,增强"双元制"的吸引力;加强职业教育与普通教育的通融性,使"双元制"职业教育毕业生与其他高等教育毕业生具有同等晋升的机会;建立联合培训组织,多途径解决经费问题;提出"学习领域"新概念,培养学生的综合职业能力;等等。

德国的"双元制"职业教育经过长期发展完善,成为国际上广泛认可的成功的职业教育模式。但近年来,随着经济全球化、现代科技的发展变革、德国经济结构的变化及人们教育观念的改变,"双元制"职业教育也面临着诸多问题和挑战。20世纪60年代,德国发生了针对"双元制"职业教育的大辩论,此后对"双元制"的零星批评也始终不断。面对来自各方的质疑和意见,德国政府采取坚决和鲜明的态度,坚持"双元制"的发展方向,并采取有力措施改革"双元制",以使其顺应时代潮流,并在国际竞争中处于有利地位。

一、德国双元制职业教育面临的问题与挑战

1. 经济结构和就业市场的变化,影响人们教育观念的变化

随着经济社会的发展,德国的经济结构、就业结构和教育观念也发生了很大的变化。有统计显示,第一产业从约一百年前的40%到1990年只剩

4%（原西部地区）；第二产业从业人员由占从业人口的 1/3，发展到 48%（1950 年）。20 世纪 70 年代的世界经济危机，使第二产业的发展受到限制，到 1990 年，从业人员下降到 41%。与此相反，第三产业迅猛发展，从 1950 年的 33%，发展到 1990 年的 56%。① 而企业内部的经济结构也在发生变化，由于竞争的需要，企业不断进行劳动组织改革，特别是实施"班组生产"，以客户和项目为导向生产及新工艺的发展与引进、自动化和机器人的运用，这些都导致了企业削减劳动位置和培训位置。同时，就业市场也发生了变化。据德国有关失业率、薪水、职务晋升等方面的统计数据显示，受教育程度越高，薪水也就越高；在企业中的地位也就越高；接受继续教育的机会越多；而且失业率亦相对较少。经济结构和就业市场的变化，改变了德国家长的教育观念，他们希望子女能上个好大学，将来有份待遇优厚的工作。根据 1993 年的民意测验，有 48% 的德国父母希望自己的孩子上大学。而"白领"阶层的薪水与地位也吸引着越来越多的年轻人朝着大学或高等专科大学的目标前进。据统计，1993 年上大学的年轻人已占同龄人的 35%，而 1980 年只有 19.4%。与此相反，接受"双元制"职业教育的年轻人所占比例却连年呈下降趋势，1993 年学徒数共 1.63 万，比 1992 年下降 2.4%。这些都为"双元制"职业教育带来了不利因素。

2. 职教定向分流过早，影响学生的全面发展和对未来职业的选择

德国实行小学后分流制，学生经过四年共同的普通学校教育之后，主要分流到三类教育目标不同的学校：文科中学（文理中学）、实科中学和主科中学（主要中学）。在这三类学校中，文科中学开设的课程系统而全面，包括语言、文学、艺术、社会科学、数理和科技、体育、宗教等，主要是为高等学府输送人才，学术性较强；实科中学开设的课程以社会科学、自然科学和语言类为主，强调科目的实用性，主要以培养中等工商业界和政府机关的实务性人才为主；而主科中学开设宗教学、德语、地理、历史、音乐和工艺等课程，毕业生一般进入双元制职业教育体系，以培养技术工人为主。这样，实际上从小学毕业加上两年观察阶段即 12 岁起，就开始了职业教育定向分流（相当于我国的六年制小学毕业）。按照皮亚杰的认知发展阶段性理论，12 岁左右的儿童正从具体运算阶段向形式运算阶段过渡，思维能力的改变会使他们决策过程发生变化。处于这个年龄段的学生，身心和智力都处于发展阶

---

① 国家教委职业技术教育中心研究所：《历史与现状——德国双元制职业教育》，经济科学出版社 1998 年版，第 295 页。

段,他们无法明确规划自己未来的职业意向,往往是家长根据自己的意愿做出选择。因此,过早的职教定向不利于人才的全面发展,尤其会埋没那些有特殊天赋或"大器晚成"的学生。目前,德国报考文科中学希望接受大学教育的学生越来越多,而实科中学和主科中学的生源逐年减少,即使是双元制教育体系下的学生在职教毕业后也希望能进入大学学习,而不再作为专业力量加入经济建设方面的工作。这一方面反映求学者对较高学历的执着追求,另一方面在某种程度上也隐含了人们对过早职教定向的担忧。有批评者从社会公平的角度认为,把学术学生和职业学生划分到不同的轨道,并且在职业体制中再生产了通常的劳动等级制度,在这种制度中,女性和有移民背景的工人明显处于不利境地。而许多国家观察家特别是美国的观察家,也批评德国的教育组织呆板,认为学生在小学毕业时就被决定进入三种形式的中等学校之一,这样就不可改变地过早决定了学生未来一生的发展道路。①

3. 过分依赖企业,企业提供培训岗位不稳定

双元制的重要特点就是企业广泛参与培训,并在整个职业教育过程中发挥着主导作用。企业不但提供相关的实践生产岗位与培训场所,而且提供详细的实习教学计划,配备经验丰富的专职实训教师。此外更为重要的是企业承担了职业教育的大部分经费,据德国培训公司介绍,三年左右的培训过程中,企业为每个培训生花费各项费用10多万马克。这些都意味着"企业是否参与在一定程度上决定着'双元制'的命运。而企业的参与程度取决于企业的经营状况,这使得双元制教育的运行机制易受总的经济形势变化的影响"②。在经济持续增长的情况下,企业把对双元制教育的财力、物力、人力投入作为培养和储存企业人力资源的手段。但在经济萧条时,昂贵的培训经费成为中小型企业的沉重负担。企业也就越来越不愿意承担培训费用,也不愿意提供培训岗位。此外,由于德国近年经济的不景气,失业人数居高不下,尤其是在东部地区,企业主有足够的失业劳动力供其招聘选择,这也在一定程度上降低了企业参与培训的积极性。同时,现代高新技术发展日新月异,这意味着企业必须根据市场需要调整结构,无法制订长期的培训计划,而这也必然引起培训岗位的减少,导致有些行业的职业教育相对

---

① 翟海魂:《发达国家职业技术教育历史演进》,上海世纪出版股份有限公司、上海教育出版社2008年版,第218页。
② 石伟平:《比较职业技术教育》,华东师范大学出版社2001年版,第113页。

萎缩或发展缓慢。双元制职业教育对企业的过分依赖,是经济危机下双元制教育能否正常运作所面临的巨大困境。

4. 体系及制度复杂严谨,无法迅速调整专业设置

德国双元制职业教育中,企业与学校的行为主要靠政府的协调与立法的约束。德国政府通过一套比较完善的职业教育法律来保证双元制的实施,如《职业教育法》《企业基本章程法》《劳动促进法》《青年劳动保护法》等。与此同时,为了保障职业教育制度的落实,德国政府还设立了一套包括立法监督、司法监督、行政监督、社会监督在内的职业教育实施监督系统,使职业教育真正做到有法可依、违法必究。这些法律完善了双元制职业教育的管理和运行机制,但同时也在一定程度上阻碍了双元制课程设置的迅速调整。因为德国的教育立法过程比较复杂。比如将新职业纳入双元制教育体系,首先是经济界发现新职业,由他们提出倡议,再由联邦政府组织委员会讨论,如确定培训与教学内容、学徒的工资等费用,这又涉及多方利益。首先劳资双方要取得一致,然后与州和联邦当局磋商,最后还需要立法机关讨论通过,这样相对漫长的过程比不上当今科技进步的周期。当前社会产业结构正发生着巨大的变化,其显著标志是在社会生产中,传统的基础工业、加工工业比重下降,而朝着服务性社会和知识社会方向转换。1950年德国双元制职业教育的培训机构为901个,到1998年已减少至356个[①],或有些职业根本无须历时三年左右的培训。与此同时许多新兴行业尤其是现代服务业和信息产业,如医疗护理、通信、环保、新闻媒体等,却未被及时纳入双元制职业教育体系。随着社会发展,增加新型职业培训是必要的,但德国职业培训条例修订一般需要5年左右的时间,这就导致双元制职业教育体系不能快速适应新技术的迅猛发展。因此有批评者指出德国职业技术教育体系还在为面临失业的职业岗位训练后备军,而不能为许多新增产业培训技术工人。

5. 过于强调专业熟练技能,不利培训者将来的职业转换

双元制职业教育是培养毕业后能直接上岗从事专业工作的熟练技术工人,它主要根据国家颁布的《职业培训条例》在具体职业领域内实施,其培训计划不是以学科专业来确定,而是在职业分析基础上以具体职业能力为目标,并主要是在企业生产实践中开展的培训方式。其优点是培养的对象专业化程度高,毕业即上岗工作,实现了学校教育与就业市场的零过渡。但这

---

① 邓泽民、王宽:《现代四大职教模式》,中国铁道出版社2006年版,第93页。

种培训也有不足之处,首先,培训工种比较单一,培训职业过分专门化。如今年轻人的就业观念发生了变化,他们不会把在校期间所学的专业作为终生职业,专业技能过于狭窄就不利于他们今后在各种职业间的迁移和转换。其次,过于强调专业熟练技能的培训和考核,而忽视其他能力的培养。现代企业要求工人不仅掌握专业技能,还要具备对新技术的快速掌握能力及对新形势的适应转换能力,这就要求他们拥有更宽泛的理论基础知识和实践技能。而这种源于传统手工业师徒训练形式的双元制培训模式,主要培养大量熟练的而技术技能相对狭窄的蓝领工人,行业划分过细,他们将实践教学放在主导位置而理论教学放在从属位置上,理论教学是配合实践教学进行的,实践与理论之比可高达 8∶2①。因而,改革传统教育的培养目标也是双元制职业教育适应新形势的重要任务之一。

6. 企业和职业学校本身存在问题,且两者缺乏协调沟通

企业和职业学校是构成双元制职业教育的两个基本要素,企业负责教授职业技能和相应的知识培训,职业学校负责传授专业理论和普通文化知识教育,两者既有区别又有必然的联系,既有宏观上的分工,又有微观上的融合。但由于企业属于经济部门,职业学校属于教育部门,两者的利益并不完全一致,在某些方面缺乏沟通与协调导致合作障碍。目前,外界对企业的批评集中在以下几点:常有破坏培训工作的事情发生,如企业将受训者作为廉价劳动力,常指派他们去从事与培训无关的工作,或过多地使他们从事边缘性、辅助性的工种;由于企业生产过于专业化,其培训往往不完全、不系统,忽视理论知识的传授;培训教师素质不高,能力不强;有些职业已不存在,但仍进行培训,导致职业过剩;等等。对职业学校的批评则集中在教学方案与教学计划陈旧过时,与企业的训练脱节;师资缺乏,教师后续专业教育欠缺;理论教学时间太少,缺课现象严重;职业学校装备不够,教学场地缺乏;等等。由于企业和职业学校自身存在的问题,加之两者分属不同的管理部门,导致企业和职业学校之间不能及时沟通,缺乏协调,使企业培训和学校教学很难取得一致,并在感情和利益上相互排斥,如企业主张学徒培训只有通过培训机构和经济部门的自我管理及相互协调才能发挥功能,而不希望将职业学校纳入双元制培训中去。这些在一定程度上影响了双元制职业教育的顺利发展。

此外,虽然德国是欧盟的成员国之一,但实行双元制职业教育的只有德

---

① 黄关从:《德国"双元制"职教模式在 CTM 的实验与研究》,文汇出版社 1997 版,第 11 页。

语系国家,如德国、奥地利、瑞士等。随着经济全球化发展,一些跨国企业入驻德国,但他们并没有提供培训的意识和愿望,在此种情况下,双元制职业教育因被视为异类而受到严重挑战。

因此,20世纪90年代以来,随着科学技术的突飞猛进及信息技术的日益普及,新职业不断出现,各国传统的职业教育很难适应和有效承担推动社会经济不断进步的角色,双元制职业教育也陷于困境之中,但德国人并没有完全抛弃双元制,而是采取积极措施来应对这些挑战,不断地完善双元制。因此,德国的双元制在20世纪90年代以来出现了新的发展趋势。

二、德国双元制职业教育的改革与发展

虽然德国双元制职业教育受到各界诸多质疑,面临着发展的困境,但德国政府及相关部门采取一系列措施来改进双元制职业教育,以适应经济社会的快速变化,从而使双元制职业教育出现了以下发展趋势。

1. 培训职业面向现代化,不断拓宽专业方向

随着社会经济和科学技术的快速发展,尤其是信息和通信技术的全面应用,企业拥有更多由电脑控制的多功能机器,这不仅需要技能精湛的熟练工人,更需要具有丰富知识和灵活转换能力、社会活动能力的工程技术人员与管理人员,只有单一专业知识的毕业生很难在激烈的劳动力市场找到理想的位置。为适应知识社会和信息社会对职业人才的更高要求,针对社会职业结构的变化,目前,德国教育部已经拨出巨款,加强对未来职业动向的研究——这也是对"双元制"职业教育面对实践变化反应迟钝的一个修正,增加职业教育对技术变化和劳动力市场变化的灵敏性、灵活性与前瞻性[①];采取一些措施来调整双元制职业教育专业设置,使其更具现代性,如在迅速增长的就业领域开发新的培训职业;加速现有培训职业的现代化,自2000年来已对相关职业教育条例进行改革并设置26个新教育职业,向学生提供更多可供选择的专业;加快职业教育条例的实施程序,为适应德国产业结构的变化,每年的培训职业方案都要进行现代化改革。

2. 采取多种措施,增加双元制培训岗位

德国目前的失业人员中年轻人所占比重最高,教育部长布尔曼2000年3月在"青年人教育和职业教育;变革职业教育"论坛上发表的《红绿联合政府教育政策改革前景》讲话中指出,在20—29岁的青年人中间有近12%也就是近130万没有职业教育结业,而且每年还要新增80000人,这是德国社

---

① 彭正梅:《德国职业教育改革和发展趋势》,《全球教育展望》,2002年第3期。

会潜在的"炸弹",影响着德国社会稳定和发展。鉴于此,首先,德国加大政府投入,近年来德国国家财政在职业教育中所占的比例逐年上升,特别是在东部地区。在 21 世纪初,各州约有 70% 的培训得到了国家的资助。此外德国政府制订相关政策,减轻企业负担,让企业提供合理的培训岗位。在德国,尽管中小企业只占企业总数的 22%,却提供了近 40% 的学徒岗位,这在青年职业培训和就业中具有举足轻重的地位。其次,充分发挥学校的作用。双元制职业教育按传统一直是以企业的实践教学为主,职业学校的理论教学为辅而展开。这与当前新知识和技术的综合性与学习过程以行为导向的整体性不相符合。职业学校应发挥其教育优势,根据现代企业要求,通过开发学校内的实训车间配合企业的实践教学,使其成为企业更加密切的合作伙伴。再次,增加新的培训基地,扩大培训企业名单,吸引中小企业加入培训队伍,并将培训条件有限的小型企业联合起来,组成跨企业培训中心,这样使学生的适应面更广,求职面更宽。

3. 职业教育中促进学生关键能力的培养,提倡终身学习

由于社会经济的飞速发展及个体职业的不断变更,个人不可能通过一次性的学习就掌握未来职业生涯中所需要的全部知识和技能,因此职业教育不仅要赋予受培训者当下职业所需的素质和能力,还要赋予他们今后及终身学习的愿望和能力。20 世纪 80 年代,德国政府在职教领域率先提出了"关键能力"培训的概念,并付诸实施取得成功。所谓"关键能力"是一种与具体职业和专业课程无关的、跨专业的、在职业生涯中起关键作用的综合能力。在双元制职业教育中,关键能力培训内容主要包括组织实施工作任务的能力,交流与合作的能力,学习技术与科学工作的能力,独立性与责任意识,对外界的承受能力等。它强调当职业发生变更或劳动组织发生变化时,劳动者具备适应新的职业或劳动组织的能力。目前,培养关键能力已成为德国职教界普遍认同的一种教育思想,也是 21 世纪高等职业教育工作的重要课题。同时,双元制以终身教育思想为指导,建立职业继续教育体系。主要包括两个方面,一是完善职业进修教育制度。1998 年德国政府对地区行业协会编制的 900 个继续教育培训规章进行分析、筛选,进而制定 15 个全德统一的进修职业条例。二是向高等教育阶段延伸。为了增强双元制对青年人的吸引力,使职业教育与普通教育具有同等价值,双元制职业教育向高等教育阶段延伸,建立职业学院,学生在职业学院毕业后可读研究生。职业学院的核心思想是将双元制职业教育思想引入到第三级教育领域,其教学过程的主要特点是学院的理论教学和企业的实践教学交替进行,是双元制

在第三级教育领域中的延伸。此外,在双元制职业教育中,注意与普通教育的衔接,如加强对学生的外语教学,并帮助他们获得普通知识等。①

4. 关注教育社会处境不利群体,提供多样化的教育模式

针对20世纪90年代以来对双元制职业教育的批评,如双元制在信息社会的效率和适应性、女性和有移民背景的工人在劳动制度中的地位、经济衰退后培训岗位减少问题等,德国努力改善社会处境不利群体的职业教育和职业继续教育,提高妇女在职业教育中的比重,确保教育机会均等,最大限度地帮助那些在物质、社会和文化等方面处于不利境地的公民,使他们有机会接受教育和培训。"谁都不会因为无钱而不能接受教育和培训",这是联邦政府对国民做出的承诺。②

1998年,德国联邦政府通过了"消除青年失业的立即行动计划"。该计划的工作重点有两个:一是使失业青年再就业;二是向那些还没有得到培训岗位的或者是中断了职业培训的青年提供职业培训岗位。同时,为了扩大女性在新兴产业中接受培训和就业的机会,联邦经济与技术部和联邦科教部在"21世纪信息社会的革新与工作职位"的行动计划中明确提出要采取相应措施,使2005年女性在IT职业培训中的比例达到40%。德国联邦职业教育研究所2000年职业教育年度报告以"为了所有人的教育:青年和企业新的教育机会"为标题,明确表明了德国实现全民职业教育的决心。该报告指出,政府及其合作伙伴的奋斗目标是:"使每一个愿意且有能力接受职业教育的青年都能接受职业教育与培训"。另外,鉴于在德国没有取得职业教育毕业资格的20—29岁的年轻人中有近三分之一是外国移民,工作、教育、竞争力联盟下的"教育与继续教育"工作小组在2000年初夏专门就资助移民青年职业教育与继续教育行动计划的基本原则和方针进行了商讨。这表明,职业教育也将触及这些长期被遗忘的人群身上。③ 总之,德国政府采取多种措施,使不同社会地位、家庭背景、文化水平的教育对象得到职业教育,努力实现它对国民的承诺。

5. 多元经费筹措,建立职业培训网络站

由于种种原因,进入21世纪后德国的经济处于不景气状态,培训费用

---

① Berthold博士:《关于德国双元制职教模式的报告》,2009年9月24日于苏州健雄职业技术学院吴园会议室。
② 吴雪萍:《国际职业技术教育研究》,浙江大学出版社2004年版,第128页。
③ 周丽华:《建立灵活而开放的现代职业教育制度——德国职业教育改革的目标与措施》,《教育导刊》,2001年第15期。

成为大型企业沉重的负担。从经济效益角度考虑,大中型企业削减培训机会,给"双元制"职业教育直接带来危机。为鼓励大型企业继续提供培训,政府有两种方法。第一种是惩罚性的,一个企业如果不提供培训,政府要对该企业增加税收,但由于企业的反对、抗议而落实不力;第二种是鼓励性的,如企业提供培训,政府对该企业实行减税,并提供补贴,这种方法受到企业的欢迎。①

近年来,针对培训成本过高的问题,德国试点并确立了一种民间协调机构——职业培训网络站。2001年3月经德国工商协会和手工业协会的认可,首先在北威州比勒菲尔特地区建立。职业培训网络站作为一种民间机构,它在大中小企业和公司间进行协调,使个人、企业和政府步调一致,互惠互利。它采取系统科学的方法和程序,将被培训者、培训者、培训业务作为三个相互关联、相互制约的环节,并找到三者之间的结合点,通过反馈和调节,促进职业培训整体处于良性循环状态。首先,摸清毕业生人数和企业岗位需求及培训能力;其次,沟通各个能力不同的企业,进行投入分析和利益分析,促成彼此联手协作,邀请未获得培训机会的学生参加供需见面并签订合同;最后,通过多种方式公诸社会,以便引出下一轮运作。② 而联邦政府、各州政府和联邦劳动署也为已经形成的、布局合理的跨企业培训机构网共计588个中心继续提供大量的资金,保证其在完成补充中小企业培训内容不足之外,还承担由于技术进步、欧洲共同市场和环保事业发展等带来的新课题的培训任务。

第七节 德国双元制职教模式对我国职业教育的启示

德国"双元制"不是一种简单的教学方法或教学模式,而是德国的哲学思想、教育体制、工业传统和经济有机结合产生的一种独特的制度文化。这种民族的文化,是绝对无法简单复制或移植的③。尽管德国与中国在历史背景、文化传统和现实国情等方面存在着很大的差别,不可以也不可能将其全盘移植到中国,但"双元制"在中国的改革实验证明了"双元制"课程教学

---

① 君德·瓦格纳:《欧洲一体化形势下德国双元制发展趋势》,《职业技术教育》,2002年第15期。

② 黄亚妮:《职业培训网络站——德国双元制体系中的润滑剂》,《教育与职业》,2002年第3期。

③ 孟景舟:《也谈德国"双元制"的借鉴》,《中国职业技术教育》,2006年第8期。

模式及其教育思想是可以借鉴并形成中国本土化的"双元制"模式的,如山东平度职业教育中心的"双元制"改革实验等。针对我国目前中高职职业教育发展现状,德国"双元制"职业教育模式在以下几个方面对我们有所启示。

一、根据经济发展设置专业课程,实现教育与就业的相互衔接

德国职业教育的专业设置、教学内容和方法都十分重视市场导向。尤其是双元制职业教育在制定课程计划时,学校和企业相互磋商,课程内容既有职业技能的具体方案,又有职业综合素质的培养计划,并且双方能根据新技能需求的迅速发展调整培训内容,以确保人才培养与市场需求同步发展。长期以来我国职业教育以政府开办的各种职校为主体,其培训内容与方法基本上由职业学校承担。由于职业学校仅是教育单位而非用人单位,所以对市场变化反应不够灵敏,很难准确把握企业的技术需求与就业状况,毕业生学无所用,就业压力大。因此我国有关部门应做好教育体制与就业体制的相互衔接,尤其是高职院校的专业设置应以市场需求为导向,根据社会经济发展需要调整专业,以达到教育部提出的高职人才培养目标,即以就业为导向,面向社会所需要的岗位和岗位群,实现学校教育与就业市场的"零过渡"。此外,当前技术更新加快,经济全球化不断加深,国际竞争日益激烈,各国对技术人才的需求也日益迫切。中国要想从制造大国变为制造强国,就离不开大批高素质的应用型技术人员,高职院校只有根据形势发展灵活设置专业课程,才能应对社会发展需求。

二、加强校企合作,充分发挥校企双方在职业教育中的作用

德国双元制职业教育的核心理念就是校企合作,产学结合,并且以企业的实践培训为主,职业学校的理论教学为辅,企业承担培训的大部分经费,并发挥着举足轻重的作用。我国传统的职业教育大多是以学校为主体,虽也提倡校企合作,但这种合作往往只停留在就业层面,企业参与不足。前两年职校学习理论知识,后一年集中企业实习的培训模式,使理论课程与实践生产脱节,毕业生动手能力差,对企业也缺乏认同感和归属感。当前,校企合作已成为职业院校发展的必然趋势,它既是经济发展对职业教育提出的客观要求,也是职业院校生存与发展的内在需要。为实现高职教育"以培养适应生产、建设、管理、服务第一线需要的高等技术应用型人才为根本任务,以适应社会需要为目标,以培养技术应用能力为主线"的培养目标,我们应改变传统的职教观念与模式,通过政策加强职业院校与企业的合作,充分发挥企业的主导作用,鼓励企业资助学校实训车间建设,指导学生的生产实习。而职业院校也应按企业所需安排专业,根据企业计划进行人才培养,并设定科研攻关和研究方向,将科研成果转化为工艺技能,提高经济效益,逐步实现校企合作由浅层次向深层次的过渡。

三、建立完善的法制体系,促进职业教育持续健康发展

纵观德国职业教育不难发现,健全的法制体系是其稳定发展的前提条件,如《职业教育法》《职业促进法》,尤其是《工商业管理条例》《联邦德国手工业规章法》《青少年劳动保护法》等与双元制职业教育有着密切的关系。这些职业教育法律及其法规性的职业培训条例,使双元制职业教育的开展有章可循,有法可依,从而促进了德国双元制职业教育的顺利开展,并培养了大批敬业爱岗、技术精湛的工人。相对而言,中国还未形成健全的职业教育法律体系。虽然自1991年起,中国相继通过了《关于大力发展职业技术教育的决定》《中华人民共和国职业教育法》《国务院关于大力推进职业教育改革与发展的决定》,1996年也开始施行了《职业教育法》,但作为我国职业教育发展史上第一部专门性法律,至今已有13年的历史。随着经济社会的快速发展,不少专家呼吁修改这部法律,比如各级政府应将发展职业教育纳入国民经济和社会发展规划,还应加大对职业教育的经费投入,并依法督促职业学校举办者足额拨付职业教育经费,应建立职业教育贫困家庭学生助学制度等,以适应当前形势发展的需要。此外,为完善职业教育法制体系,应建立一系列与之配套的法律法规,尤其是关于校企联合办学的实施条例,以保证培训基地与相关经费的落实,并从制度上约束校企双方,使之各尽其职,共同完成培训计划,推进我国职业教育的发展。

四、建设双师型师资队伍,提高职业教育的水平和质量

教师是职业教育成功与否的关键因素。德国双元制职业教育不但要求教师拥有扎实的专业理论基础,而且还要具备娴熟的实践操作技能,其师资聘任有着一套成熟的培训模式和任职资格制度。通过层层筛选和考核,德国职业教师大多具有广博的知识、精湛的技能及良好的品质,并享受着优厚的待遇,这就保证了教师队伍的稳定和优良。目前,我国职业院校教师知识结构不尽合理,学历层次相对不高,实践能力相对较弱,与培养21世纪高素质职业教育人才不相适应。职教师资和管理队伍建设的薄弱已成为制约我国职教发展的瓶颈。因此,我们应加强师资队伍的专业化建设。第一,创造条件,鼓励现有的职业院校教师积极在职攻读相关专业学位以提高学历层次。第二,安排职业院校的骨干教师与青年教师深入企事业单位进行专业实践和挂职锻炼,以提高教师的技能水平。第三,拓宽教师的来源渠道,积极引进企事业单位具有一定专长的高技术人员到职业院校做兼职教师,实

行专兼结合,优化教师结构。第四,根据我国实际情况,培养实训实习教师,合理解决和提高实训实习指导教师的待遇,以增强此项工作的吸引力,保证实训教师的数量和质量。第五,制订职业教师培训计划,鼓励教师树立终身学习的理念,积极参加各种活动,不断学习新知识,掌握新技能。第六,应逐渐建立一套有利于师资队伍发展的教师资格认证体系,以规范职业教育的师资队伍,促进职业教育持续稳定发展。

五、改革现行投入模式,实现资源共享的最大化

职业教育属于高成本培养人才的教育类型之一,经济学家测算得知,职业学校的生均培养成本是同等规模普通学生的3倍。德国双元制职业教育中,企业直接资助是职业培训的主要渠道。但我国职业教育经费的主要来源是政府的财政拨款,目前制约我国职业教育发展的最主要因素是教育经费不足。职业教育培养的技能型人才最终受益的是企业,因此,由企业、政府和个人共同分担培训费用是可行的。我们可参考德国对参加"双元制"职业教育的企业的补助方法,通过提供培训费和失业保险金,或减免税收等对参与的企业提供补助,以补偿它们为受训者支付的工资和培训费用。其次,探索资源共享的模式,使有限的投入发挥最大的效益。一方面政府应充分发挥其统筹功能,对本地区的职业学校根据其骨干专业进行重点建设,使其各具特色,在此基础上建立职业学校联合体,实现本地区内职教资源共享;另一方面,政府应统筹规划建立通用性较强的综合性实训中心,作为职业学校培训的补充,某些在学校难以完成的基本训练安排在综合性实训中心进行,该中心为本地区所有职业院校服务,使有限的投入发挥最大的效益。

六、促进职业教育与普通教育的互通性,增加学生选择的机会

德国教育有两个原则,一是职业教育与普通教育原则上是等值的,二是整个教育体系有较大的渗透性。德国职业学校和普通中学的比例在7∶3左右,接受职业教育的人数远远大于普通中学的人数。在基础教育结束后的每一个阶段,普通学校学生可以转入职业学校,职业学校学生达到一定的学分也可转入普通学校学习。接受"双元制"教育的学生,经过一定的文化课补习后可进入高等院校学习。即职教的各个层次与普通教育之间可以交叉和相互沟通。这为学生提供了多种选择的机会。我国的职业教育很大程度上是就业教育,接受职业教育往往意味着学习生涯的结束。但人力资源开发和终身教育体系的构建,需要职业教育和普通教育的协调,也使职业教育越来越远离阶段性教育的俗套。尤其是近几年,随着经济结构的调整和科技的进步,社会对人才的层次不断提出新的要求,作为终身教育体系重要组成部分的职业学校招生受到极大冲击,发展举步艰难。因此,迫切需要职业教育层次的延伸以及职业教育与普通教育的互通,构建一个四通八达的立交桥式的教育体系,这不仅是我国经济发展对人才的需要,也为个人发展提供了多种选择的机会。

德国的工业传统、价值观念、思维方式、教育体制等因素促进了双元制职业教育的发展和成熟。虽然双元制职业教育在德国乃至世界上皆被誉为比较成功的职教模式,但在引进双元制职业教育的过程中,由于我国与德国的历史传统与现实状况有很大差异,在借鉴时不能盲目照搬照抄,而应汲取双元制职业教育的精髓,不断改革与完善我国的职业教育,从而为我国企业和社会经济发展培养大批高素质的应用型技术人才。

第三章 北美 CBE 职业教育模式

CBE 是当今世界上比较典型的四大职教模式之一,始创于美国,后流行于加拿大、英国、澳大利亚等其他国家和地区,其主要理念是培养学生具备满足企业需求的综合能力,强调学生的自我学习和评价。CBE 职业教育模式对我国高职教育发展具有一定的借鉴作用。

第一节 北美 CBE 职业教育的内涵与发展进程

一、CBE 职业教育的内涵概述

CBE 是近年来国际上比较流行的职业教育模式,始创于美国,后在加拿大、英国、澳大利亚等其他国家和地区也开始盛行,其中加拿大社区学院成为其最大的载体。CBE 是英文 Competency Based Education 的缩写,意即"以能力为本位的教育"或"以能力为基础的教育"。这里的能力,不是指单纯的技能,而是综合的职业能力,它至少还包括以下几个非操作性方面的内容:一是知识,指那些与本职业、本岗位密切相关的、必不可少的知识领域;二是态度,指目的、动机、动力、经验等活动领域;三是情感,指对本职业、本岗位的忠诚度、热忱度等。它强调职业或职业岗位所需能力的确定、学习和运用。① 该模式是以美国休斯敦大学著名心理学家布鲁姆的"掌握性学习"、"反馈教学原则"和"目标分类理论"为依据形成的一种新型教学模式。以全面分析职业角色活动为出发点,以培养根据产业界和社会对象履行岗位职责所需要的能力为基本原则,以学生的自我学习为中心,注重"学"的内涵,强调学生在学习过程中的主导地位,其目的是让学生具备从事某一职业所必需的实际能力。

二、CBE 职业教育产生的理论基础

具体来说,CBE 职教模式的理论支柱有以下三点:

1. 二十世纪五六十年代出现的系统论和行为科学。新行为主义者以其"操作条件反应"和"积极强化"的学习理论为基础,创造出行为主义的程

---

① 邓泽民、王宽:《现代四大职教模式》,中国铁道出版社 2006 年版,第 1 页。

序教学理论。该理论强调程序、操作(自主反应)、反馈(强化)在人的行为塑造中的作用,在很大程度上反映了人类学习的一些规律和要求,为提高教学效率起到了一定作用。程序教学中的积极反应原则、及时强化原则和自定步调原则,都为 CBE 中的 DACUM 所借用。DACUM 全称是 Develop A Curriculum,其直译是"开发教学计划",但实际是一种分析和确定某种职业或者职业岗位所需能力的方法①,它是联系教育界和产业界的重要纽带。20 世纪 60 年代,由于在教育教学中找不到一种科学有效的教学计划开发方法,因而教学目标和内容常常与实际工作需要产生出入。为了寻找解决办法,加拿大区域经济发展部试验项目部和美国纽约学习通用公司合作开发了这种分析确定职业所需能力的方法,由于开发之初只是为了解决教学计划,所以取名为 Develop A Curriculum(DACUM)。这种方法的指导思想是以满足工厂企业对教育对象的要求为基本原则,以职业岗位而不是教育专家的观点为基本出发点。② 这些研究认为,人的需要、动机、信念、态度与期望,在人的行为方面起着至关重要的作用。也就是在人们从事职业的过程中,个体的主观意愿等会影响一个人的从业能力。

  2. 美国教育学家布鲁姆的教育理念。布鲁姆认为"有效的学习始于准确希望达到的目标"。也就是说,如果能让学习的人,在开始学习之前,就能对他本次学习最终要达到的目标有详细而清楚的了解,他才会有持续的动力。把目标与个人的切身利益联系得越是紧密,学习的效率就越高。

  3. 教育目标分类学的理念。持这种理念者认为"只要在提供恰当材料和进行教学的同时,给以适度的帮助和充分的时间,90% 的学生都能掌握规定的目标"③。也就是说,在教学过程中,将教学任务分解成各种指南和学习包,给予学生相应的指导和刺激,让学生充分发挥主动性,会取得较好的学习效果。

三、CBE 职业教育的发展进程

  1. 初始阶段。CBE 最初源于第二次世界大战期间的美国,当时美国急于生产军火,大量的民用工业转向军用工业,对于技术人员的需求急剧增加,为使士兵和转业工人尽快掌握技术,弥补技术人员的缺乏,美国从工作

---

  ① 邓泽民、张扬群:《现代四大职教模式》,中国铁道出版社 2006 年版,第 14 页。
  ② 胡宇彬:《他山之石可攻玉否——对高职 CBE 课程模式的思考》,《学理论》,2010 年第 18 期。
  ③ 杨潞:《成功培训新招数——国际流行的培训标准与指南》,中国经济出版社 2004 年版,第 178 页。

分析出发,展开了大规模的教育与培训活动。大批退役军人返回国土,接受职业教育的意愿非常强烈,而传统的"艺徒制"已不能适应经济社会发展的需要,该培养模式被继续应用于退役军人的转业训练。

2. 应用于师范教育阶段。20 世纪 60 年代,美国工业发达,经济繁荣,人口规模扩大,人们的价值观念也趋向多元化,但教育上的问题也不断凸显,尤其是教师与学生之间由于观念差异而不断发生矛盾和冲突。人们把对教育质量的不满归结为教师教学能力不足和师范教育的失当,主张借鉴能力本位思想改革师范教育,提高教师与教学有效性相关的能力。1967 年,作为一种新的培养方案,能力本位教育被正式提出,主张对教师工作分析的结果具体化,并以此作为教师必须具备的能力标准。为改变当时状况并试图通过改革教师教育来提高教育质量,美国联邦教育署决定采用"能力本位"的教师教育范式取代传统学科的培养模式并随后大规模推广。

3. 应用于职业教育阶段。20 世纪 70 年代,西方各国出现了大规模的经济危机,经历了失业等经济萧条所带来的一系列问题之后,人们开始反思第二次世界大战刚结束时所提倡的知识本位的学习,开始意识到新的技术和经济萧条所带来的社会职业的变动,使得个人技能比知识更为重要。此时,产业界更需要教育部门能听取他们的意见,满足当时行业分工日趋细化的岗位需要。为解决社会化发展与满足个体化需求之间的矛盾,在美国著名教育心理学家布鲁姆"掌握性学习""反馈教学原则""目标分类理论"思想的基础上,由加拿大皇家经济开发中心和美国通用学习公司合作开发形成新型教学模式,并开始应用于职业教育领域。

4. 大力推广阶段。20 世纪 80 年代,加拿大通过了《国家培训法》,将政府与工商界的利益紧密联系在一起,发展形成现代 CBE 职业教育模式进而逐渐推广到了欧亚及澳洲等许多国家和地区,促进了职业教育和培训的深入发展。1994 年 5 月,在加拿大召开的 CBE 国际研讨会对 CBE 模式给予了肯定,从而使北美的 CBE 与德国双元制、澳大利亚 TAFE、英国的 BTEC 成为当今世界比较典型的四大职教模式,目前已有 30 多个国家与地区学习和运用了 CBE 模式。20 世纪 90 年代初,因为中国与加拿大两国之间有关高中后职业技术教育合作项目(Canada—China College Linkage Programme,简称 CCCLP)的开展,CBE 被介绍到中国,引起了中国职业教育界有识之士的广泛关注,并成为近年来我国职教界关注的热点问题之一。

第二节　北美 CBE 职教模式的实施过程

CBE 课程模式在很多国家与地区被应用于职业教育与培训,其中最主要在加拿大的社区学院进行,并取得了很大的成就,因此也被称为加拿大 CBE 模式,其实施过程主要包括市场调查分析、职业能力分析、课程开发、教学实施与管理、教学评价与改进五个阶段。

一、市场调查分析

为了更好地使培养的学生适应企业需求,学校在开设专业之初,需要进行市场调查分析。加拿大社区学院在学校管理机构中主要设置市场部或课程开发中心进行该项工作。市场部的主要职责是进行人才需求调查、学校生源调查、毕业生就业和学校宣传等。课程开发中心除了这些职能外,还需根据实际形势,负责每年度的专业设置和课程设计评价工作,以保证专业设置与市场适应,且课程设计满足人才培养规格的需要。市场调查分析内容主要包括以下三个方面:人才需求调查、人才规格调查和专业设置调查。依照社区或企业的发展战略,研究人才与劳动力需求,并通过问卷的方式,了解区域内各企业等用人单位的雇员空缺情况和有待提高雇员能力水平的要求。筛选出那些需求迫切和集中的且学院有能力开设的专业,进行课程开发。

二、职业能力分析

选定拟开设专业的岗位(职业)后,需要确定胜任该工作应该具备的能力。这种职业能力的分析主要通过前文所述的 DACUM 来确定,这是实践表明最有效的方法。该方法主要分为以下几个步骤:

1. 成立 DACUM 委员会

从本职业的一线中挑选 6~12 名经验丰富的优秀工作人员组成 DACUM 委员会。作为 DACUM 委员,需要具备以下条件:有本职业丰富的工作经验和工作能力;仍在本领域从事全日制工作;具有准确表述其职业范围的能力;没有偏见,具有团队合作精神;得到行业协会认可具有进取心;能在规定的时间内全脱产参与 DACUM 会议。

DACUM 组织协调人,不一定是该领域的专家,一般是课程设计专家,熟悉课程开发的理论,能正确看待能力与知识的关系,能灵活运用职业目标分析的基本原则;能全程参与活动,负责制定委员会工作程序及日程安排,以保证按期完成;具有宽广的知识领域,较强的组织协调能力。

DACUM 主持人不同于一般的会议主持人,他必须经过专门培训并获得 DACUM 主持人资格。一般需要具备以下几个条件:具有一定的时间经验,参加或主持过不同岗位的职业能力分析和培训;能激发 DACUM 委员会积极参加讨论;具有耐心和善于解决讨论中争议的能力;能确保同一时间内讨论的议题围绕主题进行。

DACUM 研讨会还需一名记录员或秘书,要求熟悉 DACUM 方法,能积极配合主持人开展工作,能专心听取委员会的意见,熟悉记录员的职责,字体工整。

DACUM 研讨会还有列席人员,一般包括管理人员、教师、教辅人员和专业顾问。其中,管理人员包括系主任、教研室主任、教师业务培训的负责人和专业顾问。

2. 职业能力和综合能力的分解

DACUM 研讨会上,最首要的任务是将本职业的"职业能力"分解为 8~12 个"综合能力"。确认后将其排在 DACUM 大表的左侧,纵向排列,代号为 A、B、C……N 等。综合能力确认后,深入分析每项综合能力中包含的"专项能力"(Skill)。一般而言,每项综合能力可含 6~30 个专项能力。

3. 列出 DACUM 大表

将每项综合能力所含的 6~30 项能力依照从简到繁、由易到难的顺序,排在与之对应的综合能力之右,代号分别为 1、2、3……30。排列时基本按照先知识后操作的规律,即先是知识和理解层次的任务,后是应用层次的任务,可用图 3-1 所示 DACUM 表格:

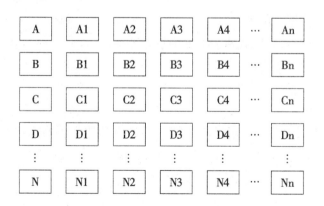

图 3-1 DACUM 表格所示综合能力和专项能力

此外，所有的DACUM大表的最左侧都有一份评估学员能力等级的表格说明，入学之初随同DACUM表格一起下发，以便学员清楚学习考评的情况（见表3-1）：

表3-1 评估学员能力等级的说明

4	C	能令人满意地运用该项技能，并且还能指导他人。
	B	能令人满意地运用该项技能，且能对特殊情况采取主动应变措施。
	A	能令人满意地运用该项技能，质量高、速度快。
3		能令人满意地运用该项技能，无须别人帮助指导。
2		能令人满意地运用该项技能，但需要定期帮助指导。
1		能令人满意地运用该项技能的某些部分，在帮助和指导下才能完成全部。

同时，在DACUM委员会研讨时，协调员通常用以下问题引导讨论：这项工作任务对于寻找该项职业是否至关重要？在职雇员中有多少人能承担这项工作任务？雇员在从事这项工作时，应当掌握哪些技能？雇员在工作中会遇到哪些问题，克服哪些困难？在这一领域是否有员工手册，或一套准则约束雇员的行为？在培训结束时学生应能做到哪些事，才能胜任工作？贵公司就职的起码要求是什么？需要参加何种考试？需要何种学历？某项工作的使用率怎样？每天、每周各多少次？[①]

运用DACUM方法进行职业分析的整个过程中，DACUM组织协调人、主持人、记录员、研讨委员会成员和研讨列席人员等，在不同阶段和侧面发挥着不同的作用。由于研讨委员会来自于企业界，因此DACUM职业分析法具有许多优点，如培养的学生更贴近企业需求；加强校企合作；培训的人均成本降低但效率提高；能为学生提供明确、具体的学习目标；使学生培养目标明确具体，便于施教等。[②]

三、课程开发

经DACUM确定培养目标后，需要通过教学使学生掌握这些能力。在CBE教学体系中，针对每项能力的教学，采用了学习包的方法，解决职业教育技能、理论知识和工作态度等方面的问题。

[①] 杨潞：《成功培训新招数国际流行的培训标准与指南》，中国经济出版社2004年版，第187页。

[②] 邓泽民、王宽：《现代四大职教模式》，中国铁道出版社2006年版，第44页。

1. 学习包开发组成人员和开发过程

学习包开发人员由学习包开发专家（Curriculum Developer）、行业专家（Industry Expert）和教师（Learning Manager）组成，成员各司其职，其中学习包开发专家的工作主要包括以下几项：制订开发计划；负责组织与协调工作；帮助行业专家及教师熟悉学习资源和开发技能学习指导手册；对学习包的开发质量进行监督。行业专家一般是短期聘请，主要是提供咨询服务，如具体技能的培训内容、操作程序、方法、要求与标准方面，此外，还设计具体技能培训环境等。

学习包的开发过程可分为工作程序分析、技能组合分析、学习进度计划开发和技能学习指导书开发四个阶段。其中工作程序分析主要分析职业领域内各项工作的活动顺序，目的是为学习活动的安排和学习环境的开发提供依据，也为师生掌握整体概念提供帮助。技能组合分析主要是运用倒树型组合图将DACUM图表上的技能进行分解，用直观的形式表现技能之间的复杂关系。学习进度计划开发主要根据DACUM研讨、工作程序分析和技能组合分析的结果进行，一般来说主要包括说明部分和专业学习进度计划表部分两个要素，以便于学生在学习过程中有序可循。技能学习指导书开发主要包括本项技能的介绍、学习途径、学习资源和评价目标，以帮助学生安排学习进度计划，并按自己能力进行学习。

2. 建立学习信息资源室

资源室（Resource Room）是存放和借阅学习包的场所。基本上每项专业都有其自己的资源室。学习包按照该职业DACUM大表的顺序被放置在文件盒中，每个学习包都标注某个对应的专项能力。学习包内容丰富，资料齐全，主要包括技能学习指导书、教材、讲稿、实习实验指导书、期刊摘录的文章、设备操作手册、音像及计算机辅助教学软件资料等。学习包供学生使用，意在指导和帮助学生在没有老师的情况下，通过自学也能掌握该项技能。

四、教学实施与管理

由于CBE教学模式与传统教学有很大的差别，学生入学后，首先要熟悉CBE的教学环境，包括学校环境、本专业环境和CBE教学流程，其中学校环境包括设施、开设的专业和学校的规章制度，本专业环境包括学习资源、教学设施、指导老师和规章制度等。熟悉了上述情况后，学生首先选定专业，再根据DACUM图表上每项技能的说明和评定等级标准，评价自己的入学能力与水平，这成为制订学习计划的依据。之后，根据DACUM图表和入学水平评价,与指导老师一起制订今后的学习计划。学习计划一般包括职业和专业名称、需要掌握的专项技能、学习的起始时间与终止日期、考评日期、学生和指导老师的签名等。学习计划的制定,有助于学生全面了解自己的专业,明确自己今后的学习任务,增强责任心。

此后,学生到资源室或实训课堂,或在教师指导下,或采取自学的形式,进行模块学习,掌握专项能力。教师则做好各项管理工作和各种咨询工作,如负责提供各种学习资源;根据学生能力水平的差异,设计不同的教学方法或学习计划;管理资源室;监督学生的学习进度;考核学生的技能掌握情况;管理学生档案;评价和改进 CBE 模式,以保证 CBE 模式的高效。此外,教师还需指导学生熟悉 CBE 教学体系工作,如介绍 CBE 的考核系统与方法;介绍本专业的专业培养目标和与本专业有关的全部技能;评价学生熟悉学习环境计划的有效性等,成为学生现场学习的主持人和指导者。

五、教学评价和改进

学习成绩的考核按照各项能力的考核内容、方法和评价标准,由学生演示,教师观察来确定。学生考评前,已知评分方法和标准,当学生确认掌握某种专项能力后,可随时申请该项能力的考核,考核达到规定标准,指导教师就可以在学生档案袋内登记存档。实施教学过程中,不断总结经验,修订相关内容,调整教学方法,以最大限度地培养学生综合能力并符合企业的需求。此外,无论学生何时决定终止学习,学校都将为其举行毕业或肄业面试,面试主要包括各技能水平评价,完成 DACUM 图表中的技能数目,征求学生对学校环境改进的建议等。

第三节 北美 CBE 职业教育模式的特征分析

CBE 与传统职业教育相比,教学目标明确,针对性强,具有鲜明的职业性和实践性,其显著特征是最大限度上使受教育者具备从事某种职业所应当具备的综合能力,包含知识、态度、经验和反馈四个方面,涉及知识领域、情感领域、活动领域和评价领域。与以往知识本位或学科本位的教育教学模式相比,CBE 职教模式比较鲜明的特征主要体现在以下几点:

一、课程内容以职业分析为基础

长期以来,有关职业教育培养目标和教学内容的争论一直不断,争论之一是职业学校、企业界、从事该职业一线技术工人究竟谁是制定培养目标和教学内容的主导者。传统职业教育模式在制定课程内容和培养目标的过程中,虽然参考有关教育主管机构的调研报告,但职业学校往往根据市场整体情况预测人才需求,并根据自己现有的设施条件开设相关专业,企业界和一线技术工人很大程度上是被忽略的群体。事实上,企业界和一线技术工人能更清楚直接地了解本专业的技能要求。此外,传统教学模式依然没有摆脱普通教育的模式,基本以学科的学术体系来安排教学,这虽然保证了知识的完整性,但忽视了综合能力的培养。而 CBE 模式不是以学术知识体系为基础,而是通过 DACUM 职业分析法,重视企业界和一线员工的话语权,邀请他们组成 DACUM 委员会,鉴别和陈述本职业或本岗位所需能力,而这种能力包含知识、态度、经验和反馈等内容,以特定的行为化目标来陈述所鉴别出来的操作技能,按照由浅入深的顺序排列它们,并在教学过程中按照这个顺序让学生掌握。①

通过这种职业分析工作,保证了能力分析的客观性和实用性,解决了培养目标问题,并开发出学习包,建立资源室,实行模块化的课程内容,根据具体职业需求,从各学科中精选相应内容以满足今后岗位需求,从实际情况出发,将能力需求与教学内容紧密联系起来,强调训练实际操作能力②,具有很强的职业指向性。

二、行业要求决定学生的考核标准

传统的职业教育跳不出以"学科本位"的教学模式,通常采用大班上课的形式,对学生的评价以考试成绩为主,一般采用常模参照,通过提问、测验和考试等方式,教师以学生所知内容多少来打分,忽视了培养学生解决问题的能力,学生之间以分数高低来体现掌握本专业的能力,彼此形成相互竞争的关系。这种考核标准,往往使学生在考试前突击记忆理论知识,造成高分低能的弊病,导致学生毕业后在工作环境中,无法解决现场实际问题。

而 CBE 职教模式中,根据企业界对人才能力的实际要求,彻底抛开学科教育体系的影响,学业分数不再是体现能力的唯一参考条件,而是通过科学系统的分析,重新建立一套专业教学体系和评价体系。学生学习成绩的评定是根据各项技能的评价标准,主要以平时表现和操作水平为主,何时、何地,采用何种评价方法,取决于学生与教师的协商,考核评价的标准是产业界参与制定,主要反映特定职业角色的能力要求,并且学生之前具有的学

---

① Richard W. Bums (Ed). Competency-based Education: an Introducion. New Jersey: Education Technology Pubilication,1972,P. 7.

② 岳胜男:《能力本位教育——CBE 理论在旅游高等职业教育中的应用研究》,辽宁师范大学 2008 年硕士学位论文,第 17 页。

习能力经考核后予以承认,同时阶段性的能证明学生能力的各种资料也是被认可的,改变了以往用期末考试评判学习效果的做法。① 这就避免了一次性考核的主观性及偶然性。

三、教学时间和方式灵活机动

传统的职业教育教学基于以下的假设,比如学生的学习进度是相同的;学生能接受相同的学习方式;学生入学水平是相同的;学生了解多少,就能够做多少;等等。因此,传统的职业教学按照时间或学制实施教学,并以教师教授为主,对学生群体施教,忽视了学生的个体差异。这种教学方式虽然方便教师完成教学计划,但往往使接受能力差的学生失去信心,导致对本专业产生恐惧心理。

CBE 职教模式采取灵活的办学形式,课程时间不一致,学生入学时不受已有教育水平和时间的限制,并且学生在入学后选择性更强,可根据自己的情况确定学习内容,安排自己的学习进度,选择适合自己的学习方式,如自学、小组学习、听课、使用声像工具等。考虑学生的个体差异性,做到扬长避短,从而激发学生的学习兴趣,有助于取得较好的学习效果。

四、教学过程中以学生为中心

传统的职业教育沿袭了学科本位或知识本位的教学模式,侧重理论知识和经验的掌握,强调以教师为中心,教科书或工具书成为权威,教师的讲授成为主要的教学方式,学习成为被动的接纳过程,简化成通过听、读、看和抄写来完成的认知过程,无法对学生的思考、判断和情绪起到显著的效果。② 学生在整个教学中处于信息被动接收方,对教学活动缺乏一定的敏感度和积极性,对技术技能的掌握也只能成为纸上谈兵。

CBE 职教模式中,强调以学生为中心,利用多媒体资源,实行模块化课程,教师不再是学生学习过程中全部信息的给予者,而是作为学生学习过程中的主持人和引导者,其更多精力用于改善学生学习方法和学习环境。由于学生学习之初就了解自己的学习目标,因此,学生在教学过程中承担了更多的责任和任务,将"要我学"变成"我要学",在学习中能够积极主动地与教师沟通交流。

---

① 石伟平:《比较职业技术教育》,华东师范大学出版社 2001 年版,第 317 – 318 页。
② 张海涛:《CBE 模式在中职数学教学中的探索与研究》,苏州大学 2011 年硕士学位论文,第 7 页。

五、及时有效的教学评价

传统的"学科本位"或"知识本位"教学模式过多地强化考试成绩,以分数了解学生对知识的掌握程度,这对经验知识为主的学科具有一定的可行性。但作为培养实用性技能人才的职业教育而言,仅仅以理论知识的掌握无法全面而有效地评价受教育者解决实际问题的能力。

CBE 职业教育模式中,学生学业成绩是根据能力标准进行评价,在理论学习上,体现了"必需""够用"的原则,始终强调的是学生"能干什么"或"会干什么",并将此作为考评的主要依据,避免了死记硬背在培养实用性人才上的通病,对学生考评结果反馈及时,保证在每个教学环节之后,都能及时得到考核评估,获得恰当的反馈信息。

第四节 北美 CBE 面临的挑战和发展趋势

任何一种教学模式不管如何完善,都会存在一定的不足之处。与传统职业教育模式相比,CBE 具有一定的创新性与先进性,但在实践过程中,CBE 也存在着一些不足与问题,使得 CBE 在发展过程中面临巨大的挑战,主要体现在以下几个方面:

一、北美 CBE 不足之处与面临的挑战

1. 过分强调操作技能,培养过程有任务本位化的趋向

CBE 模式的理论基础之一是行为主义。该理念认为,在整体情境中不同的刺激对应不同的反应联结,所以,整体的知识可以分解为若干小部分。因此,当时人们对"能力"本质的理解是行为主义的,即根据一系列具体的、孤立的行为来界定"能力",把"能力"等同于"操作技能""动手能力"。这样,CBE 理论基础可能就会带来机械主义的倾向:机械相加后得出的专项能力被简单地等同于职业能力,职业能力又被扩大化等同于岗位要求。其直接影响是,无形的、无法言语化或无法实体化的部分被忽视或无视。①

在此理念影响下,CBE 课程可能就被简化为仅仅是完成一定的操作任务。事实上,职业教育是培养手脑并用的技能型人才,其目的是让学生动手的同时还需要学会思考与解决问题。而 CBE 教学实施过程虽然强调能力培养训练,但可能因工作任务过于细化,最后演变成机械的工作任务分解。由此,虽然学生的操作能力得到锻炼,但仅限于简单的、缺乏技术含量的具

---

① 田英玲:《CBE 课程模式评价》,《职教通讯》,2012 年第 25 期。

体操作,并且当实际场景变换时,这种操作缺乏可迁移性。这样,培养的学生容易理论基础匮乏,视野狭隘,只会具体岗位操作,而缺乏变通迁移性,这不利于学生职业生涯的发展。

2. 忽视理论知识的系统性,学生发展潜力受到限制

CBE 教学过程强调对技能的充分挖掘,理论知识以"必须""够用"为原则,知识点之间缺乏必要的系统性。事实上,职业教育与短期培训之间存在着差异,前者更注重学生职业生涯的长远发展,如果仅仅关注学生技能的培养是远远不够的。因为技能在给予反复训练后会达到娴熟的程度,但在面对实际问题时,由于理论知识针对具体岗位,缺乏一定的系统和深度,在面临职业岗位的变化时,学生原有的知识能力无法灵活变通,用单一的技能解决所有的问题已不太可能,这就需要学生具备一定的知识迁移能力。

CBE 强调模块式的学习,课程间的衔接受到挑战,使知识的分层、分类及结构都无法形成系统。职业教育在指导学生掌握技能之后,应向知识点进行转化,在知识点的基础上重组学科,改变单一的学科体系,使其与综合学科有机结合起来。而 CBE 在某种程度上缺乏职业教育课程内容组合方式的理论依据。[①] 因此,在具体实践中,人们虽然运用 DACUM 方法确定了某种职业所需的知识与技能,但对它们进行组合时,由于缺乏这些知识与技能序列化的标准,从而使人们最终还是按照学科体系对它们进行重组,导致课程改革走回原路,学生的知识、能力和素质三者的关系依然没有得到较好的解决。

3. 课程评价注重具体操作技能,忽视抽象能力的考评

在现代社会,个体除了需要掌握专业能力外,还需要人与人之间的沟通合作,同时,对职业的认同感也在很大程度上影响着个体专业能力的发挥,只有对从事的职业具有热情和忠诚,才能在该职业上取得较高的成就,从而体现个体的价值。因此,现代职业人,不仅需要解决问题的精湛的专业能力,更需要方法能力与社会能力,能够进行团队合作与交流,尤其是具备良好的职业道德,已成为学生进入职场的重要的软实力。

CBE 模式课程评价主要以 DACUM 的工作任务为参照体,对具体操作能力进行考核,通过产品体现学生掌握技能的熟练程度,以此评定学生等次。但沟通能力、方法能力与职业道德等这些属于抽象的能力,不能用具体

---

① 徐涵:《我国职业教育课程改革的发展历程与典型模式评价》,《中国职业技术教育》,2008年第33期。

的操作程序体现,而只能在特定的工作过程中显现。对于这些抽象能力该如何考评,以什么方式考评,这是 CBE 亟须解决的问题。此外,课程评价体系应是个动态的过程,体现适用性和实用性,不仅需要符合当前企业的工作状况,又要根据技术发展进行调整,以充分体现能力培养目标。而 CBE 教学目标在教学实施前就已经确定,当职业岗位内涵和外延随着科技发展变化时,就对学生现有的知识和技能提出了很大的挑战。

4. 教材编写过程复杂,忽略了素质教育的培养

CBE 模式一般由市场调查分析、职业能力分析、学习包开发、教学实施与评价 4 个阶段组成。其中职业能力分析主要通过 DACUM 图表来确定。但制定 DACUM 图表来确定职业岗位能力是个比较复杂的过程,首先,DACUM 方法涉及人员比较多,需要组织协调人、主持人、记录员、研讨委员会成员和研讨列席人员等。其次,DACUM 研讨活动由三部分组成,研讨活动前的准备阶段、研讨阶段和研讨结束后的工作,耗时比较久。再次,DACUM 对出席人员和教师要求比较高。学习包的开发是根据 DACUM 图表所列的各项技能开发,由学习包开发专家、行业专家和教师组成。通过一系列调查和研讨活动,才能完成教材和学习资料的编写,这在某种程度上给实际操作带来较多困难。

同时,教材和学习资料的编写主要侧重于某一具体的职业岗位所要求具备的知识和技能,忽视了学生人文精神和个性发展方面的教育,长此以往将会导致学生人文精神的缺失,助长职业教育功利化的倾向。事实上,高职教育应将知识、能力和素质教育都作为重要的教学目标与要素,并妥善处理好三者的关系,在课程开发和教学实施的过程中,将三者有机结合起来,使学生既具有从事某种职业的技能和知识,又具有可持续发展的能力。

二、北美 CBE 的发展趋势

1. 重视学生综合素质的提高

当今世界对劳动者的要求日益提高,除掌握一定的知识和技能外,还必须具备完善的人格和良好的职业道德。为满足社会经济发展对高素质人才的需求,CBE 从原来只关注技能的发展,开始逐步重视学生综合职业素质的培养,职业技能不再是唯一的考核标准,而是将关注的焦点转向学生的职业意识、合作共事能力及处理问题的能力等方面。尤其是世纪之交美国的 STC 改革,致力于为所有学生生涯发展提供多样化的选择,建立学生终身职

业发展的知识和技能以帮助学生实现从学校到生涯的顺利过渡。[①] 通过各种措施提高学生的综合素质,从而为学生职业生涯的发展奠定基础。

2. 加强与普通教育的沟通联系

职业教育与普通教育的融合发展是当前世界职业教育发展的趋势之一,各国纷纷通过各种方式实现职业教育与普通教育的有效衔接。为迎合这一发展趋势,CBE 也努力引入终身教育理念,除提供职业教育外,还提供继续教育和学历教育,如社区学院对有意升入大学就读的学生提供大学前期教育,学习两年后可以根据协议转入相关本科大学继续学习,凡在社区学院获得的课程学分在大学得到认可。

3. 扩大教育主体和教育内涵

社区学院是北美 CBE 职教模式的最大载体。为适应当前全民职业教育的先进理念,社区学院扩大受教育主体和教育内涵,为本社区的政治、经济、文化发展提供各种服务。如短期职业培训课程、徒工培训课程、专科层次的职业文凭课程、成人基本技能培训课程、个人兴趣与社区发展课程及成人补习课程等。通过各种课程的选择,满足不同学生群体的需求,以弥补 CBE 模式下学生可持续发展能力的不足和缺陷。

第五节 北美 CBE 职业教育对我国高职教育的借鉴作用

20 世纪 80 年代开始,为满足工业化对应用型人才的需要,我国职业教育在规模上取得了空前发展,但从教育理念到教学实施等各方面都还需要不断改革完善,而用人单位反馈的信息也显示高职学生存在动手能力差、职业道德意识薄弱等问题。借鉴北美 CBE 职教模式,改革我国现行职教模式中的不合理因素,可以培养适合我国社会经济发展需要的高素质人才。

一、制定合理的人才培养目标

学生的专业培养目标是否具体、合理和正确,是影响职业教育质量的关键。CBE 职教模式中,学生培养目标和培养规格是通过广泛、缜密的市场分析,并且经社会和市场检验后确定,具有较强的实践性和适时性,据此培养的学生毕业后就直接上岗,并且对岗位具有强烈的认同感。

我国高职院校培养的是与社会经济发展紧密联系的从事一线工作的高素质技能型人才,只有企业界的广泛参与才能解决培养的人才与企业需求

[①] 顾月琴:《基于 STC 视角的全民职业教育理念分析》,《教育理论与实践》,2013 年第 27 期。

无缝对接,但在实际教学中,虽然在专业设置时已经进行了社会调研并倾听用人单位意见,但企业界很少主动参与学生专业培养目标和培养规格的制定,而是各职业院校的专任教师根据对市场的预测及自身的知识范畴闭门造车,导致所制定的培养目标和课程内容的职业性及行业性特征不明显,毕业生不能较好地满足用人单位的需求,对岗位的适应期较长。

随着新兴产业的迅猛发展,企业界对新型技术人才的需求急剧增加,为了缓解新兴产业发展面临的技术人才的缺乏,高职院校必须邀请行业代表参与制定培养目标和教学内容,确保所开设的课程满足当前行业的实际需求。尤其是加强与高新企业的合作,以新兴产业需求为导向开发新的课程,满足前沿科技领域对人才的需求。

二、建立客观的考核评定标准

职业教育具有很强的应用性和实践性,职业院校培养的学生不仅要具备一定的理论基础知识,更主要的是能解决现实岗位中的实际问题,因此对学生考核标准也应从理论考试转为考核学生掌握技能的熟练程度和解决问题的应变能力。CBE职教模式中,学生根据学习计划,充分利用各种资源,选择小组学习或单独学习,结束学习任务后,在学生进行自我评价认为达到要求的基础上,再提请教师进行考核、评定。而企业界制定的考核标准则成为评定成绩的依据,其评定过程就是根据能力标准,考查学生具体的操作能力状况,以此判断其是否达标。这样就将学生之间的竞争引向学生自己跟自己的竞争,消除了传统考试带来的心理压力,培养学生自我负责的习惯。

我国的高职教育虽然在学生成绩考评方面进行了改革,在理论考试之外增加了实践技能的考核,但依然在不同程度上忽略了学生自我评价能力和相关企业的认同感,将关注点较多地放在知识的系统性与学生理论知识的掌握程度上。就评价方式而言,更多的是学生整体参与教师组织的主观性试卷考试,无法真实体现学生实际技能的掌握情况。

建立新的考核评价标准,是目前高职院校亟须解决的问题之一。高职院校应将考核体系与相关行业技能操作标准联系,以客观标准为参照,以学生实际操作能力与标准之间的差距作为客观评价依据进行等级评定,避免考评时只注重理论成绩。

三、加强与企业各界的交流和联系

产学研结合是今后高职教育发展的趋向,也是其他国家先进职业教育取得成功的经验。CBE职教模式中,从开始的培养目标制定到最后的考核标准,都以行业需求为核心,用人单位的实际需求成为考虑的关键因素,根据他们的意见来开设相关课程。① 如 DACUM 委员会都来自于某一领域内的优秀从业人员，这使课程目标更能体现实际岗位需求，针对性较强，有助于学校与企业的及时交流沟通。

如今我国的高职院校，与以往相比，在产学研合作方面已经展开了很多活动，但有些院校与企业的合作仅停留于签订合同、参观访问等表层形式，甚至有些职业院校与企业的交流联系演变成一种纯粹的社交活动，校企双方缺乏深入长久的沟通，在合作进行课程设置与课程内容制定方面缺乏长效机制的监督。

为避免产学合作流于形式，高职院校应积极邀请企业人员参与职业分析过程，制定人才培养标准与考核标准，并在课程实施过程中，邀请企业人员定期进行交流，以适应社会不断发展变化对人才的需求。从而使企业能完全参与职业院校的人才培养过程，实现学生毕业后与企业的无缝对接。

四、充分发挥学生的主体性

CBE 职教模式中，学生在进入学习之前，根据 DACUM 图表和自己的入学水平，与指导教师一起制订学习计划，并在教学过程中选择适合自己的学习方式，教师仅仅作为现场的指导者给予帮助。教师与学生的角色明显改变，学生学习更加灵活与个性化，他们不再是传统教学模式下知识的被动接受者，而是学习的主体，对学习进程与学习方式拥有了一定的决定权。

我国传统的高职教育往往存在教师所教和学生所学的知识差异，教师的兴趣爱好、研究领域及固有的知识范畴都会影响学生对知识的选择和学习的进度，此过程依然是灌输过程，而不是学生积极主动学习的过程，并且由于受经济条件等客观因素的影响，有些学校缺乏实训场所和基地，实践教学只是流于形式，理论课时比例大于实践课，实践环节作为验证知识而不是培养能力的手段，导致学生对枯燥深奥的理论知识的排斥和反感，学习缺乏主动性和积极性，尤其在动手操作和解决实际问题方面，无法及时适应工作岗位。

为充分发挥学生的主动性，我国职业教育可以借鉴 CBE 职教模式的管理机制，根据学生的差异采取不同的教学进程和教学方式。同时，转变传统的观念，使教师从知识信息的传递者成为指导者，而学生则从知识的接受者成为主动探求者，根据自身能力采取相应的措施。这样一方面既能尊重学

---

① 潘玉昆：《借鉴加拿大 CBE 教学模式以深化高职教育教学改革》，《教育与职业》，2009 年第 24 期。

生的个体差异,同时也有助于学生的自我发展与师生关系的改善。

　　尽管 CBE 职教模式强调学生综合能力的培养并且取得了显著的成效,但它也存在某些缺陷,如过分强调学习后行为的改变和个性学习的张扬,影响知识的系统性、学术性[1];只局限于以动作技能为主的岗位而不适合智力技能为主的岗位等。但 CBE 职业教育的理念和方法等是值得我们借鉴的,由于文化传统、历史背景和社会制度不同,如何广泛吸取 CBE 精髓以应用到我国高职教育领域,避免 CBE 在本土化实践中产生的缺陷,还需要我国职教工作者进一步研究和探讨。

---

[1]　陈传伟:《CBE/DACUM 模式的教育学特点及思考》,中国高教研究,2000 年第 5 期。

第四章 澳大利亚 TAFE 职业教育模式

澳大利亚幅员辽阔、资源丰富,除了英国移民外,世界大多数国家和地区的公民都踏上了澳大利亚谋生和发展,所以澳大利亚是个典型的移民国家。多民族的形成和相处使澳大利亚的文化凸显多元的文化特征。虽然澳大利亚是个年轻的国家,历史不过一两百年,但澳大利亚的职业教育经过长期探索与实践,却形成了较为完善的体系和鲜明的特色,尤其是 TAFE 模式,是国际公认比较成功的职业教育模式,在近百年的发展历程中积累了丰富的经验。目前在政府的大力支持下,TAFE 成为澳大利亚职业教育和终身教育的主力军,逐渐形成了具有本国特色的 TAFE 人才培养模式,为澳大利亚培养了大批高素质的技能人才,并在国民经济发展中起着举足轻重的作用,引起了世界各国教育工作者的广泛关注。

第一节 澳大利亚 TAFE 职业教育模式的内涵与发展进程

一、澳大利亚 TAFE 职业教育模式的内涵

1. 澳大利亚 TAFE 的概述

TAFE 是 Technical and Further Education 的英文缩写,即澳大利亚技术与继续教育的简称。TAFE 建立在终身教育理论之上、具有鲜明的职业教育与培训特色,是澳大利亚联邦政府认可的全国性的职业教育培训体系,也是澳大利亚义务教育后最大的教育与培训组织,扮演着不可替代的公立职业教育与培训的重要角色,类似于我国的高等职业教育。它的前身是"技术教育"(Technical Education,TE),1973 年澳大利亚教育部成立了"澳大利亚技术与继续教育委员会(Australian Committee on Technical and Further Education,ACOTAFE)",该委员会是"TAFE"这个概念产生的开端,也是澳大利亚政府改革职业技术教育的标志。1974 年,《坎甘报告》(*Kangan Report*)中以官方公文的形式出现了"TAFE"的缩写表示方式,报告确定了 TAFE 的内涵和定义,并将其界定为高等教育的一部分。

经过 30 多年的实践和探索,TAFE 已成为澳大利亚教育体系中的重要支柱,政府通过政策协调和财政拨款等行政手段保障 TAFE 的培训质量,行

业也直接参与 TAFE 学院教学的全过程并在质量评估中发挥重要作用。行业、雇主及大学广泛认可 TAFE 文凭。

在招生方面,TAFE 没有年龄、学历、背景的限制,鼓励人们根据工作需要不断学习,其办学宗旨为:真正适应社会岗位需求,最大限度地为经济和社会发展服务,培养各类实用型人才,努力提高从业人员的工作技能,有效帮助劳动者就业转岗。① TAFE 采取多种方式和手段开展教学,突破了传统的一次性教育的局限,建立了"学习—工作—再学习—再工作"多循环的终身教育模式。据统计,近年来全澳大利亚大学毕业生中就有 83% 左右进入 TAFE 继续学习。与此同时,迫于就业市场的竞争压力,每年约有 70% 的高中毕业生选择进入各类 TAFE 学院学习或培训,而选择进入普通大学的高中毕业生才占 30%。目前,TAFE 教育呈现出上下延伸的趋势,成为有效衔接中学与大学,相对独立、多层次的综合性职业教育培训体系。

2. 澳大利亚 TAFE 的具体含义

事实上,目前所讲的 TAFE 主要包括 4 个方面的含义:第一是以技术、技能及职后培训为内容的技术教育与继续教育。从技术教育与职业生涯的关系来看,技术教育可以分为两类,第一类是与职业生涯有关的技术教育,既包括就业准备阶段接受的技术教育,也包括就业后通过在职培训旨在提高职业技能的技术教育。第二类是与职业生涯无关的技术教育,主要是为了提高生活质量、促进人的全面发展而进行的技术教育。第二是特指澳大利亚公立职业技术学院(简称 TAFE 学院,详见下述),它们是职业技术教育(包括中等职业技术教育和高等职业技术教育)的主要提供者。不仅如此,TAFE 学院也是行业培训的主力军,为各行各业提供高质量的技术、服务和管理培训。第三是指由澳大利亚政府、各类行业协会、TAFE 学院、企业和学生共同组成的职业教育体系(简称 TAFE 体系)。该体系是"一种在国家框架体系下,以产业为推动力的,政府、行业与学校相结合的,并与中学和大学有效衔接的,相对独立的、多层的综合性职业教育培训体系"。TAFE 体系中的各个部门分工协作、紧密配合,不断向各行业输送合格的人力资源。第四是指澳大利亚为代表的人才培养模式(简称 TAFE 模式)。这是一种多层次的、综合性的人才培养模式。在国家制定人才培养总体框架体系后,以产业为推动力,政府、行业、企业与学校密切配合,办学过程中以学生为中心,

---

① 陈智强:《澳大利亚 TAFE 模式及其对我国高职教育的启示》,《教育与职业》,2011 年第 36 期。

职业技能为导向,与中学和大学进行有效衔接。①

3. 澳大利亚 TAFE 学院

TAFE 学院也即技术与继续教育学院的简称,是澳大利亚十年制义务教育后政府投资主办的最大的职业教育与培训组织,也是行业培训的主力军,与 TAFE 体系中的各个部门分工协作、密切配合,不断地为各行各业输送合格的人力资源。澳大利亚各州政府都建有专门的 TAFE 学院,以便于为一切需要接受职业教育和培训的个体提供有效的服务。TAFE 学院涵盖了初等、中等、高等职业技术教育,有资格颁发 I、II、III、IV 级证书、文凭和高级文凭,其中文凭和高级文凭的教育属于高等职业技术教育。

据统计,目前澳大利亚全国有 TAFE 学院近 280 所,其中约 130 所设在各州首府及主要城市,150 所左右分布在郊区城镇和乡村地区,其课程所涉及的领域已超过 40 余个,课程种类多达 1200 多个,每年有超过一百万的学生在 TAFE 学院注册学习,占全国总人口的 8% 左右。TAFE 学院具有灵活的培训机制,拥有专门的车间、实验室和教室,邀请行业全程参与,并以行业为主导,为各个行业提供高质量的技术、服务、培训管理,注重培养学员的实际工作能力,提高他们的操作技能。TAFE 学院有着较为完善的服务体系和质量保障体系,以学员为中心,灵活制定办学机制,提供多样化的服务项目,由学生自主选择上课场所、上课时间及学习内容,每年为超过 100 万的学生提供优质的教育与培训。目前,TAFE 学院已成为澳大利亚义务教育后最大的教育系统,承担了绝大部分澳大利亚职业教育与培训的任务,成为世界闻名的教育机构。

二、澳大利亚 TAFE 的发展背景

澳大利亚的职业教育具有悠久的历史传统,早在 19 世纪末的殖民时期,澳大利亚就效仿英国的学徒制,积极开办各种机械学院和工艺学校,当时称为技术教育。20 世纪 70 年代以来,这种传统的职业教育逐渐变成一种专门的技术与继续教育,即 TAFE。澳大利亚的技术与继续教育日益发展完善,有了专门的办学主体 TAFE 学院,得到了社会各界的认可和国际的关注,许多国家学习和借鉴澳大利亚 TAFE 的成功经验。从技术教育到技术与继续教育,TAFE 的形成和发展主要基于以下几点原因:

---

① 张百菊:《澳大利亚 TAFE 模式在我国高职旅游教育中的应用研究》,辽宁师范大学 2010 年硕士学位论文,第 16 页。

1. 社会经济和科技发展的需求

20世纪50年代以来,以原子能和计算机广泛应用为标志,人类社会进入了第三次工业革命时代。① 此时,澳大利亚也完成了战后经济的复苏,迎来了社会经济的蓬勃发展,工农业有了日新月异的发展变化,国民生产总值大幅度提升,跻身于世界发达的资本主义国家行列。据统计,从1949年到1970年,澳大利亚国民生产总值增加速率在4.1%~6.6%之间。② 随着以电子计算机、原子能和航天技术应用为标志的新技术革命的发展,为保持国家经济竞争力,澳大利亚对产业结构进行调整,传统的工业生产逐渐改良技术,并向第三产业转移,需要一批能适应形势变化的专业技术人才。同时,科技发展和结构调整催生了大批技术密集型产业,这些科技含量较高的产业在澳大利亚的经济发展中有着重要作用,促使澳大利亚从20世纪80年代末开始由农业国过渡到工业国。但高科技产业的出现也带来了诸多问题,其中具有较高层次的技术人员和管理人才短缺是最为突出的问题。

由于新兴产业在澳大利亚越来越占据主导地位,原有传统行业的员工已无法适应新行业的需求。而传统的大学重理论轻实践,采用单一的人才培养模式,不能根据社会发展需要设置课程,学生对学习不感兴趣,行业也缺乏参与职业教育的热情,不愿参与教育培训体系中。由于缺乏对市场、行业及学生的需求调研,学生毕业后不能很快地找到工作,并且即使是接受职业教育的学生也因动手能力差而面临失业。种种迹象表明传统的教育模式已无法适应当时新兴企业对技术人才的需求,这使职业技术应用型人才的培养在高等教育和职业教育中处于空白。在这特定的社会经济背景下,TAFE学院应运而生。

2. 各类劳动主体转岗就业的需求

第二次世界大战结束之后,随着社会进步和经济发展,人们的就业观念发生变化,越来越多的妇女选择外出工作,成为劳动者大军的一部分,并接受初中后教育和培训。政府和社会明显感到传统的职业教育模式无法满足社会需求的巨大变化,所以必须适时调整职业教育的办学模式。③ 而随着战争的结束,大批军人退伍回国,面对形势的变化,他们无法较好地适应社会经济的发展,也向政府提出了转岗就业的需求。这就迫切需要建立一种

---

① 吴雪萍:《国际职业技术教育研究》,浙江大学出版社2004年版,第2-4页。
② 张天:《澳洲史》,社会科学文献出版社1996年版,第352页。
③ Jill Blackmore: Gender of Skill and Vocationalism in Twentieth-Century Australian Education, from Journal of Education Policy ,1992(7),P.351-358 and 367-377.

新的职业教育与培训机构来满足上述求职者的就业需求，维持社会稳定。

此外，20世纪70年代，伴随着全球化的到来和澳大利亚经济结构的调整，传统的制造业、采矿业和农业日趋衰微。尤其因日本和韩国对矿产的进口需求量减少，导致澳大利亚主要经济命脉之一的采矿业开始衰退，造成大量的工厂倒闭，很多工人被迫下岗失业。同时，金融业、通信以及其他服务业等新兴行业逐渐兴起急需大量技能型人才。这就导致大批下岗失业人员亟须接受新的技能培训以便顺利转岗。高新技术的发展，使澳大利亚向知识经济转变，并越来越依赖于高附加值的制造业和服务业，这大大冲击了以学科知识为本位的传统职业教育模式，使刚毕业的学生找不到工作，或找到工作后很快失业。因此，解决劳动力失业率过高的问题，提高劳动力的整体水平，调整职业教育办学模式，构建新型的多样化的职业教育培训机构已成为当时比较紧迫的任务。

3. 迎合终身教育理念的发展

1965年，在联合国教科文组织召开的《第三届促进成人教育委员会》的会议上，法国成人教育学者、联合国教科文组织成人教育计划处处长保罗·朗格朗提交了一份《关于终身教育》的提案，就终身教育的未来发展提出了五项基本目标：①（社会）要为人的一生（从出生到死亡）提供教育（学习）的机会；②对各级各类教育的实施必须进行协调与统合；③对小学、中学、大学以及地区性的社会学校、地区性的文化中心等所发挥的教育功能，（政府或社会）应当给予大力的支持和鼓励；④（政府或社会）应对类似工作日调整、教育休假、文化休假等针对本国公民的相关制度或相关举措的实施发挥促进作用；⑤为从根本上转变以往的教育观念，应使终身教育理念渗透到教育的各个领域。

1970年，朗格朗出版《终身教育导论》一书，对终身教育发展的重要性和必要性做了更全面深刻的分析与阐述。朗格朗的提案获得了联合国教科文组织的高度认可。1972年，联合国教科文组织发表《学会生存——教育世界的今天和明天》报告，将终身教育思想带入了更高的认识层面和更加广泛的全球推进平台。20世纪70年代中期以后，各国注重如何在教育实践中具体实施终身教育思想，并将此应用于职业教育。1999年，在韩国首都汉城（今首尔）举行的第二届国际技术和职业教育大会的主题即为："终身学习培训——通往未来的桥梁"。这表明了终身教育已成为高等职业教育发展的理念,高等职业教育的人才培养模式开始朝着终身教育方向延伸。① TAFE 的办学方式迎合了终身教育所倡导的理念,在招生方面,TAFE 学院没有年龄的限制,鼓励人们随时回到学校学习;课程设置上,提供多种形式的教育与培训课程;教学组织上,采取灵活多样的教学方式,体现了教育的开放性和连续性,为所有要求接受职业教育和培训的学员提供全方位的服务。

四、澳大利亚 TAFE 的发展历程

TAFE 学院经过 100 多年的发展完善,已成为澳大利亚最大的职业教育与培训机构。近 30 多年来,澳大利亚 TAFE 在职业教育和培训方面的巨大成就,引起了世界各国的关注,并成为它们效仿的对象。从整体来看,澳大利亚 TAFE 发展大致经历了以下几个阶段:

1. 酝酿阶段:1945—1971 年

澳大利亚早期教育除了宗教教育和道德教育以外,在 1798 年出现了澳大利亚有文字可考的最早的技术教育与培训,即当局把年轻的犯人分配到"技工帮"的组织去学习技术。1801 年底,"女子孤儿学校"在悉尼创办,开始实施有关女红、阅读、纺织和写作方面的技术培训。1826 年,达令夫人支持创办的女子工业学校可能是澳大利亚第一所技术学校。为满足当地经济社会发展对基本劳动技能的需要,澳大利亚各殖民地陆续创办了其他的技工学校,如 1870 年创立的巴拉腊特矿业学校和 1871 年创立的本迪拉格矿业学校,1887 年成立的工人学院等。1901 年,澳大利亚成为联邦制国家,各殖民地政府分别成为州政府。技术教育仍由各州政府管辖并提供经费支持。由于各州社会经济发展不同,职业教育发展也不平衡,培训课程差别较大,各州相互不承认彼此的职业培训。在最初的 100 多年间,澳大利亚的职业培训大多只是在比较零星的工商领域进行,并主要针对男性雇员,这些组织奠定了 TAFE 学院的基础。二战结束后,由于第三次科技革命和澳大利亚经济的发展,澳大利亚政府开始关注和重视发展职业教育,开办了一些针对 14 岁至 16 岁的学生或学徒的技术学院。20 世纪 60 年代初期,国家经济结构发生很大变化,为适应社会经济发展的需要,澳大利亚联邦政府决定调整教育和社会需要的关系,成立以马丁(Martin)为首的咨询委员会,对高等教育进行全面的研究和调整。20 世纪 60 年代中期,政府将原有的师范学院、工艺学院和其他高等教育机构合并形成高等教育学院,主要为学员提供

---

① 田君:《终身教育理念下高等职业教育人才培养模式》,南京航空航天大学 2008 年硕士学位论文,第 5 页。

专业技术训练并注重实践锻炼,具有高度的灵活性和适应性。之后,澳大利亚政府对职业教育进行直接投资,为了区别于其他靠自身的市场运行能力为支持的私立培训机构,这部分由国家资金支持的职业教育和培训机构统称为 TAFE,成为 TAFE 学院的前身。

总体来说,这段时期是澳大利亚 TAFE 学院的酝酿期,澳大利亚全国的职业教育与培训还处于萌芽阶段,各种形式的职教机构设置还比较分散随意,所能得到的政府资金支持也比较有限,还未形成完整的职教体系。

2. 创立阶段:1972—1982 年

20 世纪 70 年代,随着澳大利亚经济结构的变化,采矿业和农业等传统行业衰退,工厂不断倒闭,大批工人失业下岗,社会失业率不断增高。同时,新兴产业不断蓬勃发展,严重缺乏技能型人才。因此,不管是传统行业下岗的老员工,还是面临毕业的青年学生,接受职业教育和培训的意愿非常迫切。同时,由于 70 年代世界经济危机的冲击,澳大利亚政府备感经济全球化所带来的压力,意识到必须改革职业教育,培养高素质且适应能力强的技能型人才,才能缓解就业压力,保持经济竞争力。

1973 年 3 月,澳大利亚召开了全国职业教育改革大会,会议重新审视了职业教育,并经澳大利亚联邦与各州的教育界人士的共同协商,初步决定成立以律师耶·坎甘(Kangan)为主席的澳大利亚政府技术与继续教育委员会(即 TAFE 学院委员会),明确提出将技术教育与继续教育结合到一起,并规定该委员会职责为:"专门就澳大利亚技术与继续教育的发展做出规划,能够提出咨询意见,调查技术与继续教育的发展状况,为政府资助技术与继续教育提供可靠的标准。"[①]

1974 年,以耶·坎甘为主的澳大利亚技术与继续教育学院委员会提出了一份关于发展澳大利亚技术和继续教育(Technical and Further Education,简称 TAFE)的报告,即《坎甘报告》。该报告明确阐述了"技术与继续教育"的含义,即"TAFE 应该被视为所有为教授职业导向知识和发展个体的理解力与技能而组织和设计的活动的统称。它应该包括所有为职业而开展的教育,不论是个体为了得到雇佣的最初目的,还是个体为了获得特殊知识或技能丰富个人或改进工作技术的目的。它包括通常的'成人教育',它不包括

---

① 吴雪萍:《国际职业技术教育研究》,浙江大学出版社 2004 年版,第 225 页。

没有直接的教育目的的活动和没有有序系统、计划的活动。"①报告指出了建立技术与继续教育委员会的必要性,并建议政府给各州提供资金建立技术与继续教育学院,提出技术与继续教育的费用标准不应该低于大学、高级教育学院(CAE)。建议学院应该扩大预备课程、转换课程和其他帮助成人接受所希望的职业教育水平的课程的规模,并提出了妇女、土著人和市区之外的人们与残疾人是社会不利群体,需要特别帮助。《坎甘报告》的提出标志着澳大利亚技术与继续教育(TAFE)的正式确立,为 TAFE 学院的发展提供了理论框架。

澳大利亚联邦政府采纳了《坎甘报告》,投入了大量的资金,并积极实施各项政策促进 TAFE 培训体系的发展。此时,TAFE 学院承担起职业教育与培训的任务,不但为那些希望改换职业的劳动力提供了再培训的机会,也为新兴产业培养了大批技术人员,大大缓解了产业结构变化带来的压力,促进了澳大利亚经济的发展。

这段时期,TAFE 以独特的办学模式被载入了国家相关文件,TAFE 学院不仅成为澳大利亚教育体系的重要组成部分,而且也成为联邦政府经济和社会政策的重要载体,奠定了现代 TAFE 学院运作的基础。

3. 发展阶段:1983—1986 年

20 世纪 80 年代,随着澳大利亚第三产业的蓬勃发展,参加职业教育与培训的人员在继续增加,培训的规模随之逐渐扩大,出现了一些私人培训机构。为进一步推动 TAFE 学院体系的发展,1981 年 11 月,澳大利亚政府在阿得雷德市建立了国家 TAFE 研究中心,主要致力于以下工作:一是研究开发国家职业教育主干专业,促进全国 TAFE 学院课程内容的统一,减少课程开发的成本,增进各州 TAFE 之间的交流,分享成功经验。二是开发研制收集全国范围内 TAFE 统计数据的系统。1983 年 11 月,由澳大利亚 TAFE 委员会会议通过并执行了包括 4 个主要分类和 19 个子类别的专业分类方案。1984 年 3 月,澳大利亚国家 TAFE 研究中心编制了新的 TAFE 资格证书命名法模型。新的专业分类及资格证书系统的建立标志着澳大利亚 TAFE 系统结构和理念有了新的发展,也标志着发展相互沟通的第三级教育系统的开端。

1985 年,随着关于劳动力市场计划的《柯比尔报告》(*Kirby Report*)的发

---

① Australian Committee on Technical and Further Education. TAFE in Australia: Report on needs in technical and further education, Canberra: Australian Government Publishing Service, 1974, P. 5.

表,澳大利亚建立了一个满足学徒制需要的受训生体系,同年,还建立了澳大利亚职业技术培训网。1986年,由联邦教育部部长和各州、地区教育部部长组成的"澳大利亚教育理事会"为TAFE学院开设的课程统一设置了各类证书和文凭名称(见表4-1)。近年来,随着TAFE体系的不断完善,有些州的TAFE学院开始提供相当于大学教育水平的副学士学位和学士学位。此时,TAFE学院的数量已经远远超过普通学院和大学的总和,学生的入学人数大大增加,仅TAFE培训体系培养的技术工人和专业辅助人员就占了就业队伍的40%。[①] TAFE学院已成为澳大利亚职业教育与培训的主体,得到了快速的发展。

表4-1 澳大利亚TAFE中的证书或文凭

证书及文凭	培养目标	学习时间
高级文凭	初级经理人	24~36个月
文凭	辅助专职人员	12~18个月
四级资格证书	管理人员	12~18个月
三级资格证书	贸易师或技师	约12个月
二级资格证书	高级操作工	6~8个月
一级资格证书	熟练操作工	4~6个月

4. 改革阶段:1987—1992年

虽然澳大利亚职业教育与培训体系在20世纪80年代中期有了很大的发展,但由于国际贸易的恶化、经济结构的变化及年轻人失业等问题,澳大利亚政府决定对本国的TAFE培训体系进行全面的革新,效仿欧洲发达国家职业教育成功的经验,推出以能力为本位的职业培训,强调学习后所获得的能力、知识、态度,强调对学生职业能力、动手能力的培养。

为考察能力本位培训实施的可行性,以澳大利亚政府、教育部、企业为首的三方代表团对欧洲一些国家的职业教育进行考察,发现欧洲国家大多以能力为本位,且由国家培训立法规定所要达到能力水平及能力标准。因此,代表团回国后建议本国也采用能力本位的职业教育培训模式,并建议职业教育应采用国家统一的能力测试标准。

1988年9月与1989年3月澳大利亚劳工部咨询委员会发布了《能力本

---

① 吴雪萍:《国际职业技术教育研究》,浙江大学出版社2004年版,第227页。

位行业培训报告》,鼓励澳大利亚采用能力本位职业教育培训体系。1989年4月,就业、教育与培训部长发表了题为"改进澳大利亚培训体系"的官方声明,讨论政府鼓励的关于职业教育培训体系的改革,主要内容有:高质量的能力本位培训;更加弹性、广域的模块(单元)培训安排;全国统一的培训标准与证书;使在岗培训与脱产培训更好的配合,学程之间学分可转换。①

  1989年4月,澳大利亚召开了负责职业教育培训的联邦、州、地区的部长特别会议,在这次会议上,各个代表一致同意实施能力本位的职业教育培训,并建立国家培训部(National Training Board,简称NTB),负责指导开发国家职业教育培训能力标准。1990年,澳大利亚召开了类似的会议,并做出以下决定:推行能力本位职业教育体系;建立一种新的国家鉴定框架;改进课程开发工作;建立统一的上岗水平的培训体系。② 1990年,澳大利亚政府与产业团体就能力本位职业教育培训的原则及实施进行了协商,并于同年11月提出可实施的原则。自此,能力本位的职业教育培训正式进入了澳大利亚职业教育体系。③

  为了加强能力本位职业教育的实施,澳大利亚政府还推出了一系列的政策,并于1992年建立了国家培训局,专门指导和审批国家能力等级标准。国家培训局的建立,使澳大利亚教育部、国家培训署、州政府与地方政府在职业技术教育和培训中的职责、权限以及相互关系更加明确,奠定了政府和行业在职业技术教育与培训中的合作基础。20世纪90年代初,"能力本位"也逐渐成为澳大利亚TAFE的主要培训形式。1992年,澳大利亚国家培训局(the National Training Board)对"能力"再进行了专门解释,这里的"能力"是个广义的概念,包括职业能力的各种方面,强调从业所具备的职业能力,包括迁移能力,把知识和技能运用于新知识的能力等,主要包括:① 能完成各个任务的能力(工作技能);② 能胜任岗位上一系列不同任务的要求(管理技能);③ 平时能应付非常规和突发事件的要求(突发事件处理技能);④ 能在工作环境中肩负责任或期望的能力(工作环境技能),包括与他人合作的能力。④

  随着能力本位培训体系的不断完善,TAFE培训体系完成了"学科本

---

 ① 吴建设:《能力本位高等职业教育研究》,中国商业出版社2005年版,第22-23页。
 ② 吴建设:《能力本位高等职业教育研究》,中国商业出版社2005年版,第23页。
 ③ 吴秀杰:《澳大利亚以能力为本位的TAFE课程》,南京师范大学2007年硕士学位论文,第11页。
 ④ 吴建设:《能力本位高等职业教育研究》,中国商业出版社2005年版,第30页。

位"向"能力本位"的转变,"能力本位"在澳大利亚 TAFE 课程体系中的课程开发、课程设置、课程评价等方面都有所体现。1990 年 7 月,澳大利亚出台了《培训保障法》,规定年收入达到 22.6 万澳元以上的雇主应将 1.5%的工资预算用于对员工的职业培训①,以法律的形式激发企业对职业教育的投入。这些都为 TAFE 学院提供了有力的支持。

5. 繁荣阶段:1993 年至今

20 世纪 90 年代以来,澳大利亚政府先后出台了 Deverson、Finn 和 Carmichael 等一系列报告,拓展完善 TAFE 学院的培训体系,TAFE 学院机构和理念获得了新发展。在此期间,澳大利亚政府首先从政府层面对 TAFE 学院进行支持,随后又对 TAFE 管理机构进行了调整。成立"就业、教育与培训部",各州采取措施开始重建本州的 TAFE 体系:将 TAFE 培训纳入就业和培训范畴;将 TAFE 从政府职能转为劳动力市场培养人才及增加收入;把管理权力移交给 TAFE 培训机构。

1993 年以来,澳大利亚政府不断对本国职业教育体制进行改革和调整,先后建立了澳大利亚学历资格框架(AQF)(1995)、澳大利亚学历认证框架(ARF)(1998),并于 1996 年引进、实行和推广培训包(TP),1998 年实施了新学徒制(NSA),同时对政府教育机构及 VET(职业教育培训)和TAFE 管理机构进行调整与合并等,建立了全国统一的技能认证体系。2002年,澳大利亚国立大学提出跨学科的学分转移和衔接政策,使澳大利亚学历资格框架咨询委员会(AQFAB)涵盖到更多的教育部门,2004 年 AQFAB 公布了对以往资历认可相关原则及操作流程,提供了学分转移和衔接的可行的参考依据。2011 年颁布实施《国家职业教育和培训调节法案》,明确了全国职业教育与培训监督机构的权力,肯定了国家质量培训框架的地位,同时对职业教育和培训课程的设置和实施都提出了严格的要求。FATE 学院日趋成熟,成为澳大利亚职业教育与培训的重要支柱。

经过多年的改革和完善,澳大利亚 TAFE 已步入了健康发展的阶段,它不仅是职业教育与培训的主要提供者,促进了社会各类劳动者的职业发展,而且在解决诸如终身教育、缓解失业问题、提高澳大利亚全民技能水平及促进机会平等方面做出了重要的贡献。此外,TAFE 学院通过开展各行各业的培训活动,培养了较高层次的专业技术人员和管理人员,促进

---

① 尹一萍:《澳大利亚 TAFE 学院质量保障体系探究——以新南威尔士州北悉尼学院为例》,上海师范大学 2012 年硕士学位论文,第 10 页。

了澳大利亚职业教育和社会经济的发展。同时，澳大利亚 TAFE 也极大丰富了国际高职教育理论与实践的内容。

第二节　澳大利亚 TAFE 的课程开发

课程开发是澳大利亚 TAFE 课程体系的核心组成部分，也是澳大利亚 TAFE 的主要特色之一。其中由行业培训咨询组织制定，经澳大利亚国家培训局批准后颁布的培训包是澳大利亚课程开发的依据。对没有颁布培训包的课程开发，则主要依据行业标准进行。

一、澳大利亚职业教育课程开发的机构和指导思想

1. 澳大利亚 TAFE 课程开发的机构

澳大利亚 TAFE 课程开发的机构，有的州设在学院内部，有的州独立设在学院外部。设在外部的主要是根据行业和课程的类别独立注册成立教育服务处。教育服务处由各 TAFE 学院的院长及专门负责教育的官员组成并在该州教育培训署的领导下统一开发 TAFE 课程。每个教育服务处负责联系三到四个行业，每年都要开发 100 个以上的课程，供 TAFE 学院和其他注册的培训机构使用，也可出售给其他的教育培训机构。一般来说，开发的课程具有统一名称、编号、学时、能力标准和测试准则，并为 TAFE 学院提供包括专业教学计划、教学指导书、教材或教学参考书等教学文件及其他辅助材料。为了确保学院课程开发达到标准，每所 TAFE 学院都设有由专家组成的课程开发小组，负责学院新课程的开发和课程标准的制定。

2. 澳大利亚 TAFE 课程开发的指导思想

职业教育课程开发之前，都应有明确的指导思想，它影响着课程开发的全过程，包括课程目标的制定、课程模式的采用、课程内容的选项、课程评价的确定等。澳大利亚 TAFE 课程开发将满足行业的需要作为课程开发的出发点，由行业专家组成课程开发委员会研究行业的需求情况，据此来决定开设哪些课程。同时，以行业能力标准为课程开发基础，根据综合行业能力标准制定本行业的培训包，并根据培训包能力对课程进行开发。随着行业能力需求的变化，不断调整培训包，制定新的课程教学大纲。由于能力标准是由各个行业制定的，保证了这种课程培养的人才能够真正满足行业的需求。

3. 澳大利亚 TAFE 课程开发的核心

课程开发是基于对劳动力市场分析、职业分析、受教育者需求分析和相关课程分析的基础上形成的完整课程方案的全过程。澳大利亚 TAFE 课程注重对学生能力的培养,其课程开发的核心内容是职业能力。这里的职业能力强调从事职业岗位所需要的知识、技能、职业态度及关键能力(主要指职业迁移能力)。"关键能力"指从事任何职业所需要的基本的职业能力和职业素养,澳大利亚 TAFE 的关键能力一般包括以下几项基本知识和技能:收集、分析和组织信息的能力;交流、分享信息的能力;计划组织活动的能力;与他人或团队合作的能力;运用数学概念和方法的能力;解决实际问题的能力;运用技术手段的能力。[①] 课程开发委员会评估这些关键能力并以关键专业能力进行课程开发,注重培养学生运用知识和技能解决实际问题的能力,注重培养学生的表达能力、理解能力、组织计划能力及团队协作能力等。

一般三年修订一次"关键能力标准",主要包括评估标准、学员的工作表现等,学员达到相关课程能力标准可以获得资格证书。每一标准又分为若干小单元,详细规定了每项具体能力标准,以能力为本位的 TAFE 每一课程的开发都要严格按照这些能力标准。为了注重对学生的个性化培养,满足学生不同的兴趣需要,以这些能力标准开发并组织模块式的课程。

二、澳大利亚 TAFE 课程开发的依据

澳大利亚 TAFE 课程的开发摒弃了传统学科知识体系,而代之以根据岗位要求的能力开发设计课程。为使 TAFE 课程开发具有针对性,体现能力本位的特征,TAFE 课程开发具有明确严格的依据。其主要依据是由行业培训咨询机构(ITAB)制定的,经国家培训局(ANTA)批准后颁发的培训包,如果行业还未制定培训包,则以现有的国家认可的行业能力标准为依据。培训包根据行业企业要求及社会发展每 3 年修订或更新一次,因此一般不会终止或过时。

1. 培训包的概念

培训包(Training Package)是由行业制订并且得到国家认可的一整套培训计划,是澳大利亚国家培训框架中至关重要的组成部分。通过吸引行业参加培训包的制定,将行业需求与职业教育培训目标结合起来,即将能力标准与资格证书直接挂钩,并规定学生达到能力标准的最低考核

---

① Australian National Training Authority , guidelines for course development. A guide to developing VET course for accreditation under the Australian Quality Training Framework,2002,P.4.

要求。①

2. 培训包的内容

培训包是澳大利亚职业教育与培训的主要组成部分,也是以能力为本位的 TAFE 课程开发的依据,集中体现了澳大利亚 TAFE 课程开发的特色。培训包主要包括两个部分:国家认证部分和非国家认证部分。

国家认证部分是培训包的主体,主要包括:

① 国家能力标准(Competency Standard):能力标准是按照就业要求的操作标准,就其所涉及的知识、技能及其知识和技能的应用而做的说明。它是由雇主、雇员以及政府机构的代表组成的相关行业的能力标准委员会(CSB)开发的、报国家培训部批准并具有指令性质的文件。国家能力标准都有共同的表述形式,以确保一致性和全面性,通常包括如下内容:

能力单元:能力标准中的某项具体的能力。

能力要素:该能力单元的基本构成组块。

操作标准:明确说明操作所应达到水平的评价性陈述。

适用范围:该能力单元适用的职业范围。

检验情境:对学员进行能力评估与检验的情境。

能力单元是进行相应职业领域课程开发的基础,也是具备某项职业能力资格的基础,一般包括四个要素:工作技能——承担具体工作任务;工作管理技能——管理工作任务,完成一项工作任务;事故处理技能——承担一个工作活动时,对突发问题和非常规事件的反应和处理;合作技能——从事一项工作时,适应或处理环境的能力及与他人合作技能。每个能力单元都由若干个能力要素组成,每个能力要素都有统一的操作标准,用来描述达到该项能力所需的态度、知识和技能。

② 国家资格证书(Qualification):根据行业不同岗位资格的要求对有关能力标准进行组合,对学习合格者可以授予相应的资格证书。培训包内所包含的国家资格是由国家正式认可的技术和能力组成的,以保证个人获得特定资格能够从事各种相关工作任务。国家资格证书包括一级资格证书、二级资格证书、三级资格证书、四级资格证书、文凭证书及高级文凭证书,并对每项资格所要求达到的能力要求做了一定的规范。(如表 4-2 所示)

---

① 中华人民共和国教育部高等教育司全国高职高专校长联合会:《点击核心——高等职业教育专业设置与课程开发引导》,高等教育出版社 2004 年版,第 20 页。

表 4-2　获取国家资格证书必须达到的能力要求

资格	胜任工作	所具备的能力
一级资格证书	非熟练的技术工人	从事一般的技能性工作
二级资格证书	高级操作人员或服务工作人员	具备操作性的知识和技能； 能够运用已掌握的知识和技能来解决可预见性的问题； 在一定的范围内选择性地完成工作任务，通过多种途径获取知识； 对自己从事的工作认真负责。
三级资格证书	技术工人	掌握一定的理论知识和技能，并能够利用这些知识和技能来解决一系列问题； 具有一定的分析判断能力； 具备一定的合作能力。
四级资格证书	高级技术工人或监工	掌握广泛的综合理论基础知识； 能够对不可预见的问题提出解决方案； 能够在复杂的环境中应用技能； 利用多种方式分析和评价信息； 对自己及他人的工作质量负责。
文凭证书	专业辅助人员或技术人员	具备扎实的综合性理论知识基础； 具有一定的技术和管理问题分析能力； 具有一定的技术创新能力； 在一定的技术和管理情况下，具备运用分析、评价信息的能力，以及制订工作计划的能力。
高级文凭证书	专业辅助人员或管理人员	具备一些领域的专业知识； 具有分析、诊断、设计、执行等技术和管理能力； 具有一定的专业技术及创新能力； 在分析信息的基础上做出判断及决策； 具有一定的团队合作及负责精神。

③ 能力评估指南（Assessment Guideline）：对评估者和被评估者提出资格要求，同时对能力标准的评估考核方法及其环境进行指导性要求。详细规定学生获得职业能力的途径、达到具体资格的标准或能力标准。培训包的使用，使澳大利亚职业教育培训由过去注重学校课堂的评估转向了注重工作场所或模拟工作环境的评估。

非国家认证的部分是由学习指南、评估材料和职业发展材料三部分组成的,这些内容由行业和教育培训部门自行开发,无须国家认证。评估材料中对评估指导、评估原则和评估者的资质都进行了详细规定,但没有规定具体的评估方式,由各州的 TAFE 根据情况自行组织实施。

① 学习指南(Learning Strategy):它既是教材又不完全等同于教材,其结构体例设计一般包括三项内容:封面,包括教材名称、课程编码、编写单位等。目录和教材介绍,包括教材中的符号意义、学习方法、参考资料、视听资料、前续课程等。章节,每个章节都包括引言、检查、复习、答案等内容。学习指南还给出了教学形式与教学方法等重要提示。通过符号导引,告诉读者应采用阅读、检查、重点、视听、作业、实训、指导等方法。

② 评估材料(Assessment Materials):是以培训包的国家认证部分的评估指南为基础的辅助工具,可以为评估者提供判断是否达到能力标准的相关信息。观察计划、模拟活动、实际工作项目、演示、书面测试、口试等多种形式都可作为评估材料。

③ 职业发展材料(Professional Development Materials):是开发和实施培训项目的必需材料,可以提供涉及工作内容的信息和资源。①

3. 培训包的开发过程

培训包是由澳大利亚培训局(ANTA)提供资助,通过企业股东、TAFE 学院的专家及政府有关专家共同商议开发。在此过程中,培训局主要承担以下任务:委托开发或修改培训包;管理培训包的开发过程;资助培训包的开发过程并保证培训包的质量。② 一般来说,培训包的开发经过以下四个阶段:

培训包内容的开发。在充分调研行业需求、劳动力市场需求的基础上制定国家能力标准。培训包包含的国家能力标准的制定一般有以下步骤:针对某一行业的能力需求分析,在能力需求的基础上开发能力标准,最后确定能力标准的考核。

培训包认证与颁布。在广泛征求各方面的意见后,培训包方可由国家培训质量委员会(ZTQC)认证,获得批准后可正式发行。

培训包的修订。由于行业的调整和变化,根据行业部门的需求反馈,一

---

① 邓泽民、王宽:《现代四大职教模式》,中国铁道出版社 2006 年版,第 146 页。

② Erica Smith,Training Package:Debates around a new curriculum system. Training,Issues In Educational Research,2012(1),P.64–68.

般在3~5年对已有培训包重新修订,这使得培训包一直处于动态的发展调整过程中。

培训包开发的结果。所有开发的培训包都含有名称、编号、学时、能力标准和评价标准。

4. 培训包的认可及实施

开发后的培训包是由国家培训质量委员会在全国范围内统一认可,并由州或地区的职业教育和培训的教育大臣签署颁发,一般不经过州和地区注册机构的认可,培训包所包含的能力和资格是由 TAFE 学院与企业来实施及评估的。

培训包对 TAFE 课程的开发影响重大,培训包覆盖了全国大部分企业,80%以上的澳大利亚企业都采用了培训包。自从1997年第一个培训包在澳大利亚得到认可以来,目前在澳大利亚已经公开得到认可的培训包有80多个,1500多个职业教育与培训(VET)资格专业,涉及1.5万门课程。[1] 培训包的每种能力都和具体的工作场合需求一致。比较受欢迎的培训包资格课程有医疗、信息技术、商业服务等。

目前在澳大利亚由国家认可的培训包课程作为官方正式认可的权威课程,逐渐代替了州和地区开发的课程。每隔3年左右国家对培训包进行检查,并按行业发展变化和企业需求积极进行修改,以便开发的课程能够与澳大利亚经济发展相适应。[2]

三、澳大利亚 TAFE 课程的开发过程

澳大利亚课程开发是个复杂的过程,一般要经过以下几个阶段:就业市场分析、职业能力分析、制定行业培训包、课程的开发与编制、课程修正与更新等。

1. 就业市场分析

首先由各州的行业培训顾问委员会对社会需求、行业需求进行调查分析,确定需要开发课程的职业及工作岗位。如果符合企业的需求,TAFE 课程开发者就会联系企业和其他股东,向其咨询并获得支持,确定有必要开发课程,就召开股东大会商讨本行业企业股东的需求,并根据各地区的情况制订本地区 TAFE 课程开发计划。

---

[1] Michael Barkl,TAFE Music:The Journal of the Australian Music Center. Sounds Australian 2004 (64),P.32.

[2] 吴秀杰:《澳大利亚以能力为本位的 TAFE 课程》,南京师范大学2007年硕士学位论文,第29-31页。

在确认后,就由州行业培训咨询委员会向教育与培训部提出开发课程的申请,获得批准后,教育与培训部负责拨款到相应州的教育服务处,如果是 TAFE 学院负责开发课程,则拨款到相应的 TAFE 学院,由教育服务处或 TAFE 学院负责开发课程或有关教学大纲。

2. 职业能力分析

职业能力分析也称工作能力分析,是澳大利亚 TAFE 学院课程开发的第一步,也是关键一步。通过就业市场分析,确定行业所需的人才,然后对某一行业所需能力进行全面分析。主要是从社会需要出发,与用人单位合作,以能力本位设计课程、教学大纲、教材及教学方法,并吸引行业和企业相关人员参与课程开发,其最终目的是培养能够胜任职业岗位的技术人才。

3. 能力标准的制定

在确定培训包能力标准之前,行业咨询委员会首先对行业的能力领域进行分析,通常情况下,该职业的能力领域框架反映了从事该职业所必备的职业能力及技能,主要包括操作能力、与人交流的能力、分析与解决问题的能力和团队合作能力等。一般而言,不同职业的能力领域框架所包含的能力领域不同,每一能力领域下面又包含若干能力单元。然后根据职业能力分析的结果,制定国家能力标准。国家能力标准包括能力单元、能力要素、操作标准、适用范围和检验情景等部分。国家能力标准开发的政策和细则,由相关行业能力标准委员会制定。国家能力标准特别强调迁移能力和新情景知识运用能力。目前,已经公认的国家能力标准包括任务技能(完成个别任务的特定要求)、任务处理技能(在工作范围内处理纷繁复杂的任务的要求)、应急处理技能(处理日常工作中的故障与突发事件的要求)、角色处理技能(在与人共事中正确处理个人责任与个人期望的要求)、与他人合作的能力(在与人共事中所体现的沟通和合作的要求)等。

4. 培训包的制定

经过能力分析之后,澳大利亚培训局(NATA)将通过出资招标的办法组织各行各业的专家,聘请相关行业或企业的专家、TAFE 学院的教师代表组成行业顾问培训委员会,根据国家能力标准,共同开发出本行业所需的培训包,职业能力标准将收集在培训包中,作为课程开发的主要依据。培训包开发后报国家培训局批准后在全国执行,并规定每五年修订一次。

5. 课程开发与编制

TAFE 学院或教育服务处专门从事课程开发。一般情况下,各州的教育服务处或 TAFE 学院接到教育与培训部有关课程开发的通知后,向各州的行业培训顾问委员会索取相关的培训包,各州的行业培训委员会严格按照培训包的能力标准,与企业共同开发能力模块,并在此基础上开发各种水平的课程、教学大纲及辅助材料等。

四、澳大利亚 TAFE 课程的认可与鉴定

1. 澳大利亚 TAFE 课程的主要认可原则

澳大利亚 TAFE 学院开设的正规课程,必须在澳大利亚国家机构注册,经州教育部门和行业组织批准审定后才能实施。而课程认可遵循的最主要原则是以下几点:在确定要求掌握的能力标准时,强调产业界的参与;强调学习程序的灵活性,可以在多点入学和结业;认可培训环境和学习模式的差异性;强调课程适应学生不同需要的个别化处理;不同水平的课程与不同教育机构之间要搭配恰当;保障课程质量,要注意对课程的审查与修订。①

2. 澳大利亚 TAFE 课程的认可鉴定

澳大利亚 TAFE 课程开发后由各州或地区课程认可机构或者其代表来负责课程的鉴定认可。在澳大利亚的西部,各州的职业教育与培训委员会也是州课程的认可机构。委员会并不具备认可权力,而是作为执行委员一个月两次来对申请的课程进行认可鉴定。TAFE 学院的所有课程必须符合澳大利亚资格培训框架中规定的标准,凡是符合澳大利亚培训框架中规定的资格,且获得课程认可机构认可的,这个课程将上报到国家培训信息服务中心,并且也将得到其他州和地区的认可,无须在其他州和地区再次认证。②

第三节　澳大利亚 TAFE 课程的设置

澳大利亚的课程一般指多个科目的组合,也可以叫模块的集合,是以理论知识学习和技能训练并重、一般以技能训练为主的多个科目的组合。澳大利亚 TAFE 课程的设置体现了以学生为中心、能力为本和行业需求的思想,注重知识技能的实用性,培养学生的职业能力,以便他们能迅速适应社会职业岗位的需求。

---

① 黄日强等:《澳大利亚 TAFE 学院的课程设置》,《职教论坛》,2005 年第 13 期。
② Australian National Training Authority: Standards for State and Territory Registering/course Accrediting Bodies, 2005, P. 2 – 9.

一、澳大利亚 TAFE 课程的设置

1. 澳大利亚 TAFE 课程设置的依据

"以工作为目标的教育与培训,强调开发和提高学习者胜任工作的技能。"这是澳大利亚 TAFE 的培养目标,因此澳大利亚 TAFE 课程设置时改变传统的深奥的、系统理论知识的传授,而以迎合岗位的实用性为准则。TAFE 课程设置时具有明显的行业和市场导向,主要以满足行业及市场的需求为目的而设置课程。TAFE 学院开设课程之前,由地方教育部门及行业对劳动力市场调查后才能决定。一般而言,主要考虑几个方面的条件:行业与企业需要的专业;学生感兴趣或愿意学习的专业;TAFE 学院有条件如具备一定的师资、场所或设备等开设这个专业;政府与行业机构从宏观布局等方面的论证。

2. 澳大利亚 TAFE 课程设置的原则

为保证课程满足企业与学生双方的需求,澳大利亚 TAFE 学院课程设置一般遵循以下原则:实践性原则,即理论学习与实践操作相结合,在传授系统的理论知识的同时,给学生提供先进的实习设备与真实的工作场所。灵活性原则,即课程设置及课时安排要适合不同社会阶层及不同年龄阶段的学生学习,学生可以通过不同的方式学习一门课程,如远程学习、网络学习以及以工作为目的的培训等。[①] 学分互认原则,即不同院校、学科、证书、课程学习的学分相互承认并可以转换,在深造时可以免修这些课程。需求性原则,即一方面满足当地劳动力市场对人才的需求,另一方面满足学员的兴趣和需要。校企合作原则,即 TAFE 课程的设置按照企业需求,教学条件也是按照企业或雇主的需求提供,同时,企业也主动提供实习场地,参与制订培训计划等。

二、澳大利亚 TAFE 课程设置的内容和类型

1. 澳大利亚 TAFE 课程设置的内容

教学大纲和教学文件是澳大利亚 TAFE 课程设置的主要内容。教学大纲具有指导性和全面性,不仅有课程的名称、科目的数量及结构规定,并且对教学模式、学习方法、科目衔接和学分互认等方面做了一定的规定。教学文件包括课程教学大纲、科目教学大纲、教学指导书、教材或教材参考书、其他辅助教学材料等。

---

① 陶秋燕:《高等教育与职业教育的专业和课程——以澳大利亚为个案的研究》,科学出版社 2004 年,第 204 页。

课程教学大纲主要包括：课程的名称和资格；课程的开发；课程目标；课程结构；课程的评估和考核；课程的开设；学分的承认；质量的检测要求和评估办法；等等。科目教学大纲则主要包括：课时数；学习该科目的目的；能力标准；科目的主要内容；评估考核的方针；学习结果的评估考核；科目的开设；等等。

2. 澳大利亚TAFE课程设置的类型

澳大利亚TAFE课程种类繁多，内容多样，涉及职前、在职和职后等不同种类与不同层次的课程。随着科学技术的进步和澳大利亚产业结构的调整，职业教育培训和劳动力市场的需求也发生了变化，TAFE的课程也随之不断调整。随着传统产业的衰落和高新产业、服务业的兴起，TAFE课程设置的类型也不断调整。

目前，澳大利亚TAFE的课程类型有几百种，涉及几十个领域，满足不同学生需求。其种类主要有：全日制资格课程，一般学习期限为6～12个月，主要适合离开学校的10～12年级的学生，以及为了职业发展而想进一步深造者。部分时间制资格课程或单元资格课程，主要是提供那些想要学习具体技能但又无法进行全日制学习者。学员可以选择晚上或周末学习，学习时间从每天几个小时到每星期3～4天。短期课程，这些课程主要是为了在较短的时间里满足企业、公司以及社会团体对员工培训的需要，一般包括成年社区教育课程、休闲娱乐课程、个人与职业发展课程以及注册课程等。涉及的范围很广，兴趣爱好课程、技能课程及个人职业发展课程等。过桥课程，通常是为特定群体（土著学生）开设的能通过更广泛的途径来接受职业教育与培训，这类课程能够获得正式资格证书。学徒制课程，主要是为工作期间想要获得资格证书的学员提供帮助，它将工作中的实践经验与TAFE学院的理论学习相互补充。

三、澳大利亚TAFE课程设置的特点

1. 课程设置注重实用性，以实践为主

澳大利亚TAFE课程主要是培养学生的实践操作能力，学校所开设的课程根据企业、学生与劳动力三方共同的需求制定。因此，学生在TAFE学院所接受的职业教育和培训与具体企业有关，所学的知识实用性强，不但可以获得企业的工作经验与技术指导，能较快地适应工作岗位的需求，同时毕业后有优先获得工作的机会。TAFE学院中各专业都有以企业为主体的行业协会，了解企业对人力资源的需求。上至学院的董事会成员，下至学院的普通兼职教师，很多是企业的行业专家或专业技术人员。由于培训包是根

据各行业岗位资格的要求开发、组合,经澳大利亚培训局(ANTA)批准实施的,因此确保了课程内容符合产业界的需求和岗位标准。此外,TAFE 具有明显的职业导向性,专业课程多、每门课程课时少、必修和选修并存,其目标是培养社会迫切需要的各种实用型技术人才,特别强调行业标准。

TAFE 课程设立由专业基础课和专业课组成的课程模块。根据产业发展需求和企业团体需求信息及就业市场信息,由国家相关产业培训理事会及其顾问组织按照岗位技能要求和能力标准确定模块的组合,并随着劳动力市场的变化而不断修订。在课程模块中,理论课与实践课之比为 1∶2 左右。基础理论课及内容主要为了应用,只要求必需、够用,并为实践服务;专业课则加强针对性和实用性,严格按照职业岗位工作的需求精选专业理论知识;实践教学严格按照培训包进行训练和考核。TAFE 学院一般都建有校内实训基地及提供各种现代化的设施供学生使用,企业也主动为学生提供实践场所。TAFE 学院采用边学习边模拟实习的教学方式,实现了理论与实践的有机结合。

2. 课程设置灵活多样,满足不同学生需求

TAFE 课程包括必修模块和选修模块,一般以核心技能进行模块组合,每个核心技能模块又分若干个小模块,一个模块可以是知识单元,也可以是操作单元或情境模拟单元。每个模块将知识点和技能标准细化,课时数少,以专业技术训练为主,注重能力培养,便于相近专业不同课程之间的安排。学生可根据需要选学相应模块,或对模块进行增减。TAFE 课程采用学分制,学完一个课程模块就取得一个学分。课程科目根据不同的证书或文凭标准而定,既有几个科目组成的短期培训课程,也有几十个科目组成的证书、文凭、高级文凭课程。学习期限也因此不同,从几个月到三四年都有。学完该门课程即可取得正式的资格证书或文凭。多样化的课程体系,方便学生参加职业教育与培训。同时,对学分的互认衔接了中高等教育,使学生便于转学或升入高一级教育机构深造。

TAFE 学院既有全日制学生,也有半日制或利用周末或晚上学习的学生,学生年龄从 15 岁至 70 岁不等。课程设置的灵活性适应了 TAFE 学生的多样性,学院提供职前培训、在职培训、职后培训以及正规学历教育等不同类型的课程,满足了不同学生群体的需求。同时,教学方式也因人而异,实行小班教学,保证学生能得到老师的单独指导。教学形式也多元化,有课堂教学、现场教学、网络教学、协议教学等。教学时间也以学生需求为本,可以白天教学,也可以晚上教学或周末教学。这种以"以学生为中心"的教学思

想,有效地增强了 TAFE 学院适应社会职业教育和培训的需求,迎合了终身教育的理念。

3. 课程内容丰富,涉及面宽广

澳大利亚 TAFE 课程内容丰富,涉及社会发展的各个方面。根据课程内涵的差异,TAFE 课程可以分为四种类型:国家资格课程,即澳大利亚职业资格培训课程,根据澳大利亚国家资格体系(Australia Qualification Framework,简称 AQF)的标准为就业者提供培训或训练。用户选择的培训课程,出于用户的需要和意愿,在已有的课程菜单中选择参加的培训课程。商业运作的培训课程,根据客户需要,为客户量身定做的培训课程。培训招标课程,参与公开竞标胜出后根据招标客户的需要而提供的培训课程。

TAFE 课程涉及社会发展的各个领域,如商业、工程与矿业、建筑、医学、交通运输等,TAFE 学院还可以根据行业要求开设定向的培训课程。如处于商业和旅游业发达地区的悉尼理工学院,每年向 5 万多学生提供 700 多门课程,几乎覆盖了悉尼全部的经济领域,同时还提供州际课程和国家课程,成为澳大利亚最大的 TAFE 基地。由于 TAFE 提供不同水平的文凭或资格证书课程,吸引了大量有技术需求的学生,甚至越来越多的留学生也选择了 TAFE 学院,以便提高自身的就业能力和职业岗位能力。

4. 课程设置具有标准和规范性

TAFE 课程的审批具有一定的标准和规范,其依据是行业组织制定的能力标准和国家统一的资格证书制度。所有课程都必须在职业教育权威认证机构获得认证和注册,注册的每门课程都有统一的名称、编号、学时数,以及能力标准和测试标准等。新课程的开设也要满足行业标准的要求并符合一定的流程才能实施。TAFE 课程结构一般包括以下几个要点:职业资格证书(AQF)、课程编号、培训包类别、国家代码、学时数、培养目标、衔接的高一级证书课程、入学要求、核心课程模块、选修课程模块、课程授课点。同时,TAFE 课程具备统一的考核体系,按不同课程的考试要求将课程分为 A 类课程、B 类课程、C 类课程、D 类课程四个不同的层次,不同层次的课程其考试要求不同。

同时,澳大利亚国家资格框架体系在 TAFE 阶段也是分层的,由低到高分别为初级证书、操作技能证书、技术证书、高级技术证书、文凭证书和高级文凭证书。不同的课程模块对应的职业要求不同,完成某一层次的学习,可获得相应的 AQF 证书,从而有资格从事相关的岗位工作。全国认可不同培训机构的各级证书和文凭。①

第四节　澳大利亚 TAFE 的教学实施

　　澳大利亚 TAFE 很大程度上受政府和行业的管理与控制,但在具体办学过程中,TAFE 学院具有一定的自主权,其教学重视实践环节,以学生的实际需求为出发点,将行业与学生两者的需求有机地结合起来,体现了 TAFE 职业教育为行业和学生服务的理念。

一、入学资格

　　TAFE 学院不限制学生的年龄、背景,只要有意愿接受教育培训,TAFE 学院都鼓励人们多次、不断地学习,并且认可他们之前的学习及现有的工作能力。因此,TAFE 学院的学生年龄参差不齐,有十几岁的青少年,也有年过七十的退休人员。

二、教学策略

　　TAFE 学院的教学注重训练学生的实际工作能力,强调实践教学环节,理论学习与实践教学有机融合。一般的课程设置中,实践课程占据教学的主导地位,基础理论课程的知识以必需、够用为原则,理论课程基本服务于实践课程。

　　澳大利亚 TAFE 课程种类繁多,设置灵活,提供阶段性的、可连续的教育与培训课程,使学员在不同时期、针对不同需求选择所修课程。同时,学分互认保障了他们能灵活地选择获取证书或文凭。澳大利亚 TAFE 建立"学习—工作—再学习—再工作"的多循环的终身教育模式,突破了以往传统的终结性教育的局限,迎合了世界流行的终身教育理念,改变了教育的时空观,使不同年龄不同职业的人可以随时选择所需要的课程,选择适宜的时间和地点学习。

三、教学组织

　　澳大利亚 TAFE 学院采取各种灵活的教学方式满足不同学生群体的要求,其宗旨是为一切愿意接受职业教育或培训的学员提供有效的服务。

　　1. 教学时间

　　澳大利亚 TAFE 的教学时间非常灵活,一般以学生的就学时间为主,学

---

　　①　刘瑶:《澳大利亚 TAFE 课程设置的研究及对我国高职课程设置的启示》,西北农林科技大学 2009 届硕士学位论文,第 14–17 页。

生可采取全日制、半日制或业余时间入学,培训时间由教师和学生自由选择。同时,学生可以采取离职或在职相结合的方式学习,教师也可根据企业的需求进行授课。

2. 教学地点

为加强实践教学,各 TAFE 学院都建立现代化的校内实习基地和各类中心或开放中心,以方便学生随时都可以查阅资料,如计算机中心、电教中心、图书馆等,提供各种设施供学生使用。为使学生具备实践操作能力,澳大利亚 TAFE 的教学地点多样化,既可以是教室、校内实训车间,也可以是企业提供的车间或其他工作场所。校内理论教室紧靠实习车间,以方便学生边学习边实践,有利于理论和实践的有机结合。

3. 教学方法

澳大利亚 TAFE 学院的教学方法因人而异,可以采取项目教学,也可以采取个体辅导。其中项目教学主要是学生组成项目小组,在一个真实或仿真的项目开发环境中,与客户沟通,分析客户需求,提供技术服务,最后项目组必须通过项目答辩,得到考核成绩。同时,为保证 TAFE 教学提供适合学生的灵活的学习方式,学院还设立辅导中心,中心由专职教师负责,进行个别辅导,以满足学生个性化学习的需要。①

第五节 澳大利亚 TAFE 的教学评价

澳大利亚 TAFE 学院的考核分为理论水平考核和实践能力考核两部分,其主要目的是为了判断学生是否具备了从事某项工作所必需的职业能力。理论考试有多次机会以确保学生能在复习后通过。如果学生首次理论考试不及格,可以去补习班复习后再考一次,如果第二次还没通过,学院将派教师与学生面谈,进行面试。一般情况下,没有因理论考试不及格而拿不到证书的。相对而言,对实践能力的考核则严格得多,有些学院明确规定,即使提供有效的证明或通过某种考试,实训课也不能免修。

一、能力考核标准

澳大利亚 TAFE 教学考核主要是收集证据并判断学生是否达到了企业所要求的能力标准,即国家认可的行业或企业的能力标准。因此,实践能力考核标准严格按照行业要求的客观能力标准掌握,以实际操作结果为依据

---

① 邓泽民、张扬群:《现代四大职教模式》,中国铁道出版社 2006 年版,第 149 页。

进行课程成绩判定。考核的重点强调学生应该能做什么,而不是强调学生应该知道什么。最终以学生是否具备能力而不是以分数或成绩好坏为标准。

除国家和州的课程评估机构外,许多行业人士也参与了对 TAFE 教学的评估考核,从而保证了学生获得的技术能够适应社会和工作需求,同时也便于根据行业或企业的反馈调整课程设置。

二、能力考核方法

澳大利亚 TAFE 对学生的评估和考核方式灵活多样,采用多种评价考核方式,除了笔试外,还有观测、口试、现场操作、第三者评价、证明书、面谈、自评、提交案例分析报告、工件制作、书面答卷、录像等。对学生技能的考核只注重学生是否达到了从事某项职业要求的能力标准,没有等级与优劣之分。考核的结果要求符合有效性、充分性、权威性、一致性和准确性。

此外,澳大利亚 TAFE 的教学考核是以模块进行的,学生凡是学习结束一个模块,就认证一个模块,通过考核后便可获得相应的资格证书。不同模块、不同学生使用不同的考核方法,具有较大的灵活性。

第六节　澳大利亚 TAFE 的特色

一、培训体系灵活,学员来源广泛

由于澳大利亚 TAFE 以终身教育和全民教育理念为指导思想,因此,其学员呈现出年龄范围大、专业种类多、上课时间不固定等特点,这就促使 TAFE 学院针对这些问题进行调整,从而形成相应的培训体系。因此,为适应社会各类群体不同的教育与培训需求,TAFE 学院采用了"一所学校、多种学制"的办法。学院内存在多种形式的教育,职前教育与职后教育、全日制教育和社会业余培训教育等并存。与此相应的是,其学制也长短不一,既有全日制学习的,也可半日制或利用业余时间完成学业的。即使是全日制学生,也可根据其所选择学习层次和自身条件灵活安排学习时间,例如"获得Ⅰ、Ⅱ级证书,一般需要 6 个月全日制学习时间,获得Ⅲ、Ⅳ级证书一般需要一年全日制学习时间,而要获得文凭或高级文凭,往往需要学习 1~2 年甚至更长时间。"[①]

---

① 中华人民共和国教育部高等教育司、全国高职高专校长联席会:《点击核心——高等职业教育专业设置与课程开发引导》,高等教育出版社 2004 年版,第 18 页。

此外 TAFE 课程设置采用能力本位思想,课程以模块化设置为主,学生可先通过短期学习获得证书Ⅰ,再在下一阶段通过其他课程模块的学习获得证书Ⅱ,并以此类推。TAFE 学院将职业技术教育与职业技能培训、学历教育与非学历教育融合起来。Ⅰ、Ⅱ、Ⅲ、Ⅳ级证书培训属于非学历职业技能培训,通过考核可获得全国认可的证书,类似于我国的职业资格证书。而文凭和高级文凭学习则属于学历教育,测评合格后获得的毕业文凭相当于我国现行的大专文凭,可与大学学士学位相沟通,其学历资格得到大学的普遍承认。

TAFE 学院对学生的年龄、学历和身份没有特殊限制,面向全民招生,不分民族与国籍,从初中毕业生到年届花甲的老人,从残疾人到失业者都有资格成为 TAFE 学院的学生。进入 TAFE 学院也不用参加统一的入学资格考试,只需证明自己已完成中学教育即可。TAFE 学院的学生约有半数以上来自中学毕业生,其余则属在职职工或失业人员的再培训。在校生中,全日制学生与非全日制学生之比为 3∶7。此外,TAFE 学院大量招收海外学员,仅西南悉尼学院(South Western Sydney Institute)每年就有 56000 多个来自不同国家、不同文化背景、不同年龄层次的学生到 TAFE 求学,他们来自 117 个国家,讲 65 种语言。其中注册最多的学员是来自越南、中国、伊拉克、黎巴嫩、柬埔寨和菲律宾。①

二、课程设置注重实用,教学方式丰富多样

澳大利亚 TAFE 学院的专业开发并不依据现有的学科体系或知识体系,而以行业提出的行业标准为依据,其课程设置注重理论知识学习和技能训练,并多数是以技能培训为主。TAFE 课程开发严格依据行业培训顾问委员会制订的、经澳大利亚国家培训局(ANTA)批准后颁发的培训包。而 TAFE 课程设置的指导思想是:以市场为导向,灵活设置专业,满足社会需求,并完全根据市场变化需求不断调整和修订,采用灵活教学方法,培养高素质劳动者。基于此,TAFE 学院的课程设置表现出明显的市场性和实用性,规定开设的课程必须满足以下条件:行业与企业需要的专业或岗位;学生愿意学习的专业;学校有办这个专业的条件,如师资、场所、设备等;政府与行业机构从宏观布局等方面论证合格。TAFE 课程几乎涉及各行各业,主要包括会计、建筑、农业及园艺、机械及土木工程、旅游和接待、酒店管理、护

---

① "TAFE NSW South Western Sydney Institute Australia" [Z]. Sydney: South Western Sydney Institute, 2003, P. 21.

理、商务管理等,只要是社会上存在的行业几乎都能在TAFE学到相应的专业课程。其中行业提供了大部分课程,以保证受训者适应新职业岗位的需求。此外,课程设置随着行业需求进行削减或增设,若培养的学生不被行业接受,则该课程马上停止。

澳大利亚TAFE教学的重要特色是能力本位培训,这种教学培训方法借鉴了北美"能力本位"教育的思想,强调培训是一个包括传递知识、评估培训效果和认定培训结果的完整过程,其目的是增进学生在真实场所的职业技能。"能力本位"培训强调一切教学活动包括课程、教学组织、教学实施、教学评价都要以提高学生的职业技能为目的。因此,教学场所可以是教室、图书馆、实训基地、车间、办公室等,教学方法可以根据实际需要,放弃班级教学模式,采用团队协作练习、角色扮演、模拟实习公司培训、企业培训等多样化的方式进行。教学评价也可以降低对理论知识的要求,采用观测、口试、工作制作、自评、录像等多种教学评价方式进行。由于移民、海外学生和在职学生较多,其年龄、行业与水平差异较大,TAFE学院采用灵活的教学方法以满足不同学生的需求,让学生自主选择上课场所及方式,测试合格后即可获得证书。此外,澳大利亚地广人稀,为让分散的学员接受教育,TAFE学院还通过远程教育、流动教室等形式把教育送到需求者那里,提供一种随意的学习环境。[①]

三、教师队伍素质较高,投资主体趋向多元

TAFE学院对教师的要求非常严格,实施严格的职业教师准入制度。其教师主要有两个来源,一是专职教师,都是企业一线具有5年以上工作经历的技术人员,具有行业的相关资格证书,熟悉该职业的工作环境和职业技能,并且在从事职业教学的过程中还必须定期到企业生产经营一线学习培训,更新知识和技能,以适应人力资源市场对职业技术教育的需要。培训结束后企业专家对教师进行严格的评估考核,对于不合格者学校不再续聘。二是兼职教师,TAFE学院从社会各行业选聘技术人员做兼职教师,作为专职教师的有效补充。这些兼职教师学历不高,但都直接来自实际的生产服务行业,具有扎实的操作技能和实践经验,他们通常只负责教学事务,不参与学校其他事务管理。TAFE学院对上述两类教师的选聘都有严格的选拔流程,在此过程中必须有来自该行业的专业人员参与,以保证选拔出来的教

---

① 王莉平、舒畅:《澳大利亚TAFE教育对我国高职教育的启示》,《山西广播电视大学学报》,2006年第5期。

师符合行业和企业的要求,各具所长,能够跟上社会与行业的发展。

澳大利亚建立了政府、企业和个人多元化的职教投资体制。其中最大的投资主体是政府,其提供的资金一般占总数的97%左右,学院自筹占3%左右。在政府拨款中,联邦政府拨款占三分之一左右,州或地方政府拨款占三分之二左右。除了政府拨款外,TAFE的资金来源还包括学费、管理费和服务收入等。TAFE学生大约每年交纳2500澳元的学费,这部分经费并不直接交给学校,而是通过税务部门上缴政府,再根据不同情况返还学校。此外,在政府的鼓励下,TAFE学院通过各种有偿服务为企业、公司以及社团等培训人员,尤其是近年来政府鼓励TAFE广泛开展海外培训项目获取资金,并且盈利部分不需要纳税,如对海外学员规定收取大约每生每年10000澳元的全额学费,这在财政上为TAFE学院创造了一笔可观的收入。因此,近年来许多TAFE学院不断开拓国际市场,与许多亚太地区的国家政府和教育机构建立联系,吸引海外学生前来留学,并将自己的教育培训项目销往国外。

四、政府主导、企业积极参与的教育模式

澳大利亚TAFE的改革与发展,始终由政府负责规划和组织实施,政府决定是否筹建TAFE学院,提供TAFE学院主要的办学经费,并组织TAFE体系的管理。政府成为TAFE发展的主导力量,其集澳大利亚全国之力,在法律、政策、财政、资源等方面给予TAFE最大的帮助。TAFE不仅由教育部门负责管理监督,其他部门如经济部门等也都参与到TAFE的决策中来,并各司其职,共同推动TAFE的发展。

此外,行业在TAFE的发展中起着关键作用。澳大利亚设有21个全国性行业协会,主要负责制定和修改全国各类职业能力标准,分析预测本行业的就业需求,调研了解企业对职业教育与培训的意见和建议,为TAFE学院及其他教育机构提供专业和课程设置、教学依据。其中TAFE学院与行业紧密联系,澳大利亚国家培训局、行业机构及各州建立的培训咨询组织以及TAFE学院成立的行业咨询团队从不同的行业背景出发,调研各行业对技能的需求,为TAFE设置课程提供参考。经过上述机构的共同研讨,编写培训包,对课程设置、时间安排、考核评估等内容进行确认,再由TAFE执行。不仅如此,行业还参与行政管理与教学质量的评估,及时发现TAFE运行中的问题,提出建议和看法。除安排专业人员到TAFE学院担任兼职教师外,还加大对TAFE的资金投入,确保TAFE发展与行业发展能够协调同步。

第七节　澳大利亚 TAFE 面临的挑战及发展趋势

经过几十年的发展完善,澳大利亚 TAFE 职教模式日趋成熟,成为国际上比较具有代表性的职业教育模式之一。但是,随着社会的不断发展变化,国际竞争力不断加剧,人口老龄化问题凸显,技能型人才严重匮乏,终身教育思想的日益普及……随着新问题的出现,世界各国的职业教育面临着巨大的挑战,而这些也是澳大利亚 TAFE 所面临的挑战。

一、澳大利亚 TAFE 职教模式面临的挑战

1. 国际竞争力的不断加剧

20 世纪 90 年代后,经济全球化进程加快。虽然经济全球化有利于资源和生产要素在全球的合理配置,也有利于资本和产品在全球的流动,有利于科技在全球的扩张,但经济全球化对每个国家来说都是一柄双刃剑,它既是机遇也是挑战。研究显示在新全球化的形势下,就业市场出现了一系列的变化:新的就业模式和新的职业群如猎头公司员工及会展专业人士等的出现,使员工不得不为了适应变化而参加各类培训提升自我;许多技能无法在 20 年内满足企业工作的需求;技术更新加快,从开始就掌握一辈子工作所需技能的时代已不复存在……诸如此类就业市场的变动已成为常态。

同时,随着经济全球化的发展,越来越多的公司寻求异国拓展,以谋求更好的商机。澳大利亚也不例外,随着跨国公司的增多,培养高素质的、能够适应国际竞争的技能型人才成为时代需求。这就要求 TAFE 培养的人才不仅能适应国内劳动力市场的需求,更要树立国际标准意识。因此,TAFE 除了分析本国企业行情发展外,还要不断研究国际经济发展趋势,并据此进行改革完善,才能适应国际竞争力的需求。

2. 人口老龄化问题凸显

人口老龄化是许多国家面临的社会现象之一,这同样是澳大利亚政府近年来比较关注的社会问题之一。据澳大利亚的人口统计显示,近年来其人口出现以下趋势:澳大利亚人口预计会以每年1%的速度增长;15~25 岁的人口不会增长,保持在 270 万左右;45~64 岁人群以每年 40%的速度增长,到 2020 年将达到 580 万左右。制定 45~64 岁人群的培训策略,调研他们的学习需求、特点和学习目的成为 TAFE 面临的新问题。随着人口老龄化问题的凸显,澳大利亚政府采取相应措施以缓解社会矛盾,如鼓励劳动力在岗时间延长,以弥补年轻人就业之前的人员空缺。因此,开发适合工龄较

长的员工的课程体系,致力于中年及在岗人员新技能的培训,并为延期进入工作场合的员工提供再就业培训就成为澳大利亚比较迫切的任务之一。

3. 技能型人才严重匮乏

随着澳大利亚产业结构的调整,建筑和制造业等传统行业技能型人才严重缺乏,而新兴产业也同样面临上述问题。科技的发展,产业结构的调整,技能和知识更新的速度加快,这些新的形势需要 TAFE 培养符合行业不断发展变化需要的人才,并且培养的人才能适应不同类型的企业需求。

此外,人们的学习形式也多种多样,有在职学习的,有业余学习的,也有全日制学习的。因此,澳大利亚 TAFE 课程体系只能顺应行业调整需求,不断革新,以符合不同类型人员的学习需要。

4. 终身教育理念的普及

20 世纪中后期的"终身教育"理念,短短数年后在世界各国广泛传播。随着终身教育理念的普及,人们改变了以往的教育观念,意识到学校教育并不是终结性教育,只有不断地学习更新知识才能具备较强的竞争力。一方面,经济全球化和技术变革使人们更换职业成为常态,这需要人们具备更多的技能以适应新的工作岗位;另一方面,由于澳大利亚劳动力老龄化问题的加剧,劳动力平均年龄不断上升,这对劳动者能力也提出了更高的要求。因此,为迎合终身教育理念,澳大利亚 TAFE 职教模式只能不断开发适应各年龄段员工需求的课程,为他们提供终身学习的机会。

此外,根据 TAFE 近年发展及社会机构的调查报告来看,TAFE 的教育系统内也存在一定的问题,主要体现如下:

1. TAFE 与大学的衔接能力还需改善

澳大利亚国家资格体系是一个系统的、全国统一的资格框架,它包含了义务教育后的所有教育及培训资格认证,该资格体系于 1995 年 1 月 1 日在澳大利亚全国被正式采用,将学校、职业教育与培训、高等教育与各行业的联系整合进了一个清晰而连贯的框架体系中。按照此,学生在初高中选修职业教育的课程时,其学分在入读 TAFE 学院时得到承认,从而可免修一部分课程。学生在 TAFE 学院获得文凭或高级文凭后,也可免试直升大学二年级攻读本科学位。澳大利亚国家资格框架构筑了中学教育、职业技术教育和高等教育的立交桥,为受教育者提供了终身教育的渠道,在一定程度上体现了教育的连贯性和公平性。但由于 TAFE 与大学分属于两种不同类型和层次的教育,二者之间的衔接没有较为统一的标准和指南,不同学校之间的认可程度还有所不同,因此在实际操作中,TAFE 和大学的衔接还存在很多困难,需要进一步完善。

2. TAFE 教师队伍建设有待加强

TAFE 的师资队伍主要由专职教师和兼职教师组成,兼职教师在总数上所占比重很大,两者在某些学院的比例几乎达到 1∶1。而且,一些研究报告显示,TAFE 的教师一职正在发生变化,其主要趋势是 TAFE 学院越来越多地雇佣合同制和兼职教师。据 2001 年 NCVER 对于澳大利亚职业教育与培训教师及培训师的抽样调查显示,在所抽样的 11084 名教师及培训师中,51.5% 为男性、48.5% 为女性、40% 为全职、20% 为合同制、30% 为兼职,还有 5% 为自由职业者[①]。虽然专兼职教师都采用聘任制,且有严格的聘任标准和聘任程序,但实际上专职教师一旦应聘成功且工作满 5 年后,将很难解聘。因此,造成专职教师凭借自身具有的传统的知识经验进行教学,而在接受培训、提高执教能力和自身素质方面的积极性不高,工作缺少活力。并且在 TAFE 人才培养模式运行工作中,兼职教师逐步成为主力军,但兼职教师流动性大、稳定性差。事实上,早在 20 世纪 70 年代,人们对于 TAFE 教师及培训师在构建高质量职业教育体系中的重要性就已经认可,当时《坎甘报告》就曾指出加快师资建设步伐是提升整个 TAFE 体系教育质量的关键所在。但目前,TAFE 学院及私立培训机构越来越多地雇佣兼职教师和合同制教师,忽视专职教师队伍建设,而兼职与合同制教师的专业化和规范化受到质疑,TAFE 人才培养将会有很多隐患。

3. TAFE 的教育经费投入相对减少

自 1997 年以来 TAFE 的学生数一直呈上升趋势,截至 2001 年年底已增加 298200 人,增幅达到 20.4%。2002 年有 40000 名学生被拒之门外。增加 TAFE 经费投入以缓解这一状况已成为当务之急。而目前 TAFE 学院的经费来源主要有三个渠道:一是联邦政府和州政府的资助,约占总经费的 50%;二是学生交纳的学费,约占 20%~25%;三是学院自筹,约占 25%~30%。但联邦政府 1998—2000 年 ANTA 协议后大幅度缩减对 TAFE 的经费投入。根据 2003 年联邦教育科学与培训部科技司司长科林·沃特斯(Conlin Walters)提供的资料显示,政府对 TAFE 学院资助中,直接拨款经费只占 74.6%,其余拨款是通过用户自主确定项目(占 21.5%)、开放竞争基金(占 3.6%)、有限竞争基金(占 0.3%)来完成的。这与以前的拨款方式相比,发生了很大变化,而州或地方政府对于 TAFE 的经费问题也深感独木难支,其

---

① 张丽英:《澳大利亚 TAFE 研究》,华东师范大学 2004 年硕士学位论文,第 48 页。

拨付的教育经费也同样减少,根据澳大利亚国家统计局(ABS)各年的数据,到 1997—1998 年度,州或地方政府对 TAFE 的年平均经费投入只占到 1992—1993 年度的 85.7%。[①] 同时,由于企业担心员工接受培训后跳槽,因此企业用于员工培训的经费也大大缩水。

4. TAFE 的学生完成学业率低

由于 TAFE 学院对学生年龄、学历和社会阶层没有特殊限制,其生源主要有以下几类群体:在职人员、失业人员、高中毕业生、其他准备就业人员,而高中毕业生只占 TAFE 学院生源的 40%,约 60% 的学员是工作后再回到校园学习的。为满足这些不同社会群体的学习需求,TAFE 采用灵活的教学方式,如课堂学习、现场学习、利用互联网学习、协议学习等。虽然这体现了以"学生为中心"的教育理念,但过于宽泛散漫的学习方式在某种程度上影响了学生学业的如期完成。据调查,澳大利亚 TAFE 学院目前大约只有 26% 的学生可能完成学业。这份调查覆盖了 678107 名学生,其中一年级注册学生 481406 人,二年级注册学生 162873 人,三年制注册学生为 33828 人。他们从 1994 年末开始学习 TAFE 课程,一直被跟踪到 1996 年末,其中有部分学生仍然在学习,没有完成学业。在这些未完成学业的学生中,有可能完成一年制规定学业的学生 34%,完成二年制规定学业的只有 7%,完成三年制学业的为 10%。不过也有人认为,多数退学的学生,在退学之前已经学到了他们想要学习的东西。约 49% 的学生可能会完成全部课程的 3/4,而其他 1/4 的课程可能没有通过。这份调查报告由澳大利亚全国职业教育研究理事会统计主任约翰·福伊斯特牵头,与莫纳什大学、澳大利亚教育研究理事会等单位的专家们共同分析、研究完成。[②]

二、面对挑战所采取的发展措施

面对来自国内外的挑战,澳大利亚加大了对 TAFE 的投资。为解决技能人员紧缺的现象,仅 2004 年在传统的贸易领域就投资了 10 亿多澳元。之后,澳大利亚培训局又继续加大投资,以保证 TAFE 能够适应形势发展的需要,培养行业和企业需要的技能型人才。而除了政府支持外,TAFE 自身也在不断地革新和完善,目前主要呈现以下发展趋势:

---

① 黄立志、张献奇、韩永来:《澳大利亚 TAFE 体制面临的挑战》,《中国职业技术教育》,2006 年第 20 期。

② 于海静:《澳大利亚 TAFE 的研究及对中国高职的启示》,东北师范大学 2004 年硕士学位论文,第 39 页。

1. 加强关键职业能力的培养

关键能力是人们职业生涯中除岗位专业能力之外的基本能力，它适用于各种职业，能适应岗位不断变换，是伴随个体终身的可持续发展能力。2002年，澳大利亚商业和工业委员会与澳大利亚商业理事会完成报告——《未来的工作技能》，该报告的工作技能框架要求人们理解和使用各种工作技能特别是信息技术能力，不断获取新的技能与终身学习的能力。[①] 为满足工商业对技术人才的需求，注重关键能力培养，进行职业教育课程改革已成为今后TAFE发展的趋势。"关键能力"强调运用知识和运用技能解决实际问题的能力，注重培养学生的理解能力、沟通能力、团队协作能力和技术迁移能力。

2. 注重个体差异，因材施教

由于参加TAFE培训的学员不限身份、不限年龄，因此学员入学水平和知识能力有很大的差异性。为适合不同年龄和阶层学员的需求，TAFE更加注重灵活化和个体化课程设置，除了强调培养学生必备的知识和技能外，还注重个体差异，因材施教，强调学生个性化的培养，尤其注重加强职业心理素质和职业迁移能力的培养，使其能够尽快从岗位变换带来的困惑和迷茫中走出，从而适应新的工作环境。

3. 重视经济全球化，加强国际合作

由于经济全球化的发展，世界各国交流日益增多，随着澳大利亚与其他国家伙伴关系的建立，在澳大利亚的国外留学生人数也大大增加。目前，与澳大利亚建立伙伴关系的国家主要有中国、新加坡、印尼、加拿大、孟加拉国等。澳大利亚TAFE为这些国家的企业员工制订了培训计划，由于各国实际情况千差万别，TAFE开发符合其他国家国情的、以能力为本位的职业教育与培训课程，这不但使TAFE获得了发展革新的机遇和一定的经济收益，也促进了国际交流合作。

4. 推陈出新，开发更高层次的课程

为使开发的课程满足社会发展需求，澳大利亚TAFE根据经济的发展和产业结构的调整不断更新课程，淘汰过时的课程。政府还专门组建专家小组以预测未来劳动力市场的需求，不断开发具有前瞻性的课程。

此外，为满足不同水平学员的需求，尤其是那些追求较高学历学员的需

---

① 孙双华：《综合职业能力为本的高职教育课程开发研究》，福建师范大学2005年硕士毕业论文，第28页。

要,澳大利亚开始致力于提供更高级的课程,如副学士学位课程、学士学位课程等。有些州的 TAFE 学院也开始提供学士学位和副学士学位等普通高等教育文凭证书课程。一般而言,这类课程具有以下特点:课程兼重普通知识和实际技能的训练,课程的设置与澳大利亚国内需求及区域发展需求相适应;课程鼓励学生发挥创造能力;企业参与课程的设计;增加学生的就业机会。

面对挑战,澳大利亚 TAFE 不断进行改革和完善,突破了传统学校终结性学习的局限,形成了灵活多样关注终身教育的职业教育模式,为澳大利亚的企业培养了各种类型的技术人才,增加了年轻学员毕业后的就会机会,并为成年人的转岗就业提供了条件,成为澳大利亚职业教育与培训的重要特色。

第八节 澳大利亚 TAFE 对我国高职教育的启示

近年来,随着市场经济的不断发展,我国经济结构也在进行重大的调整,各行各业大量需求技术型人才,同时转岗培训和在职人员的继续教育需求也日益加大。虽然各国的文化传统、社会制度和现实国情千差万别,但它山之石可以攻玉,学习与借鉴澳大利亚 TAFE 职教模式的成功经验,将会对我国高职教育的发展提供一定的借鉴和帮助,从而使我国的高职教育在发展过程中避免一些不必要的失误。

一、以终身教育理念指导高职教育,实现全民教育

经过多年的实践和探索,澳大利亚 TAFE 形成了"学习—工作—再学习—再工作"的模式。在终身教育思想的指导下,TAFE 突破了学历教育的局限,将学历教育与岗位培训有机融合,其学员不限年龄、不限身份,入学水平参差不齐。为满足不同学员的需求,澳大利亚 TAFE 不断进行市场调研,并开发出适合各类群体需求的课程,为不同年龄、性别、行业的个体提供教学服务,从而使 TAFE 成为学员实现其终身教育的主要方式和场所。

长期以来,我国高职院校学生来源单一,一般以刚毕业的高中阶段学生为主,加上各类对口单招的中职学生,这是特定历史时期的举措。随着科学技术的发展和经济全球化的趋势,我国的经济结构也在进行重大的调整,行业竞争压力增大,职业变更已成为生活的常态,转岗培训和在职培训成为适应新环境的必要过程,这就使高职院校必须研究新形势的发展趋势,以终身教育理论为指导,统筹考虑生产一线人员、下岗工人、再就业人员的实际需求,开展多种形式的职业和岗位的教育与培训,以满足不同群体的需求,使

他们不断更新自身的知识水平,获得最新的讯息和技术。同时,参考澳大利亚 TAFE 课程学分互认制度,将各阶层不同社会成员的职后教育纳入高职教育体系,并给予学分互认。改变人们单一追求学历教育的传统观念,树立终身学习的理念,使高职院校成为社会各群体终生学习的场所。

二、建设国家统一标准的"培训包",打通证书互换和教育流动的壁垒

澳大利亚经过几十年的经验积累,使职教与普教较好地衔接起来,建立了各类相互开放、相互交融的教育体制,这不但节省了教育资源,扩大了教育效益,而且促进了终身教育事业的发展。澳大利亚 TAFE 培训包分成国家认证和非国家认证两大部分,培训包的应用使澳大利亚职业院校共享一套教学内容、评价体系和发展策略,并打破了学历证书和资格证书之间的壁垒,实现了两者之间的相互转换。此外,AFET 学院采取学分制的办法提升学员的发展。TAFE 毕业生会得到学校提供的普通证书和高级证书等四种 AQF 水平证明。凡是具备专业技能的 TAFE 毕业生面临两种选择,既可直接工作就业,也可进入大学继续学习,其在 TAFE 学院学习的相关专业课程的全部或部分得到承认。如澳大利亚酒店管理学院与 CQU(中央昆士兰大学)、VU(维多利亚大学)、GRIFFITH(格里菲斯大学)等开展的一系列学位转换课程,为学生提供一个学历提升、学分积累以及某专业领域技能培养等多功能合一的立交桥式的教育和培训平台,为 TAFE 学院毕业生进一步发展创造了条件。[①]

受计划经济的约束和影响,我国传统观念视中等职业教育和专科教育为终结性教育,而很少考虑为这两类毕业生提供更高层次的学历教育,职业技术教育因此徘徊不前。经过 20 多年的努力,我国职业技术教育发展突飞猛进,并已形成较为完整的中等职业技术教育体系和高等职业技术教育体系,但职教与普教严重割裂的现象并未发生本质改变。既没有一套完善学历证书转化职业资格证书的转换机制,又没有一套沟通职教和普教体系的机制。"一方面,普通教育一味强调基本知识灌输,忽视对学生的职业准备教育和职业生涯教育,因此一旦学生在应试竞争中失手不能升入上一级学校,他们不可避免地将会遇到就业困难;另一方面,各级职业学校专业面过窄,与高等教育缺少必要的衔接,进入职业学校(如技校、职高、中专等)后就

[①] 陈智强:《澳大利亚 TAFE 模式及其对我国高职教育的启示》,《教育与职业》,2011 年第 36 期。

意味着到达学习生涯的顶点，再没有希望进一步深造。"①此外，由于缺乏统一的认证标准，学生完成学业的唯一标准是获得学校颁发的文凭，毕业证书与通行的职业认证之间缺乏衔接。因此，将实际职业技能转换成学分，进入大学继续深造，这对于职业院校的学生来说具有很大的难度。目前，随着个体自我发展和教育改革的深入，建立职前教育与职后教育、中等教育与高等教育、职业教育与普通教育相衔接的"立交桥"及学分互认制度已迫在眉睫，澳大利亚TAFE为我国解决这一问题提供了一定的借鉴作用。

三、适应国际形势发展变化，开发国外教育市场

澳大利亚职业教育发达，但其国内人口较少，TAFE学院的发展受到限制。近年来，澳大利亚政府将发展的眼光投向海外，利用自身优势，支持与国外学校进行合作办学。澳大利亚TAFE学院开展国际交流与合作活动通常采用两种模式：一是与周边国家合作办学，如为泰国、新加坡、中国、英国等提供专业教师培训或语言教师培训；二是大量吸收海外学生到TAFE学院学习和进修。教育输出每年为澳大利亚直接带来超过30亿澳元的外汇收入，是历届澳大利亚联邦政府和州政府致力发展的产业。

职业教育担负着为社会各行各业培养劳动力的重任，它的发展与经济和社会发展息息相关。目前，我国的教育市场尚未完全开发，还有很大的发展空间。经济的发展，使城乡居民生活水平不断提高，尤其是沿海地区，物质生活的富足为他们追求更好更高的教育奠定了基础。同时，随着经济全球化的发展，国外的教育产业不断进入国内教育市场。这为发展我国的高职教育提供了一定的契机，但同时也带来了一定的挑战。在生源总量有限的前提下，我们应该借鉴澳大利亚TAFE的经验，积极开展国际合作与交流，选择一些具有特色的学科和专业，采取多种办学形式，吸引海外学生来我国留学，一方面可以发展我国的高等职业教育，另一方面也可以弘扬我国优良的文化传统。

四、更新教育质量观，准确定位高职教育

在我国传统教育观念中，长期以来将对理论知识的掌握作为衡量学生水平的尺度，这对培养技能型人才的高职教育来说，具有很大的片面性。高职院校与普通大学在培养人才方面各司其职，高职院校主要使受教育者掌握一定的技术技能后就业，其学习内容以应用性为主，而普通大学以培养研究型人才为主，学习内容以学科研究为主。澳大利亚TAFE模式的基本思

---

① 郝克明等：《当代中国教育结构体系研究》，广东教育出版社2001年版，第13页。

想以能力为本位,明确自身定位,根据产业的需要和科技发展,主要培养实用型的职业技术人才。为满足社会经济现实和未来发展的需求,TAFE 设置的专业和课程都与行业需求紧密结合。从整个 TAFE 的教育与培训机构来看,其岗位证书培训占了三分之二以上的比例。

在我国"官本位"传统文化的影响下,现阶段我国的高职教育,还未完全摆脱"唯知识"的质量观,注重学历教育,评价学生水平的尺度也依然以理论知识反映的成绩来衡量。这种教育质量观的导向对于培养技术型人才的高职教育来说是不正确的。教育部文件多次强调高职教育要"大力培养高素质的技能型人才特别是高级技能人才",将其定位在"主要培养高级技能人才"。因此,我国高职教育应借鉴 TAFE 的经验,采取多元化的办学理念,突破学历教育的局限,开办多形式多层次的教育模式,以技术应用能力大小和劳动技能高低作为衡量人才质量的标准。从而既服务了社会与企业,又为高职教育注入了新的生命力。同时,建立职业资格证书,将会有力地推动这种趋势的发展,"同时还应借鉴澳大利亚,实行就业准入制度,凡属于国家和省级规定实行就业准入控制的职业(工种),必须从取得相应职业学校学历证书或职业培训合格证书并获得相应职业资格证书的人员中录取"[1]。

目前,在我国社会经济发展中,技术型人才的断层和短缺已成为比较严重的问题。澳大利亚 TAFE 作为公立职业教育的培训机构,满足各类群体的需求,将教育培训与社会经济发展紧密结合,被认为是世界上最先进、最具代表性的职业教育成功模式之一,并已成为澳大利亚职业教育与培训的代名词,其在人才培养模式方面进行的有效探索值得我国职业教育学习和借鉴。

---

[1] 张婧:《澳大利亚 TAFE 优势与我国职业教育的发展》,《北方经贸》,2004 年第 7 期。

第五章 英国 BTEC 职业教育模式

英国是世界上最早实现工业化的国家,但又保留着较多的文化传统。经过漫长的历史积淀,绅士文化成为英国的主流文化。接受精英教育、培养具有"绅士风度"的通才是英国社会普遍的价值取向,并对英国的职业教育产生了一定的影响。但近代以来,随着它在国际上经济强国地位的丧失,英国摆脱了传统绅士文化对经济发展的羁绊,努力寻求适应社会需求的人才培养模式,BTEC(Business and Technology Education Council,简称 BTEC)即英国商业与技术教育委员会,其职业教育模式是当今世界上比较成功的职业教育模式之一。BTEC 职业教育模式能在英国和世界多个国家和地区成功运行,具有培养目标明确、教学理念先进、质量监控完备、考评方式独特等特征。

第一节 英国职业技术教育发展历程

一、第二次世界大战前英国职业技术教育的产生和发展

1. 行会制度的形成与职业技术教育的萌芽

英国的行会制度大致起源于 11 世纪末,到 12 世纪,一些手工业行会组织开始由纯粹的宗教性、社交性团体发展成为对内保障行会成员经营机会均等,对外采取垄断政策的职能机构,并开始组织和监督行会内部徒工的职业训练。这可以看作是英国实施职业技术教育的开始。

中世纪的行会组织中,通常是徒弟、工匠和师傅构成劳动组织,三者之间长少有序。英国的行会中,一般师傅每次指导一个徒弟,经过约长达 7 年的见习,徒弟才可转为工匠。在学徒期间,徒弟住在师傅家里并支付学费,师傅边向徒弟传授技艺边使用他们进行劳作,徒弟满师转为工匠后,仍住师傅家从事手工业劳动,师傅也依然对工匠传授经验以提高技艺。一般情况下,师傅会让工匠外出游历以增加见识提高水平,游历结束后,工匠提交自己独立制作的得意作品,得到师傅认可之后才能晋升为师傅。

从 12 世纪至 16 世纪中叶,英国一直采用这种制度对徒工进行职业和技术训练,这种行会组织实施的制度,直到《工匠、徒弟法》颁布后才取消。

2. 产业革命的兴起与职业技术教育的发展

(1)《工匠、徒弟法》的颁布

15世纪中叶,英国的封建制度中产生了资本主义的萌芽,资本家为建立资本主义的手工业工场,开始排除封建行会的种种限制以控制分散的劳动力。在资本主义经营方式的冲击下,行会面临崩溃的危机,学徒制也随之瓦解。不受学徒合同约束的劳动时有发生,为了便于学徒制度在行会崩溃的趋势下得以生存,英国采取了国家监督学徒制的政策。1567年,女王伊丽莎白一世颁布了《工匠、徒弟法》,对学徒制进行了统一规定。

该法主要内容包括学徒年限一律为7年;只有学徒的保护人拥有财产的情况下才允许其孩子当学徒;允许师傅每带3个徒弟可雇佣一个工匠;只有城市居民才有权招收徒弟,只有不是工人和农民的城市自由民子弟才有资格当徒弟。该法解决了原学徒制中存在的一些问题,也防止家庭手工业和跨城市产业的发展,从而鼓励农业,振兴经济,提高生产水平,是在行会崩溃之后由国家取代行会以使学徒制继续存在下去的必要措施。①

(2)济贫性质的职业技术教育的兴起

此时,除学徒制外,在英国还出现了专为贫苦儿童实施的、带有济贫性质的职业技术教育,这是试图将职业技术教育纳入学校教育的实践,主要有产业学校、劳作学校(劳动学校)等。这类学校主要招收贫苦儿童,开设纺织、裁缝等手工业课程。其中劳作学校一般附设于羊毛工厂,儿童在这里边劳作边接受简单的技术训练和宗教灌输。产业革命发生后,英国普遍出现了这种以贫苦儿童为对象的职业技术教育学校。劳作学校的建立和发展,为职业技术教育在学校机构的实施,发挥了积极的作用。

(3)"机械工人讲习所"的兴衰和《工匠、徒弟法》的废除

18到19世纪,英国兴起了产业革命,加快了学徒制的崩溃,机器大工业生产逐渐取代手工业生产。并且由于机器的运用,对妇女和儿童这样的低工资劳动的需求也迅速增加。此时的学徒其实已经成为被剥削的廉价童工,雇主要求占有童工的欲望及机器大生产后新工艺易于掌握的事实,使7年制的学徒制失去了市场。这些原因导致了1814年的《工匠、徒弟法》的最终废除。

产业革命在加速学徒制崩溃的同时,催生了"机械工人讲习所"的诞生,它是由中产阶级主动并自发组织、向技术工人讲授能应用于其职业的各种

---

① 石伟平:《比较职业技术教育》,华东师范大学出版社2001年版,第33—34。

科学知识和原理的场所。机械工人讲习所聘请大学教授来开设科学讲座,具有成人教育的性质,深受白领工人欢迎。但由于当时初等教育还不完善,工人的文化水平低和教师的缺乏,讲习所不断衰落。到1850年后,许多讲习所转为工业学校。

3. 霸主地位的丧失与职业教育的加强

19世纪下半叶,英国世界霸主的地位开始动摇,虽然当时英国的经济继续发展,但欧洲其他国家的发展速度已经远远超过了英国。1851年的国际博览会,法国等国家的技术给英国很大的打击,而德国、美国等因重视职业教育和产业培训而导致科技发达与经济繁荣的事实,使英国清醒地意识到普及初等教育和职业技术教育的重要性。为振兴经济,英国上下重视职业技术教育的发展。

1852年,英国政府成立了"皇家工艺学会",为加强对职业技术教育的管理,1853年又成立"科学工艺部"负责建立全国性的有关职业技术学科的考试制度。19世纪70年代,美国、德国已经成为英国最强大的经济竞争对手。为了比较英国和欧美其他国家的职业技术教育制度,1881年,政府任命以塞缪尔森为首的"皇家技术教育委员会",考察本国和欧洲其他国家的职业技术教育。1884年,委员会发表了根据考察结果写成的《塞缪尔森报告》,阐述了英国和其他欧洲国家的职业技术教育,并提出了一些建议:初等学校应开设金加工和木加工的制图课;应开设科学工艺班,由国民教育局和地方团体管理;在培养师资的大学里大量增设科学技术课;在地方中等学校里应大量增设科学技术教育课程。

根据《塞缪尔森报告》的建议,1886年英国成立了"全国促进技术教育和中等教育协会",以促进技术教育的法律化和向地方团体以及有关机构传递技术教育的情况。在此影响下,1890年通过了英国第一部《技术教育法》。该法律的颁布推动了英国职业技术教育的发展。

4. 20世纪初的职业技术教育

19世纪末,美国和德国经济与科技快速发展,并超过英国,这种竞争局面刺激了20世纪初英国国民教育的发展。1902年,英国政府颁布《新教育法》,决定设立"地方教育当局",主管初等教育、中等教育和技术教育。但新设立的各地方教育当局忽视职业教育,将重点转移到建立和完善中等教育,以传统的、重视学术的文法中学为样本统一中等教育。1940年制定《中等学校章程》,使中等教育得到较大的充实和发展,但由于人们将中等教育视为进入大学的阶梯,原有的实用性、职业性课程反而被排挤出了普通中学之外。此后,英国的职业技术教育缓慢地发展。

5. 国家资格证书制度的施行

19世纪后半期,英国开始根据科学工艺署和伦敦市区成人教育协会等机构实施的考试来确定技术水准,考试对象是那些隶属于它们的职业技术教育机构的毕业生。20世纪后,中等教育的改组即技术学院的发展,参加此类考试的人数明显减少。1911年,地方教育当局停止了这种初级的职业技术教育考试,进而又废止了除奖学金外的所有考试。伦敦市区成人教育协会也在1918年终止了它举办的考试。

1921年4月,英国中央一级的教育主管部门"教育署"与一些专业团体(如工业技术人员协会)协作,共同建立了一套较为系统的技术人员证书制度。这种新的证书考试具有国家的性质,并具有一定的标准。考试合格者授予国家证书或国家文凭,作为进入某行业或专业的资格。国家证书分为"普通"和"高级"两种,"普通国家证书"一般授予学完3年技术学院部分时间制的课程者,"高级国家证书"则授予前者继续学完2年部分时间制专修的课程者。与此相应的国家文凭,也分"普通"和"高级"两种,主要授予那些学完2年或3年全日制课程的技术学院毕业生。

这种国家资格的证书制度一经建立,很快被许多行业或专业团体采纳。1922—1931年间,采用此证书制度的专业团体有：化学协会、电力工艺协会、煤气工艺协会、造船工艺协会、纺织协会、建筑协会等。1931年当年获得"普通"和"高级"国家证书的人数就达到2792人;1939年当年,这类证书的获得者人数已多达5330人。①

国家资格证书制度的建立促进了英国高等职业技术教育的发展,大大提高了职业技术教育的地位,为后来国家职业资格证书体系的建立奠定了基础。

二、第二次世界大战后英国职业技术教育的发展与变革

第二次世界大战改变了世界的格局,也加速各国经济发展的差距。英国虽然是战胜国之一,但战争给英国带来了重大损失,经济濒于破产的边缘,昔日经济强国的地位已不复存在。英国著名比较教育家埃德蒙·金曾这样论述:"两次世界大战的惊人消耗以及后来所负的债务使得英国一贫如洗。为了偿付战债,海外巨额投资也落入别国的腰包。从前的附属国的解放,海外竞争性的现代工业的崛起,以及技术革新和军事实力中心的转

---

① 顾明远、梁忠义：《世界教育大系·职业技术教育》,吉林教育出版社2000年版,第45页。

移,使得英国有一阵子看上去像一个解甲归来而囊空如洗的武士一样。"①为恢复经济,振兴科技,重组战后社会民主生活,教育成了重要的突破口,而发展和加强职业技术教育也是其中重要的举措。

1. 1944年《教育法》的颁布及职业技术教育法律地位的确立

美国著名教育家艾萨克·康德尔曾指出:"英国教育总是在社会或政治发生危机的时刻取得最大的进展。"②第二次世界大战加速了英国的相对衰落,1944年,在第二次世界大战接近尾声时,为重建战后教育,以丘吉尔为首的联合政府颁布了《1944年教育法》,也即著名的《巴特勒法案》,该法以法律的形式确定了职业技术教育在中等教育和继续教育中的地位,规定英国普通学校体系改成连续发展的三个阶段(初等教育、中等教育和继续教育),并把5~15岁定为义务教育阶段。将中等教育机构分为"文法中学""技术中学""现代中学"三种类型。其中文法中学(学生年龄为11~16岁或18岁)注重学术知识,为升学做准备,技术中学(学生年龄为11~16岁或18岁)主要进行技术教育,现代中学(学生年龄为11~15岁)教授实用性的知识和一般性的技能训练,为学生走向生活做准备。而儿童进入哪类学校,则由国家规定的"11岁考试"决定,学生的学业成绩和智力测验结果是决定其分流的依据。同时,该法规定,继续教育向那些结束义务教育但未能升学的青少年以全日制或部分时间制的形式,提供体格上或职业上的各种训练,并提供实用性的知识或其他所需教育。

《1944年教育法》对英国职业技术教育的发展具有重大的意义,在其影响下,政府最终把技术中学纳入公共教育体系,建立了较为全面的面向所有年轻人的中等教育体制,实现了第二次世界大战前提出的"人人享受中等教育"的目标。英国著名教育家邓特指出,"它也许构成了英国教育史上所取得的最重要的和最有意义的一个进展",也是"英格兰和威尔士在后来二十五年时间内教育空前大发展的序曲"③。

---

① 埃德蒙·金著,王承绪译:《别国的学校和我们的学校——今日比较教育》,人民教育出版社2001年版,第199页。
② 艾萨克·康德尔,王承绪译:《教育的新时代——比较研究》,人民教育出版社2001年版,第64页。
③ 邓特著,杭州大学教育系外国教育研究室译:《英国教育》,浙江教育出版社1987年版,第22页。

2.《帕西报告》与产学合作管理体制的提出和实施

1945年,英国发表了《帕西报告》,该报告指出了英国所面临的科学技术教育问题的严重性,认为由于国家缺乏发展科学技术的有效措施和方法,以及产业界和教育界之间缺乏相互联系与协作,使英国受过高等专业技术教育的人才严重匮乏,导致国家经济的落后。

该报告同时提出了有效的建议,主张将几所基础良好的技术学院改成高等工程技术学院,开设具有学位水准的全日制技术课程;扩大技术学院的职能,使其面向本地区产业经济发展的需求。尤其是主张设置地区性和全国性职业技术教育协作与协调机构,以加强产业界与教育界之间的联系和合作。

1984年,根据《帕西报告》的建议,创立了"全国工商业教育咨询委员会"和10个地区继续教育咨询委员会,以协调全国和各地区职业技术教育的发展。地方教育当局、继续教育机构、企业界雇主和雇员的代表组成了咨询委员会,这为以后英国BTEC职业教育模式的发展奠定了基础。

3. 1956年《技术教育白皮书》的颁发及其对高级技术教育的影响

20世纪50年代中后期,英国的经济虽然缓慢发展,但与其他发达国家相比存在很大的差距。1955—1960年,英国工业产量的年平均增长率仅为2.5%,而同期的法国、德国、意大利、日本分别为4.8%、6.4%、5.4%和9%。对此,英国上下都感到忧虑。[①] 此时,要求加强科学、技术教育的报告和白皮书层出不穷,但因为英国传统精英文化的影响,加之缺乏具体有力的措施,英国在20世纪50年代中期缺乏技术人才的状况并没有改变。1956年,政府颁发了战后英国职业技术教育发展史上具有重大影响的《技术教育白皮书》。

该白皮书指出今后必须继续扩大科学技术人才的培养量,主张为实现高级技术人才倍增计划,课程形式上应采取全日制与部分时间制相结合的方针,在重点发展技术学院工读交替制课程(即三明治高级技术课程)的同时,继续发展各类机构中的部分时间制高级技术课程,作为全日制课程的必要补充。

1956年白皮书的实施推进了英国职业技术教育的发展,并促进了英国

---

① 翟海魂:《发达国家职业技术教育历史演进》,上海世纪出版社股份有限公司2008年版,第176页。

比较完善的职业技术教育体系的形成。①

4. 1964年《工业训练法》的颁布与国家的干预

第二次世界大战后的英国,振兴与发展经济所需的各级技术人员严重缺乏,各届政府改变了过去对教育放任自由的态度,积极采取有效措施,加强大学与继续教育阶段的高级科学技术教育和初级科学技术教育。20世纪50年代开始,英国政府开始加强企业内的产业训练并使之提上法律化的日程。

1962年,英国政府发表《工业训练》的白皮书,指出熟练劳动力的缺乏已经成为阻碍战后经济发展的重要因素。为了统一英国的产业训练标准,调动各企业参与和发展职工职业技术训练的积极性,加强英国的产业训练,白皮书指出要改革现行体制,强调开展政府、工业部门和教育部门之间的合作,将职业技术教育与工业训练结合起来。1964年3月,《工业训练法》颁布实施,该法授权劳动部长设立由雇主、工会成员以及教育和科学部派出的人员组成工业训练委员会,以保证产业界和教育界之间的沟通与合作。

5. 综合中学的兴起与技术中学的衰落

20世纪60年代以后,英国经济有了一定的增长,国民经济收入增多,人们的教育观念发生了改变,要求接受更加完全的中等教育呼声不断。而1957年全国教育研究基金会的一项调查显示,当时的选择性考试存在12%的误差,也即"11岁考试"让7万多儿童做出了错误选择。"11岁考试"是当时中等教育"三轨制"的分化依据,仅凭一次考试就决定终身,这使人们对当时三类学校的必要性和合理性产生了动摇,并引发了英国教育的又一次改革。

从20世纪50年代开始,用"人人有受综合教育的机会"来取代"人人有受教育的机会",用综合中学的模式来代替"三轨制"的呼声日高。1965年7月,英国,国务大臣克罗斯兰发布10号通令,要求各地方教育当局在一年之内制订综合改组计划。到80年代初,中学的综合化改组基本完成。

这次改组的直接结果就是综合中学的蓬勃发展和技术中学、现代中学的日益衰退。20世纪70年代,三类学校的比例严重失衡,其中综合中学学生占中等学校学生总数的82%,现代中学的学生占7%,而技术中学的学生占比不足0.5%。② 英国政府本意是通过在综合中学中增加技术类课程来

---

① 石伟平:《比较职业技术教育》,华东师范大学出版社2001年版,第35–46页。

② Brain Simon. Education and the Social Order 1940—1990. London: Lawrence and Wishart, 1991, P. 158.

解决中级技术人才培养的问题,但此时的综合中学主要以学术导向课程为主,职业技术教育课程被忽视。综合中学虽然名义上是升学与就业兼顾,但实际上成了文法中学的翻版,此时,学术教育普遍得到重视,职业技术教育被冷落。企业界批评学校未能为学生做好工作领域的准备,而绝大多数雇主,尤其是工业部门的雇主,也认为英国教育制度中长期存在的精英教育导致英国的产业和经济落后于其他工业国家。

5. 20世纪80年代以来英国职业技术教育的改革和发展

20世纪80年代以来,世界经济快速发展,经济全球化过程开始,此时各国都普遍关注和重视职业技术教育。为适应经济全球化要求,缓解国内经济和社会矛盾,全面提高劳动者素质,从而提高国家的综合竞争力,包括英国在内的各发达国家加快了职业技术教育的改革和发展。同时,由于终身教育思潮的快速传播,也促进了职业技术教育的发展。此时的英国,也反思了传统教育存在的问题与面临的挑战,积极进行职业技术教育的改革,其重要的一点就是形成了BTEC职教模式。

第二节　英国BTEC职业教育模式的产生和内涵

一、英国BTEC职业教育模式产生的背景

1. 经济因素的影响

英国是世界上第一个工业化的国家,18世纪下半叶和19世纪上半叶,英国几乎各个产业部门都发生了深刻的技术变革。到19世纪中期,英国已经成为工业化的国家,工业已成为国家的命脉。1780年英国的铁产量不如法国,1848年已超过世界上所有国家的总和。它的煤占世界总量的2/3,棉布占世界总量的1/2以上。1801至1851年英国国民生产总值增长125.6%。工业革命使英国的经济结构发生了重大改变,农业在国民经济中的比重急剧下降,工商业的比重迅速上升。农业占国民经济的比重从工业革命前的40%下降到1851年的20.3%,1901年降至6.1%;制造业、矿业和建筑业占国民经济的比重从工业革命前的21%上升到1851年的34.3%,1901年达到40.2%;商业、交通运输和海外收入占国民经济的比重从1801年的17.4%上升为1851年的20.7%,1901年达到29.8%。[①] 此时,英国统

---

① Phyllis Deane and W. A. Cole, British Economic Growth, 1688—1959, Cambridge University Press,1964,P.291-292.

治的领土分布全球,成为当时世界上最强大的国家。

19世纪下半叶,虽然英国的经济仍然蓬勃发展,但欧洲其他国家的迅速崛起,严重动摇了英国世界霸主的地位。尤其是德国和美国依托发达的职业教育和产业培训,科技发达,经济繁荣,成为英国最强的经济竞争对手,英国在资本主义世界的工业垄断地位已不复存在。两次世界大战,虽然英国都是战胜国,但战争给英国带来了重大的损失,经济发展缓慢。

20世纪70年代以来,欧洲爆发了以石油为导火线的经济危机,使英国经济进一步陷入困境。经济的衰败,导致失业人口尤其是失业的青年人数激增。1972年,英国16～17岁失业人口占总失业人口的5.4%,1977年上升到9%。① 青年失业率的上升,与他们没有接受职业技术教育、缺乏生产和工作技能紧密相关。英国政府在70年代中期做过统计,在70万中学毕业生中,有40%的学生没有接受任何职业技术教育便走上工作岗位,即便是经过培训参加工作的学生,其培训期也只有8周,而且培训内容往往局限于一些传统过时的技术。虽然政府一再要求继续教育加强职业技术教育,但由于学院与企业之间缺乏交流和沟通,加之课程收费较高,许多青年宁愿从事一些非技术性的工作以维持生活,也不愿去参加职业培训。②

2. 政治因素的影响

英国社会就其本质而言是一个贵族社会,贵族作为一个社会阶层,给英国社会、政治、经济、文化和教育等烙上了深深的印记。③ 从近代开始,随着工业化和中产阶级的兴起,贵族的权力有所削弱,但直到20世纪初期他们依然控制着英国社会。美国学者格尔哈特·伦斯基指出,贵族是一个可变的概念,"在不同的社会,在不同的地区都有十分不同的含义。共同的一个特征是贵族是和一个法定的特权相联系"④。贵族具有公认的政治、经济和社会特权,几乎垄断了某些特殊官职的优先权。18世纪英国政府的重要官职也多由贵族担任。⑤ 此外,贵族还具有许多法律豁免权,英国贵族的许多

---

① 日本世界教育史研究会编,李永连等译:《六国技术教育史》,教育科学出版社1984年版,第184页。
② 翟海魂:《发达国家职业技术教育历史演进》,上海世纪出版社股份有限公司2008年版,第193页。
③ 易红郡:《英国教育的文化阐释》,华东师范大学出版社2012年出版,第14页。
④ 格尔哈特·伦斯基著,关信平等译:《权力与特权:社会分层的理论》,浙江人民出版社1988年版,第303页。
⑤ John Cannon, Aristocratic Century: The Peerage of Eighteenth Century England, Cambridge University Press, 1984, P. 117－118。

司法特权直到 19 世纪才被废除。

贵族特权还表现在对财富的垄断方面。19 世纪初英国年度总收入增加到 2.1 亿英镑,其中 287 名上院贵族的总收入约 230 万英镑,在国民收入中的总份额基本未变,每户年均收入达 8000 英镑。① 此外,英国贵族还享有教育特权。②

英国社会这种阶层贵族与平民的分化一直延续下来,直到 20 世纪六七十年代,英国社会分层依然很严重。20 世纪 50 年代后,要求民主平等的呼声日高,而消除社会不平等的前提是提供平等的教育机会,也即必须改革现行的教育制度——双轨制,建立一体化的教育体系。随着国际竞争的加剧和国内经济发展的需求,英国越来越意识到教育尤其是职业教育的经济功能,对职业教育在英国教育系统的地位和对双轨制的反思都要求建构一个立足于现代社会的全新的职业教育体系。

3. 文化因素的影响

英国是世界上最早实现工业化和实行政治变革的国家。长期以来,英国的工业产品和经济发展水平一直处于世界领先位置。但 19 世纪开始,英国逐渐丧失其在世界工业发展中的霸主地位。尤其是第二次世界大战结束后,当欧洲其他国家都走上经济发展快车道的时候,英国却缓步不前,深受通货膨胀、财政赤字、高失业率等诸多社会问题的困扰。探究其经济衰败背后的原因,不难发现英国的绅士文化传统与其有着紧密的联系。即便在英国本土,人们也经常拿教育说事,把第二次世界大战后英国社会经济发展一直没有太大起色归根于不过硬的职业培训。为何如此?可以肯定地说,它源自于这个民族的特征、政治环境和文化模式以及这个民族与世界之林的关系。③

当人们提及英伦臣民,不免会想到"绅士"二字,用它来概括这个民族的特征和精神气质。④ 绅士文化是英吉利民族在长期发展过程中形成的,它以贵族精神为基础,融合了新兴资产阶层的文化价值观念,其中绅士风度是英国文化的外在表现形式,是英国人的价值取向和努力方向。

绅士文化也深深地影响着英国的经济、社会和教育等领域,而英国绅士文化对于教育的影响,很大程度上决定了英国对教育的选择,尤其是高等教

---

① John Cannon, Aristocratic Century: The Peerage of Eighteenth Century England, Cambridge University Press, 1984, P. 130.
② 腾大春:《外国教育史和外国教育》,河北大学出版社 1998 年版,第 283 页。
③ 姜大源:《当代世界职业教育发展趋势研究》,电子工业出版社 2012 年版,第 227 页。
④ 姜大源:《当代世界职业教育发展趋势研究》,电子工业出版社 2012 年版,第 227 页。

育的招生对象、培养目标与课程设置。

受传统绅士文化的影响,英国推崇精英教育,一直到19世纪初,英国中等教育的主流教育理念还是培养进入上层社会的绅士,古典学科占绝对优势,甚至没有技术教育的立足之地。而且,英国的高等教育也将招生对象限于贵族、牧师、医生等中上阶层,甚至将新兴的资产阶级也排斥在外。在课程设置上,拉丁语、文学、神学等成为大学的主要课程,工业和技术需求被边缘化,完全忽略了产业革命后社会发展对技术教育的需求。

英国一直有着推崇自由主义的传统,19世纪中叶以前,英国政府对教育采取了放任自由的政策,禁止国家以任何形式干涉教育,这在一定程度上影响了英国职业技术教育的产生和发展。同时,在绅士文化的熏陶下,英国的各级教育,都将知识渊博、举止优雅、谈吐不凡的绅士作为人才培养目标,对技术教育抱有天生的歧视与偏见,并自然而然地在人文和科技之间划出一道不可逾越的鸿沟。而此时的英国社会,由于工业革命的发生,对能够熟练操作机器的技术工人需求量增加,在欧洲其他国家的职业学校如雨后春笋般地出现,并积极培养适应产业革命发展的技术人才,促进产业经济发展的同时,英国职业教育的严重失衡和职业教育水平的落后,使其缺乏足够合格的技术工人和产业人才,造成了英国后来经济水平和整体实力的严重下滑。而英国贵族精神因循守旧的特点,使得机器时代对英国传统学徒制的改革不尽彻底,一直到19世纪末,劳动力市场上的绝大多数都是由师傅带徒弟的这种典型的学徒制培养出来的技术工人。[1]

英国传统文化对经济的影响一直延续到第二次世界大战后,在1948至1979年的31年间,英国国内生产总值年均增长率仅为2.5%,远远低于日本、德国、法国和美国等国,在资本主义世界工业生产中的比重由1948年的10.2%降至1978年的4.3%。[2] 因此有专家指出,英国长期绅士教育所培养的绅士,其博雅、勇敢、对国家的责任感、对自由的爱好、不屈从强权等品质是值得称赞的,但其保守的一面却又令人叹息。[3] 也有学者指出,英国相比其他欧洲国家对职业教育与培训较为轻视,这种轻视引发了很多困惑与愤怒,也影响到劳动者自身。英国技能熟练的木匠或工程师无法享有其同

---

[1] 张京:《18—19世纪英国职业技术教育发展问题及对策研究》,西南大学2014年硕士学位论文,第27页。
[2] 施倞:《80年代的英国经济》,《欧洲研究》,1989年第1期。
[3] 钱乘旦、陈晓律:《在传统与变革之间——英国文化模式溯源》,浙江人民出版社1996年,第286页。

行在德国或斯堪的纳维亚等国所享有的社会地位。①

综上所述,19世纪中期前,英国的主流教育理念依然只注重培养人的道德和心智,职业技术教育一直处于停滞不前的状态。19世纪后期,欧洲大陆迅速把握时机发展职业技术教育,培养了大批成熟的技术工人,促进了经济的快速崛起。为恢复昔日"日不落"帝国的辉煌,更为了促进经济领先,英国摆脱了绅士文化传统的羁绊,将教育与国内外经济、技术发展相联系,重构教育价值理念,重视职业技术教育的发展。1881年,英国成立了"皇家技术教育委员会",主要从事研究其他国家的职业教育情况,包括英国本国的工业发展状况,并在其后颁布了《技术教育法》,学校也积极进行有利于职业技术教育发展的各项改革,打破了古典人文主义教育一统天下的格局,促进了英国职业技术教育的发展,为英国社会发展培养了大量优秀的产业人才,使英国能够在后来的发展中迎头赶上。而在不断地探索和实践中,英国形成和完善了BTEC职业教育模式,并得以在全世界130多个国家和地区推广和实施。

二、英国BTEC的产生和内涵

BTEC是英国著名的职业资格授予机构之一,其全称为英国商业与技术教育委员会,成立于1986年,BTEC也可以作为该机构颁发的职业资格的简称,由英国两大职业评估机构BEC(商业教育委员会)和TEC(技术教育委员会)合并而成。1967年,英国成立了"全国工商业咨询委员会",继而在该委员会的建议下,在工商界分别成立了"技术教育委员会"(TEC)和"商业教育委员会"(BEC),来规划、管理和检查为工商界技术员提供的全国统一的技术教育课程。TEC和BEC作为英国两个独立而又相互关联的职业教育机构,在英国的职业教育中发挥了重要作用。TEC是课程审批与证书授予机构,而不是考试机构,其主要职能为确立标准,审批课程,颁发证书,全面推动英国技术员教育的发展。TEC实行委员会制,人员具有广泛代表性,活动涉及技术员教育的各个领域,其授予的资格有:普通证书、普通文凭、高级证书和高级文凭。BEC具有与TEC相似的职能,针对就职于商业和公共管理部门的人员,负责给他们规划、管理和检查全国统一的非学位课程及其实施,负责所有水平的商业教育的管理。BEC的人员主要由教育界和商业界的代表组成,下设"教育委员会""财政和一般目标委员会""就业后委

---

① 琳达·克拉克、克里斯托弗·温奇主编,翟海魂译:《职业教育:国际策略、发展与制度》,外语教学与研究出版社2011年版,第3页。

员会"。BEC 授予的资格有：BEC 普通证书和文凭、BEC 国家证书和文凭、BEC 高级国家证书和文凭。多年来,TEC 和 BEC 为英国工商业培养了大批技术人才。据统计,截至 1983 年年底,学习 TEC 课程的学生总数达 27 万人,学习 BEC 课程的学生总数达 18 万人。

  1983 年,在社会各界的支持下,英国政府开始着手将 TEC 和 BEC 组合成一个国家证书颁发机构。1986 年,英国正式将商业教育委员会(BEC)和技术教育委员会(TEC)两大职业评估机构合并为商业与技术教育委员会(BTEC)。新成立的 BTEC 在课程、考试和评估方面侧重于职业与专业的教育培养,其课程的设计是为了满足个体的不同需求。而开设 BTEC 课程的学校必须具备以下条件：是一所能保证 BTEC 课程正常运转的教育机构；有适合开设专业课程(包括实地实习和工作)的设备与场地,并保证这些设备的正常运转与更新；所有授课教师具有用英语讲授专业课的能力；有良好的生源；市场对毕业生有需求。①

  为进一步增强 BTEC 职业教育的权威性,实现职业教育与普通教育相融,英国政府于 1996 年将两大考试与评估机构——BTEC(商业与技术教育委员会)与 ULEAC(伦敦大学考试与评估委员会)合并成立英国第一家学术和职业资格颁证机构——英国爱德思教育基金会(Edexcel Foundation)。BTEC 资格证书也改为由爱德思国家学历及职业资格考试委员会颁发。爱德思是英国教育部授权成立并接受教育部监管的机构,从事学术教育、学历评审以及资格认定等工作。爱德思已成为国际性的教育组织,该机构所颁发的证书使学生在知识、技能和信心等方面都能符合全球化新市场经济所提出的要求与挑战。目前全球有 100 多个国家 57000 所教育机构操作运行爱德思的课程,世界大多数国家认可其所颁发的 BTEC 证书。根据时代的发展以及形势的需要,爱德思于 2003 年 7 月 1 日,与国际知名的佩尔森公司(Pearson)联合组成伦敦资格(London Qualifications)集团,爱德思目前仍沿用 BETC 作为其独家拥有的资格证书品牌。

  目前,英国 BTEC 课程主要分两类,文凭课程(Diploma)和证书课程(Certificate),分为初级(First)、中级(National)和高级(Higher National)三个级别。BTEC 课程共涉及 9 个门类,包括艺术设计类、商务类、建筑类、工程类、健康与保健类、信息技术与计算机类、土地类和乡村发展类、媒体类和旅游类,而专业则多达上千门,涵盖许多实用领域,如设计、商业、护理、电脑、

---

① 黄日强、邓志军：《英国 BTC 职业教育在我国的引进》,《外国教育研究》,2004 年第 5 期。

工程、酒店和餐饮、休闲和旅游等。① BTEC 资格证书可以通过多种学习途径获得,如学校、学院、大学或工作场所等。BTEC(HND)(其中 HND 是英文"Higher National Diploma"的简称)属于高级文凭类的职业资格证书,称"英国国家高等教育文凭"。英国很多大学除了开设大学本科学位教育课程外,还单独开设 BTEC(HND)课程。BTEC(HND)与学位文凭一起被视为"规定的高等教育"(Prescribed Higher Education),这意味着 BTEC 的学生与攻读学位的学生得到了同样的支持。BTEC 毕业生既可以直接就业,也可以继续攻读学士或硕士学位。可以说,BTEC 教育具有普通教育和职业教育的双重特征,其证书既是学历文凭,又是职业技术资格。表 5-1 是英国国家教育体系及 BTEC 的定位。

表 5-1　英国国家教育体系及 BTEC 定位

层次	普通学术类	职业技术教育类	国家职业资格证书类(NVQ)	短期课程
8	博士			BTEC 高等职业技能研修证书、学历证书、文凭
7	硕士及研究生	BTEC 工商管理研究生文凭	5	
6	学士			
5	大专、准学士	BTEC 国家高等教育文凭或证书(BTEC HND)		BTEC 职业技能研修证书、学历证书、文凭
4	高等教育证书		4	
3	A 级教育证书	BTEC 国家教育文凭或证书(BTEC ND)	3	BTEC 单科证书、研修证书、学历证书
2	普通教育证书 A–C 级	BTEC 初级学历证书(BTEC First)	2	
1	普通教育证书 D–G 级	BTEC 预备学历证书(BTEC Introductory)	1	

资料来源:英国爱德思国家职业学历与学术考试机构北亚及大中华区代表处。

---

① 教育部教育发展研究中心 BTEC 项目课题组:《中国消化 BTEC——关于 BTEC 项目实施情况的调研报告》,《职业技术教育》,2004 年第 36 期。

第三节　英国 BTEC 职教模式的实施

一、专业设置

BTEC 职业教育模式中的课程或专业是在国家资格和课程委员会的指导下，根据雇主及就业者的需要制定的。

1. 专业类别

BTEC 职业教育模式中的专业类别主要分为 9 类。

艺术设计类：主要包括平面设计、装潢设计、时装设计、服装裁剪和三维设计等。

商务类：主要包括文秘、管理、金融、财会、市场营销、人力资源管理以及物业管理等。

建筑类：主要包括土木工程和建筑维修等。

工程类：主要包括船舶、海运、汽车、机械、数控、机电一体化和仪器设备制造等。

健康与保健类：主要包括护理、医药、卫生技术、健康咨询、公共卫生管理等。

信息技术与计算机类：主要包括多媒体、电子技术和商务信息技术等。

土地和乡村发展类：主要包括农业和环境科学等。

媒体类：主要包括戏剧和音乐作品等。

旅游类：主要包括接待与餐饮、娱乐休闲与饭店管理等。

2. 专业层次

BTEC 颁发的证书及文凭主要分为 3 个层次。

BTEC 初级职业教育证书及文凭：证书课程是与实际工作环境紧密结合、专门为就业而开设的培训项目。专业包括农业、动物保护、信息工程应用、汽车应用、艺术表演或公共服务等。文凭课程是全日制学习、为期 2 年的课程；证书课程为期 2 年，主要为在职人员设计，可以是半日制或业余学习。

BTEC 中级职业教育证书及文凭：该层次的证书或文凭属于中等职业教育层次。专业领域包括工程、时装设计、音乐、摄影、计算机、商务管理、体育和公共服务等。文凭课程是全日制学习、为期 2 年的课程；证书课程也是为期 2 年，主要为在职人员设计，可以是半日制或业余学习。

BTEC 高级职业教育证书及文凭：该层次的证书或文凭属于高等职业

教育层次。课程涉及面较广,包括设计、商业、医疗保健、计算机、工程学、餐饮服务、休闲和旅游以及其他职业领域。文凭课程是全日制学习、为期2年的课程;证书课程也是为期2~3年,主要为在职人员设计,可以是半日制或业余学习。[①]

二、课程开发

BTEC的上述专业课程必须按照爱德思教育证书机构提供的课程设置基本框架,其特点是模块化,核心课和选修课相结合,通过不同的模块组合形成不同的专业方向。其中,核心课程为学生提供必不可少的基本专业知识,选修课主要提供相关的专业知识。

1. 课程大纲的编写

为了使课程大纲既符合教育教学规律和学生发展的需要,同时又能符合市场发展需要和现场工作的要求,BTEC课程大纲的编写集中了行业专家和课程专家的意见。英国有一批全国性的雇主协会,由其制定各行各业及各类工作岗位的职业资格标准,课程专家根据这些课程标准,将学生需要掌握的知识、技能组成若干课程标准,编写出课程大纲。

由于新技术的不断涌现和应用,雇主协会必须不断修订职业课程标准。而为了使课程大纲能紧跟时代发展,课程专家必须2~3年就修订一次课程大纲。英国爱德思国际教育基金会与各类企业保持着良好的合作关系,企业参与教学实施、学生评定的各个环节,并将其需求变化的信息及时提供给行业协会和学校。在BTEC总部,至少有500名专职的教育专家,为保持课程大纲的先进性,不断地与行业协会进行沟通联系。

课程大纲目标明确,主要以课程目标为主线,细化到学生必须掌握的成果和成果所涵盖的专业能力和通用能力,以及这些能力形成需要的知识、技能等。由于BTEC课程教学是围绕专题进行的,因此,大纲的知识结构是横向展开的,涉及面较广,具有综合性的特点。此外,课程大纲突出学生应该获得成果的描述,以及达到这些成果的标准。学生通过研读大纲,明确自己必须达到的各种专业成果要求,成为学习的指导文件和考核评估的标准。

BTEC课程大纲一般包括课程概述、专业能力成果、教学内容、评估每项专业能力成果的标准、学习指南等部分。其中课程概述部分指出学习此课程的基本思路,介绍课程的基本理念、理论和方法,强调应用其能解决的实际问题。专业能力成果部分明确具体的专业能力培养目标。教学内容部

---

① 邓泽民、张扬群:《现代四大职教模式》,中国铁道出版社2011年版,第166页。

分,以专业能力目标为核心,以职业或岗位知识构成教学内容模块。成果评估标准部分是根据专业能力成果设定的学生应用所学知识解决实际问题的能力水平。学习指南部分一般包括以下五项内容:开发证据,指导学生获得信息资料、开展学习与实践活动,以及对学生学业成就评价;关联性,指出本课程与哪些课程相关联;提示学生通用能力发展的机会;提示学生取得信息资料的方式;建议的阅读资料。

2. 教学文件的编写

除了课程大纲外,BTEC 还有三个重要的教学文件,分别是《学生手册》《教师手册》《内审手册》。其中《学生手册》是学生在 BTEC 模式下学习必备的基本指南,学生可以从中了解所学专业的概况、教学计划、课业及其评估要旨、通用技能内涵、教学评价制度、公平公正政策、申述制度等。《教师手册》是教师在进行 BTEC 教学过程中使用的工作手册,明确教师帮助学生学到的内容及应该为学生提供的学习背景等。《内审手册》是每位内审员在 BTEC 课程教学管理过程中使用的工作手册,由内审会议记录、培训记录、内审活动记录、座谈记录等的积累而汇集形成。

三、课程设置

1. 课程设置标准

BTEC(HND)项目在全球的课程设置是统一的,各专业一般有 16 门课程,包括 8 门核心课程和 8 门选修课程,按专业或专业方向的不同模块进行组合。选修课程模块又由两部分组成,一是体现专业特点的 4 门选修课程,二是 4 门一般选修课程,需要从指定的课程中选择。一般来说,各 BTEC 中心基本按照爱德思设计的课程模块来设置专业课程,但也可在报请英国 BTEC 总部批准的情况下,开设反映本地特色或市场需求的课程。

2. 课程规格标准

BTEC(HND)的每门课程(unit)都要求学习时数为 60 学时,而且每门课程都有表述规范的课程名称、课程分值、课程级别、课程编码、课程描述、课程成果、课程内容介绍、成绩评定标准以及学习指导等。各项目中心在运行管理时必须严格遵守每门课程的规范表述。

四、教学实施

1. 人员构成及分工

BTEC 课程教学的主要管理制度包括爱德思注册、学生服务、学籍管理、教学常规、内部审核、外部审核、人力资源开发管理、产业界联系等。其中 BTEC 教学主要涉及以下人员:协调员,即 BTEC 教学机构与爱德思之间的联系人,通常是 BTEC 课程教学工作的负责人;内审员,即 BTEC 课程教学中的质量监控人员,在 BTEC 教学中具有关键的作用;评估员,即具体担任课程教学工作的教师;教学小组,通常是由担任某一专业课程教学工作的若干教师组成,采用团队合作的方式开展教学。

在 BTEC 教学中,教师也发挥着重要作用,他们必须掌握大纲的目标和任务,设计教学内容,搜集资料,进行课业设计,为学生提供学习背景,创设教学活动等。而学生也必须明确自己主体地位,全面了解学习目标,认清个人的责任,自觉积累学习资料,包括课堂笔记、课业、调查记录、社会实践活动记录等,并结合自己完成的学习情况进行自我评价。在与教师的评价有差异时,学生可对教师所给的考核成绩进行质疑与投诉。

2. 教学组织

在实施教学之前,教师先将课程大纲、课业任务发给学生,使学生全面深入地了解学习本单元课程的目的、任务、专业能力项目、通用能力项目、能力考核标准等。学生通过事先的阅读,可以熟悉本单元的主要内容,明确课程任务,确定学习方法等,从而便于教学的开展。

BTEC 课程教学采用多种多样的教学活动,如课堂讨论、实践实习、社会调查、课业、小组活动、演讲等。尤其是课业(assignment),是 BTEC 教学的主要特色,要求每门课程每学期安排 2~3 个课业,如果科目繁多,也可以将两门或两门以上课程结合起来设计课业。课业没有固定的格式,一般主要包括以下几个方面:

课业题目:所设计课业的名称。

简要说明:涉及的课业内容。

背景介绍:课业实际背景、来源、意义、特点等。

任务内容:课业的具体工作项目、完成形式、基本要求等。

时间要求:完成日期。

评分标准:制定明确的评价标准。

通用能力考核:一般每一个课业确定开发 3~4 项通用能力。

一般来说,课业的设计遵循以下原则:依据大纲设计课业,有利于学生自主创新,为学生提供发展通用能力的机会,课业要紧密结合社会实际和工程实际,课业评价方法明确,标准适当,完成的期限实际可行。课业评价结果一般分为三个等级:通过、良好、优秀,每个等级都有严格的评价标准。

3. 内审与外审

BTEC 教学质量监控机制由内审(internal verification)机制和外审(external verification）机制组成，BTEC 每个项目的运行都要求建立相应的内审小组，设内审组组长一名，内审员若干名。其中内审的主要工作内容包括：制订内审工作计划，为教师的 BTEC 课程教学提供指导，检查教学小组工作，审查教学小组工作，审查教师的课业样本，抽查学生课业，检查教师的教学活动情况，听取并收集学生对学校和教师的意见，做好学生与学校及教师之间的反馈和沟通工作，内审工作报告，等等。

内审标准主要分为课业设计标准和课业评估质量标准。其中课业设计标准包括课业任务覆盖大纲规定的成果，全部课业要覆盖全部成果。首页内容填写完整，规定完成日期。背景真实、描述生动，能激发学生学习热情。确定要发展和评价的通用能力领域及其中 3~5 项成果。难度与证书等级相称，学生经过努力可以获得相应的证据。告诉学生应该提供的证据类型。为学生提供获得优、良、合格的评估机会并且已经明确标出。课业评估质量标准主要包括课业覆盖大纲规定的全部成果。对必须重做的课业有具体指导，便于学生明确改进方向。评语明确指出学生的优点和缺点，有利于学生的进步。查看学生提供的全部学习成果证据，并且有批改。评估通用能力水平。认真执行评估标准，评定等级有依据。首页填写完整，无缺项。

BTEC 模式中，外审由英国 BTEC 总部通过外审员对世界各地 BTEC 项目的运行情况进行审核，以确保 BTEC 项目规范运行的质量保证和监控制度。外审员由英国 BTEC 总部直接派出，均为某一领域的专家，每门专业指定一名外审员，一般每学期外审一次。每个外审员必须跟踪一个专业的学生自入学到毕业的全过程。其主要内容包括检查学校质量评估和监控系统的运行与效果。检查学校制定的有关 BTEC 课程教学的各项规定能否贯彻执行。检查学校内审工作计划的制订和执行情况，要求学校提供年度或学期的内审工作计划和总结。检查学校对新参加 BTEC 课程教学的教师和工作人员有无切实可行的培训。观察培训状况或检阅培训记录。检查从事 BTEC 课程教学的教师配备及教学设施状况，帮助内审工作小组向有关领导反映要求，督促改进。了解各种会议的安排，参加内审员的集体活动及各种讨论会。

外审员要广泛搜集与 BTEC 教学过程、效果有关的资料，包括课程进度表、课业行动计划、教师评定等级的依据、学生自我评价状况、学校自评报告等。在广泛搜集资料的基础上，每学期还应深入课堂观察教学状况，召开任课教师和学生座谈会，进行系统分析，抓住主要内容，帮助学生和内审小组改进工作。外审结果由外审员向 BTEC 总部提交书面报告，经总部审核后再以书面形式通知校方(中心),经总部确认的成绩才有效。如果外审不合格,该中心必须停止招生,甚至被撤销。

五、教学评价

1. 考核形式

BTEC教学中,学生学业成绩考核评价包括课业评价、平时表现评价和能力增长评价等。这三者相互结合,评价结果较为客观公正。

课业评价。课业评价由学生自评、教师评价和相关企业人员评价三部分组成。学生自评是学生根据课业评价标准,自我评定等级,该成绩将为教师评价提供重要参考。教师评价是根据学生课业任务完成的质量,结合学生课业完成时间,修改次数,课业成果的质量及报告的设计、排版等方面,综合评价给出课业成绩。如果课业内容是解决企业相关问题,还要邀请相关企业或有关人员给予评价。综合三者的评价构成学生课业的最终成绩。

平时表现评价。BTEC课程注重对学生平时学习的检查和督促,定期深入了解学生课业的进展情况,定期举行阶段性成果交流,进行小组互查,帮助学生解决实际问题等。每次检查都对学生进行阶段性评价,为评价学生平时成绩提供参考依据。学习记录构成学生平时成绩的主体,是学生课上学习及课后自我管理的具体反映,主要包括听课笔记、课程学习的自我感受、疑难知识点的提出和解决问题的办法,以及对阶段学习的安排与计划,是考评的主要依据。一方面,教师可以通过学习记录了解学生的学习状态,评定学生的学习态度和学习水平;另一方面,通过检查课堂记录的时间安排及自我发展阶段计划,评价学生的自我管理能力。

能力增长评价。能力增长评价主要体现在学生的进步状态,只要学生的课业成绩与上次相比有所进步,或学生完成任务的速度加快、提出问题的难度加深、小组讨论发言积极,都可视为能力增长。

2. 考核方法

BTEC模式中,对学生学业进行考核的方法多种多样,主要有以下几种:

课业考核法:教师认真审阅学生每次提交的课业,定出等级,最后对几次课业进行综合评定,给出该门课程的最终成绩。同时,还随时考核学生的通用能力成果。

课业+笔记+活动记录考核法:以课业成绩为主,同时对学生的笔记、活动记录进行检查,给出一定的成绩,计入总成绩。其主要目的是督促学生日常学习,加强对学生活动真实性的检测。

课业+考试考核法:结合课业成绩和考试成绩,给出最后成绩。主要针对一些理论性、知识性较强的课程。

实验考核法：通过实验的方式，检测学生的动手能力、独立解决问题能力和创造力。

此外，除了教师的考核，学生可以进行自我评价，当师生评价不一致时，学生可利用充分的证据，对教师进行质疑并逐级投诉。①

3. 考核评定标准

BTEC(HND)的每门课程要求学生完成 3～5 个学习成果(outcome)，一般通过 2～4 个课业(assignment)的形式可以完成这些成果。教师通过具体而明确的评估标准对课业进行评估。课程评估分三个等级：优(D，即 Distinction)、良(M，即 Merit)、合格(P，即 Pass)。在 BTEC 课程考核中，没有"不及格"的等级，如果不合格，可以重做(redo)(其课程考核评定标准见表5-2)。教师在设计课业时必须严格遵循这些评估标准，虽然教师可以根据课程和案例的不同变更某些表述，但不得更改核心表述，以确保全世界评估标准的统一性。

表 5-2　BTEC 课程考核评定标准

等级	基本要求
合格	必须完成每门课程所规定的所有学习成果。
良好	在达到及格标准的基础上，还必须做到以下三点：(1)能运用一系列方法与技术收集、分析和处理信息或数据；(2)能够以相关理论和技术，应用和详细分析相关知识与技能；(3)能准确使用有关专业术语，条理清晰地展示和表达各项学习成果。
优秀	在达到良好标准的基础上，还必须做到以下三点：(1)在收集、分析和处理复杂信息或数据时，能核查其有效性；(2)能在评价和综合相关理论与技术的基础上得出和论证有效结论；(3)能流利使用有关专业术语，并以独特方法展示和表达各项成果。

第四节　英国 BTEC 职教模式的特点

BTEC 作为国际上具有一定影响力的职业教育课程模式，除了在英国本土开设外，还在世界上 130 多个国家或地区的 7000 多个中心实施。BTEC 教育模式能成功运行，主要有以下几个特点：

---

① 邓泽民、张扬群：《现代四大职教模式》，中国铁道出版社 2011 年，第 196－198 页。

1. 目标方向明确,突出通用能力的培养

BTEC 培养目标明确,以能力为本位,突出通用能力和专业能力的培养,发展实用型人才。其最大特点是无论哪个领域、哪个级别的标准,都强制性地包含生存性的核心能力,这种核心能力被认为是未来从事一切职业必备的通用能力,即跨专业的、可变的、有助于终身学习的、可发展独立性的能力。根据相关企业的意见,BTEC 将通用能力归纳为 7 类:自我管理和自我发展(Managing and Developing Self)能力;与他人合作共事(Working with and Relating to Others)能力;交往和联系(Communicating)能力;安排任务和解决问题(Managing Tasks and Solving Problems)能力;数字的运用(Applying Numeracy)能力;科技的应用(Applying Technology)能力;设计和创新(Applying Design and Creativity)能力。① 为评价学生的通用能力,BTEC 还对通用能力的 7 个领域提出了 18 项学业成果,包括:自我安排任务和承担责任;尊重他人的价值、信仰和观点;与他人的良好合作与交流;将能力运用于新的领域;用语言和形体参与交流;利用信息资源,发现并解决常规和非常规问题;使用多样性的科技设备和系统;进行多角度思维;等等。专业能力是具体某个职业领域所需的能力,由从事职业活动所需技能及相应的知识构成。随着当前社会经济结构的不断变化,诸多新产品和新技术不断涌现,这就需要劳动者在职业生涯中除拥有一定的专业能力外,还要具备应对岗位变化的可迁移的通用能力。

通用能力作为 BTEC 证书课程的核心课程,虽然不单独开课,但 BTEC 教学过程中始终贯穿着通用能力的培养。与德国双元制及北美 CBE 中的"关键能力"有着高度的一致性,这里的"通用"也绝非仅限于特定专业,而是普适性的,即不管何类职业都应该具备的能力,目的是将学生培养成高素质的技术人才。这样,即使学生就业后面临转岗,也同样具有很强的岗位适应性和竞争力,符合现代经济社会发展的需求。

2. 更新教育理念,充分发挥学生的主导地位

BTEC 课程更新教育理念,充分发挥学生的主导地位,并将这一理念贯彻落实到 BTEC 的整个教学过程中。课程大纲由课程专家根据各行各业的职业资格标准制定,突出对学生通过学习应该获得的成果的描述。而教师的教学也主要围绕这些应该达到的成果。在教学过程中,学生占主导地位,对自己的学习负责,而教师则主要指导和引导学生。要求教师组织的教学

---

① 邓泽民、张扬群:《现代四大职教模式》,中国铁道出版社 2011 年版,第 167 页。

活动形式多样,内容丰富,强调激发学生的主动性和积极性,鼓励学生独立思考,大胆质疑,强调师生交流互动。学生还参与目标制定、评估方法讨论和决定、制定和评估过程等活动,充分发挥学生中心地位的作用。

此外,BTEC学生享有投诉的权利。当学生的自我评价与教师的评价发生差异时,在掌握充分证据的前提下,学生可以质疑教师的评价结果,并逐级投诉。而教师也必须倾听学生的意见,并做好充分的解释和说明。这也从侧面反映了BTEC教育模式中一切以学生为中心的教育理念。

3. 质量监控完备,注意内外审核的结合

传统教学模式中,学校教务处和督导室承担着质量监控的任务,测验、考试、听课评价、期中期末教学检查是他们采用的主要方式。而BTEC则建立起内审和外审相结合的质量审核制度。内审员和外审员各司其职,严格按照要求对相关内容进行审核。内审员由BTEC项目的教师和专职管理人员担任,其工作职责包括:内审工作计划的制订;指导课程教学;教师课业样本的审查;学生课业的抽查;听取师生意见;内审工作报告等。外审员则一般由爱德思指定专家担任,定期对学校、教师和学生的工作进行审查,主要包括检查学校质量评估与监控系统的运行与效果;检查学校制定的有关BTEC课程教学的各项规定能否得到贯彻执行;检查学校内审工作计划的制订和执行情况;检查从事BTEC课程教学的教师配备及教学设施状况等。如果内审员不能履行内审职责,会在外审时暴露出来并且被不予通过。通常爱德思每学期将组织专家对学校、教师和学生进行审查考核,如有不足之处,专家将给予指点,对于最终不能达到标准的学校,将会被取消其办学资格。

BTEC教育模式中内审和外审相结合的制度,监督程序严格规范,既体现了目标管理又体现了过程管理,很大程度上确保了BTEC的教学质量。

4. 教学方法灵活,满足学生个体差异

BTEC课程教学实施过程强调学生为中心,注重学生的个体差异,采用多种多样的教学方法,如课堂讨论、实践实习、社会调查、课业、小组活动等。在课程教学活动中,注重学生的学法,改变传统的以教师为中心的模式,无论是课程教学大纲中规定的课程专业能力、通用能力目标,还是教学时间要求,都以便于学生掌握为主旨。BTEC为将理论知识与实践教学、课内与课外有机结合,采取以学生为中心的"1/3+1/3+1/3"的教学组织形式,即1/3课堂教学,1/3查阅资料,1/3社会实践,涉及学生主动学习的时间占到2/3,充分体现了以学生为中心、以实践为中心,从而有利于拓展学生视野、扩大活动空间,巩固教学效果。

5. 考评方式独特,重视成果形式的多样

BTEC 教学要求每门课程每学期安排 2～3 个课业,学生学业成绩考核评价包括课业评价、平时表现的评价和能力增长的评价。传统教学模式中,考试是评价学生学业水平的唯一方式,而考试成绩也成为唯一可供证明的数据。BTEC 模式考核从学生角度出发,证据成为关键依据,成果作为衡量学习的标准,主要包含专业能力和通用能力。无论哪方面,都需要在日常教学中逐步积累,并成为教师评价学生成绩的依据。一般而言,评价依据的获得有多重途径,如来自社会和学校等第三方的评价;学习总结、自我评价和笔记;还有学习过程中的表现;等等。所有的证据都由学生自己收集整理,并汇编成册,涵盖内容广;可以是个人总结、测验单、教师的书面反馈意见,也可以是实验报告、实习报告、问卷调查、工作记录、计算机文档及软件等。建立汇编不仅可以为学生申报成果和教师评估专业技能和通用能力等级提供基础证据,而且还可以向用人单位展示学生成就及潜能。[①]

这种以课业为主、辅以其他多种考核方式的评价形式,不仅客观全面,而且具有一定的科学性和长效性。它不仅有利于激发学生学习的积极性,而且也便于相关企业对学生进行综合了解。

从上述分析不难看出,虽然 BTEC 的教育理念一定程度上也反映了英国社会的文化价值观念,如注重学生的主体地位,发展学生的思辨能力,打通与普通教育的衔接等,但无论从哪个角度来看,BTEC 都摆脱了传统绅士文化对教育的羁绊,牢牢立足于就业市场,服务地方经济,并吸引企业积极参与,增加实践性教学,努力培养适应企业需求的动手能力强的技术人才,实现了由传统绅士文化向现代科技文化的华丽转变。

第五节　英国 BTEC 职教模式面临的挑战及发展趋势

英国具有深厚悠久的文化传统,BTEC 的教育理念正是基于英国的文化价值观念,认为教育的价值在于使学生通过思考已有的知识,发展理解力、判断力和独创精神。BTEC 的教学实施过程都渗透了以能力为核心的教育理念,改变了传统的以教师为中心,并注重理论知识的做法。但 BTEC 也存在下列不足之处,面对形势的发展变化,BTEC 也面临着新的挑战。

---

① 邓泽民、张扬群:《现代四大职教模式》,中国铁道出版社 2011 年版,第 200 页。

一、英国 BTEC 职教模式的不足之处与面临的挑战

1. 忽视了理论知识的完整性

BTEC 采用模块化的课程结构，各专业的课程称为学习单元，若干学习单元组成不同的模块，不同的模块间可以自由组合。通过一个或若干个模块组成某种岗位的工作规范。虽然 BTEC 的学习单元综合了与此专题相关的知识，学生在完成本单元的课程后，能够运用这些综合知识去解决一些实际问题就算达到了教学目标。但是，目前随着社会发展和产业结构的不断调整，职业与岗位的交叉和分化成为常态，这就需要学生不仅具备精湛的专业技能，更需要宽广的理论知识，从而能解决实际工作中不断出现的新问题和新情况。BTEC 教学模式中，各模块的理论知识虽然具有一定的相关性，但缺乏知识的整体性和深度性，如果离开了对知识的理解和掌握，所谓的能力也只能是局限于某种岗位方面的熟练的操作技能，这成为 BTEC 今后发展面临的一个重要的挑战。

2. 忽视了学生品质和精神的培养

BTEC 课程实施的指导思想是"以学生为中心"，并将此作为自己的教育哲学渗透到整个教学过程中。"以学生为中心"主要体现在课程大纲、教学过程、教学内容和教学方法等方面。要求教师根据教学大纲设计教学活动，鼓励学生积极主动地学习，采取多种教学方法，使学生真正成为学习的主体。这种教学理念某种程度上激发了学生学习的积极性和创造性，但 BTEC 以能力为本位的职业教育较多注重对学生岗位能力的锻炼，其考核也是以学生能否解决问题或完成作品为主，忽视了学生道德品质和内在精神的熏陶与培养，这容易导致学生为工作而工作，从而沦为岗位的奴役，这也是 BTEC 发展必须重视的问题之一。

二、BTEC 的发展趋势

面对世界形势和经济的发展，各国的职业教育也在不断地调整人才培养模式以适应社会需求，英国 BTEC 也将注重以下方面的改革和完善：

1. 重视理论知识的学习

BTEC 作为一种职业教育模式，其主要目的是培养学生胜任工作岗位的能力，教学实施过程注重对学生操作技能的培养和锻炼，注重培养学生解决实际问题的能力，理论知识实行"必须、够用"的原则，并通过学习各模块间的基础知识掌握理论知识，这虽然减轻了学生的学习负担，但往往会割裂知识的完整性。随着各学科领域的不断融合发展，岗位需求的理论知识将会更深广，并涉及其他职业领域。因此，为适应形势发展，便于学生满足今后

更换岗位并处理复杂问题的需求，BTEC 将注重各相关学科理论知识的学习，并将此作为今后改革的重点之一。

2. 注重学生人文精神的培养

21 世纪的社会将充满创新和发展机遇，也必将使人类的智力活动达到空前的高度。在这样的时代条件下，人类社会的发展将取决于个体的素质。一般而言，个体素质包括科学素质和人文素质两个方面，其中人文素质是学生全面发展的重要组成部分。爱因斯坦曾说过："仅仅用专业知识教育学生是不够的，通过专业教育，学生可以成为一种有用的机器，但不能成为一个和谐发展的人。"可见，在注重学生专业技能培养的同时，加强学生人文素质的教育，使其适应今后社会发展对人才的需求，这是今后完善 BTEC 职教模式的重要之处。

3. 加强产学合作的融合

教育和经济的关系一直是世界各国面临的问题之一。一方面，教育培训具有自身的稳定性和独立性；另一方面，教育培训必须根据经济、技术和劳动力市场的需求而不断调整。20 世纪 60 年代以来，各国加大了教育培训的费用，但其收效甚微，主要体现在教育培训与经济发展存在一定的脱节。英国政府为避免教育培训脱离经济和生产的弊端，使教育培训与生产活动紧密相关，在全国推行国家职业资格证书制度。这有助于 BTEC 职教模式在产学合作方面的融合与发展。

第六节　英国 BTEC 职教模式给我国高职教育的启示

当前，我国职业教育改革正处于关键时期，打破以学科为体系的教学模式，建立突出职业能力、全面发展综合能力的课程结构成为当务之需。选择和借鉴国外先进模式，可以使我国的职教改革获得事半功倍的效果。英国 BTEC 职教模式充分发挥学生的主体作用，以任务、问题为导向，通过学生自主分析问题、查找资料、解决问题，调动了学生学习的主动性，取得了较好的教学效果。

一、更新教育理念，重视通用能力的培养

英国 BTEC 职教模式以能力为本位，突出通用能力与专业能力的培养，尤其将团队精神、沟通能力、自主学习等能力培养贯穿整个教学过程中，通用能力的培养和评价通过专业能力成果来体现，有助于学生综合能力的提升。

我国传统的教育理念以知识掌握为主，按课程体系组织教学，重视基础与系统的培训，虽然职业教育有了很大的改革与发展，但依然是教师的教学处于主导地位，并过多强调职业或岗位所需的专业能力，忽略了通用能力的培养。借鉴英国 BTEC 模式，改变我国传统教育模式，重新定位师生在教学活动中的地位，教师由"教"转向"导"，发挥指导和评估的作用；而学生由"受"转向"学"，主动参与教学的整个过程。

当前世界经济的发展日新月异，产业结构不断调整，新的产品、新的服务、新的技术不断出现，这对劳动者提出了更高的要求。而通用能力指的是从事任何工作必须掌握的技能，是跨专业的、可变的、有助于终身学习的，可发展独立性的能力。培养学生的通用能力，有助于他们适应瞬息万变的信息社会，并尽快适应新的工作环境和新的工作岗位。

二、创设教学环境，提倡教学方式的灵活

BTEC 反对以知识传授为主的传统教学，认为教师将解决问题的办法直接告诉学生会遏制学生的创新思维能力。为培养学生的自主学习和实践能力，要求教师进行启发式教学，并且教学环境体现行业和企业的特征，或模拟工作场所，课程实施过程中较多体现出"以人为本"的思想，在教学活动中采用多种教学方法，如讨论、企业调研、角色扮演、收集资料等，通过创设全新的教学环境，给学生最大的自主权，启迪他们的学习兴趣，激发他们学习的好奇心，发挥学生的最大潜能，有助于培养他们的创新精神和团队合作精神。

我国的职业教育虽然一直处于改革发展之中，但依然无法摆脱传统的以教师为主体的教学方式，教学基本围绕"三个中心"，即"教师中心、教室中心、教材中心"展开，学生接受填鸭式的知识灌输，被动接受完成各项作业任务的解决方法。借鉴 TBEC 多样化的教学方法，有助于活跃教学气氛，吸引学生投入对新知识的掌握与运用之中，明确学习目标和责任，主动寻求解决问题的途径，同时有助于锻炼学生的实际动手能力和沟通能力。

三、重构课程内容，探索考核形式的多元

BTEC 模式以注重社会和岗位的实际需要为课程开发依据，教学内容由各教学大纲规定，课程大纲每隔 2 年进行更新，保持目标明确先进，内容综合实用，由课程专家按照雇主协会制定的职业资格标准，将需要掌握的能力与知识组成若干课程标准，编写课程大纲。课程大纲包括专业能力成果、教学内容、成果标准、学习指南等部分，课程内容丰富，突出实践和应用，并且课程大纲全球统一，学生通过 BTEC 课程后取得的资格获得国际认可。

同时，BTEC 的考核形式多种多样，主要包括课业评价、平时表现评价和能力增长评价这三种考核形式，同时还采用"课业考核""课业＋考试考核""实验考核"等多种考核方法，尤其是课业考核，成为 BTEC 职教模式的一大特色。课业中的任务通常兼顾专业能力和通用能力，需要运用多种知识才能解决，课业评价采用不同的级别和标准，使学生清楚评价标准及自己的能力水平。此外，还重视学习过程的评价，笔记、报告、总结资料等都可作为学习证据。

我国传统教学模式中，教学大纲主要由来自学校的教育专家制定，间接体现企业的需求，学生对知识点的掌握程度往往分为"了解""理解""掌握"，侧重"教什么"，对学生的要求比较模糊。并且职业院校大多沿袭了传统的以笔试为主的考核方式，注重结果，忽视过程，期末试卷成绩在课程考核中占有很大的比重，有些院校的课程成绩由"平时成绩＋期末成绩"组成，其比例为 3∶7，而平时成绩主要依据出勤率、课堂表现、作业情况等。这样的考核形式比较单一，无法客观地了解学生对实际技能的掌握情况，并且由于评价主体是任课教师，往往带有很大的主观性。借鉴英国 BTEC 的课程内容及考核形式，有助于培养学生的岗位适应能力，并体现其专业知识和技能掌握的实际情况。

四、重视内外结合，完善质量监控的保障

英国 BTEC 拥有严格的质量监控体系，其通过内审和外审相结合的方式确保了课程质量。其中内审主要职责是为教师的教学提供指导、审查教师课业样本、抽查学生作业、听取收集学生意见及师生间协调反馈情况等，确保了课程的内部质量。外审检查学校质量评估与监控系统的运行、检查学校内审工作计划的制订和执行情况及教学设备设施情况等，提供了课程质量的外部保障。内审与外审各司其职，其目的都是检验学生是否达到教学大纲规定的学习效果，能否运用知识解决实践问题，它们共同保证 BTEC 教学能高质量地完成，从而使 BTEC 证书能在全球等值。

我国的职教课程也存在内外监控体系，其质量外部监控主要靠政府定期进行，内部监控则主要由学校开展。由于我国高等教育机构的设置标准由政府制定，办学水平标准和选优标准、检查和评估权等也由政府制定，虽然这使政府具有了绝对的权威性，但也存在诸多问题，如政府监控工作不到位，学校也缺乏严格的监控机制，内外部监控衔接空缺等问题。借鉴英国 BTEC 内外审查结合的制度，设立专门的内外审查机构，并指定相关人员负责课程的质量审查和监控工作，校内审查与校外审查有效衔接，以切实保证课程的教育质量。

BTEC 课程模式实现了通用能力和专业能力的结合,提高学生的综合能力;实行灵活丰富的教学方式,激发了学生的积极性和主动性;以课业为主的多元化的考核方式,锻炼和培养了学生解决实际问题的能力;内审和外审相结合的监督机制,保障了 BTEC 教学实施的质量。在学习和借鉴英国 BTEC 职教模式优越性的同时,我们也必须注意结合我国的实际情况,做到有的放矢。

第六章 现代四大职教模式的比较与发展趋势

德国双元制、北美 CBE、澳大利亚 TAFE 和英国 BTEC 这四大职教模式都是依据本国实际,为满足社会经济发展的需要,经过漫长的实践和探索才逐渐形成的。作为比较成功的职教模式,它们具有许多共同之处,但由于文化背景、价值观念和经济发展水平的差异,四大职教模式又存在一定的差异性。

第一节 现代四大职教模式的共同之处

一、改变传统的教育理念,突出学生的主体地位

良好的师生关系是提高学校教育质量的关键,一般来说,在教育活动中,教师是促进者和组织者,而学生是参与者与学习者,但同时,学生又是学习的主体和自我教育的主体。在德国双元制、北美 CBE、澳大利亚 TAFE 和英国 BTEC 的教学过程中,都改变了教师为主导的传统教育观念,充分激发学生的学习主动性,整个教学过程中突出了学生的主体地位。

德国双元制职教模式中,虽然离不开教师或师傅的指导作用,但整个教学过程中,学生具有双重身份,既是企业学徒又是职业院校的学生,他们按照合同规定履行相应的义务,除了在职业院校的理论学习外,还必须进入企业进行实践操作,最终的考试是理论与实践操作相结合。因此,整个双元制教学过程中,学生的积极主动性始终起着关键作用,并且双元制教学以学生为出发点,根据市场变化设置和选用教材,因材施教,根据学生接受程度安排课程进度。其主导思想是让学生了解和掌握行业的新工艺、新方法、新技术,以适应经济和社会结构的发展变化。

CBE 职教模式是以能力为基础的教育,强调以学生为中心,根据学生的不同情况进行因材施教。在入学初期,就承认学生的个体差异。实际教学过程突出学生主体地位,重视个别化学习,提供丰富的教学资料和充裕的学习时间,学生可以根据自身情况选择或确定学习内容,并根据自己原有的基础和学习水平安排学习进度。同时,可选择适合自己的学习方式,无论是自学、小组学习,还是使用声像工具,都由学生灵活掌握,教师成为整个学习过

程的指导者、管理者和监督者,对学生起示范和指导作用。

澳大利亚 TAFE 具有广泛的生源,不分国籍与年龄,为满足各类不同群体的需求,开发形成相应的课程。TAFE 所开设的课程,涉及社会各个行业。TAFE 实行以人为本的教学策略,注重学生的个体差异,提供多种教育形式供学生选择。即使是全日制的学生,也具有较大的自主性,可选择学习层次和根据自己需要安排学习时间。学生如果对 TAFE 体系中的某个学院的教学服务不满意,可以转到其他 TAFE 学院继续学习,政府的经费也随之转移。这种以学生为中心的教育理念,满足了不同年龄、职业和性别学生的需求,从而充分调动了学生学习的积极性,每年都有许多国家的学生注册成为 TAFE 的学生。

英国 BTEC 更新教育理念,倡导以学生为主体的教育思想,充分发挥学生的主导作用。在学习过程中,教师的作用由教授转向引导,主要进行课程的教案设计和教学环节设计,为学生提供各种机会,组织课堂教学。而学生主要对自己的学习负责,必须独立思考,发现问题并解决问题。学生不但积极主动地掌握学习过程,并可参与教学评估。此外,如果学生自我评价与教师的评价不相吻合,学生可利用证据进行投诉,而教师不能无视学生的投诉,必须对此做出解释和说明,这些都充分显示了一切以学生为中心的教学理念。此外,在教学方法上,强调师生互动,注重发挥学生的主观能动性,调动学生学习的积极性。

二、着眼学生职业生涯发展,注重职业核心能力的培养

职业教育中如何培养学生的综合能力成为各国共同探索的问题。20世纪 80 年代,"关键能力"培训的概念由德国政府提出,并首先在职教领域实施,最终获取了较大的成功。这里的"关键能力"指的是跨专业的、能在职业生涯中起主导作用的综合能力。它与具体的职业和课程无关,主要包括组织实施工作任务的能力,交流与合作的能力,学习技术与科学工作方法的能力,独立性与责任意识,对外界的承受能力等。[1] 它强调劳动者今后无论从事何种行业,都具备上述这些能力并解决相关问题。目前,不但德国职教界普遍认同应该培养学生的关键能力,同时英美等国也将此教育思想作为职业教育发展追求的一个重要目标。

德国双元制、北美 CBE、澳大利亚 TAFE 和英国 BTEC 这四大职教模式

---

[1] 顾月琴、魏晓锋:《德国双元制职业教育的困境及其发展趋势》,《职教论坛》,2010 年第 3 期。

在教学实施过程中,关心学生职业生涯发展,突出职业核心能力的训练。由于语言和文化的差异,核心能力在不同国家有着不同的表达方式,德国将核心能力称为"跨职业能力",是一种通用的能力,劳动者在变换了职业或岗位后,这些能力依然适用于其他工作领域。在德国,"核心能力"主要包括组织能力、交流能力、合作能力、继续学习的能力、独立执行能力与社会责任感、心理承受能力,主要强调的是个人的社会能力。德国通过"双元制"模式培养学生的职业能力和核心能力。受教育者既在企业里接受职业技能和与之相关的专业知识的培训,又在职业学校里接受职业专业理论和普通文化知识教育。它最大限度地利用企业与学校的条件和优势,将实践技能与理论知识紧密结合,以培养高素质人才。

美国和加拿大将核心能力称为"必需技能",强调劳动者具备较强的适应能力和学习能力,以跟上时代步伐。因此,在美国,职业的核心能力主要包括资源整合能力、与人相处并处理好各种社会关系的能力、对信息进行处理的能力、社会理解力、统筹规划和组织的能力。美国和加拿大主要采用CBE模式培养学生的职业能力和核心能力。CBE与传统职业教育相比,教学目标明确,针对性强,具有鲜明的职业性和实践性,其显著特征是最大限度地使受教育者具备将来从事某种工作所应有的综合能力,这种综合能力与某种工作紧密联系,包含知识、态度、经验和反馈等四个方面,涉及知识领域、情感领域、活动领域和评价领域,上述要求全部达到才能构成一种"专项能力",几个专项能力构成某种"综合能力"。通常情况下,一种职业包含 8~12 个综合能力,每项综合能力包含 6~30 个专项能力。它反映的是从事该职业所需要的具体技能。制定培养目标时,充分考虑这些能力,设置模块化课程,搜集准备学习资料,并最终通过学生自我学习为主的方式,考核他们是否达到这些能力评价标准。

澳大利亚将核心能力称为"职业能力",一般包括以下 8 项能力:语言运用的能力、信息收集处理的能力、运筹帷幄的能力、与他人以及团队合作的能力、数字应用的能力、解决问题的能力、正确使用各种技术的能力、不同文化的理解能力。澳大利亚主要采用 TAFE 模式培养学生职业能力和核心能力。经过近百年漫长的发展,TAFE 建立了以职业岗位能力为本位的培养模式,并积累了丰富的办学经验,成为国际上公认的比较成功的职业教育模式。其办学宗旨是:真正面向社会岗位需求,最大限度地为经济和社会发展服务,培养各级各类实用型人才,着力提高从业人员胜任工作的技能,有效帮助劳动者就业转岗。

英国将核心能力称为"核心技能",强调方法和能力,主要包括:与人交流、数字应用、信息技术应用、解决问题、自主学习、独立完成工作、与他人合作等方面的能力。英国主要采用 BTEC 模式培养学生职业能力和核心能力。BTEC 课程是英国最大的考试认证机构——英国爱德思国家学历及职业资格考试委员会的品牌教育产品,它将英国最好的学术传统和现实工作中所需的主要技能的开发与评估完美地结合在一起,目的是使学生获得一种有利于他们职业发展的教育,并最大限度地提高他们的职业技能。BTEC 在中等和高等学历、职业和人才培训方面具有世界领先的地位,在关键技能教育的拓展方面有着卓越的表现和权威性。

三、遵循职业教育规律,突出实践训练

职业教育以培养高素质的技术型人才为主,理论性和实践性相结合是区分职业教育与普通教育的主要方面。德国双元制、北美 CBE、澳大利亚 TAFE 和英国 BTEC 这四大职教模式在教学过程中无一例外地突出了实践性。

德国双元制注重学生的实践操作。在整个教育过程中,理论与实践之比约为 1:4,并且前者必须与后者保持同步,服从后者需要。考试时的实际操作部分,主要考察设计绘图和制作成品、半成品的技能。德国教育专家曾指出:"德国的职业教育体系与其称它为一种教育制度,不如称它为一种思想,是一种注重实践、技能为未来工作而学习的思想。"这种理念不仅体现在理论教育与实践训练的时间分配上,而且还贯彻在培训的运行机制、培训计划和教学方法的应用上。[1]

CBE 职教模式中强调学生的自我学习并要求学生对自己的学习负责,学生基本处于主导地位,他们根据个体状况自主确定教学内容,合理安排计划进度,并选择合适的学习方式,如自学、小组学习、听课,使用声像工具等,在实训课堂、资源室进行实践,其中实训课堂的设备和设施一般都符合时代要求并且比较先进精良。在此教学过程中,学生的实践技能锻炼始终被放在首位,教师仅仅是现场的组织者和指导者,为学生提供实习实验的设备与工具,并监督学生的学习进度,考核学生掌握技能的情况。

TAFE 实行理论与实践的紧密结合,并没有严格的理论教学体系和实践教学体系之分,它拥有比较完善的校内实习和实训基地,由于澳大利亚政府

---

[1] 陈智强、周晓刚、顾月琴:《德国双元制职业教育本土化:技术与路径》,苏州大学出版社 2011 年版,第 19 页。

和企业的赞助,这些实习实训基地不仅数量比较充足,并且设备比较先进,给学生的实践教学提供了优良的环境。教室一般就在实训基地旁边,教师可以边讲边练,学生可以边学边干。这样既方便了学生的实习和实践,也提高了教学效率,有助于学生掌握知识和技能。

BTEC 重视学生实践能力的培养,要求教师设计形式丰富的教学活动,如课堂讨论、实践实习、社会调查等,教学场所不局限于学校,还有较多工作现场的社会实践及社会上的调查研究等,最终以课业的形式表现出来。其中课堂训练、资料查询及实践活动分别占整个教学过程的 1/3。这样安排教学时间和教学内容,有利于激发学生学习的积极性,扩宽学生的视野,锻炼学生的动手能力,培养他们的团队合作精神,从而充分体现了以学生为中心和以实践为主的教学理念。

四、注重整合校内外教学资源,企业积极参与教学活动

教学资源是指一切可以帮助学生达成学习目标的物化了的显性或隐性、可以为学生学习服务的教学组成要素。国外成功的职业教育模式都强调整合现有的教学资源,充分利用校内外的一切有利资源,为学生的实习实训服务。并且在此过程中,企业积极参与教学活动,不但提供硬件设施和设备,还提供资金与技术指导等帮助,使学生的理论知识与实践操作紧密结合,促进了职业教育的顺利开展。

德国双元制的成功运行离不开企业的支持和配合。在整个双元制实施过程中企业处于举足轻重的地位。首先,企业是双元制职业教育的核心。它们作为"双元"中主要的一元,不但为学生提供包括大量的实训岗位和精良的培训设备及实训场所,还制定培训规章,制订实习计划;此外,企业中经验足够且富有责任感的师傅成为学生的实训教师,为学生提供专业详尽的指导。其次,德国的企业是职业教育经费的主要承担者。据德国官方统计,早在 2003 年至 2005 年,企业在"双元制"职业教育中的年投入均为 276.8 亿欧元,而联邦和州在上述三年投入职业教育的经费分别为 31.57 亿欧元、31.15 亿欧元、28.15 亿欧元。[①]这些都说明了企业在双元制模式中发挥着无可替代的重要性。

CBE 着重培养学生的岗位综合能力,因此,CBE 注重整合一切有利资源,要求各专业教学必须建立实验室、实习场,让学生进行实践操作。通过

---

① 魏晓锋、张敏珠、顾月琴:《德国"双元制"职业教育模式的特点及启示》,《国家教育行政学院学报》,2010 年第 1 期。

技能训练,让学生锻炼实际工作能力。此外,CBE 教学中,学校与社会相关部门建立稳定的协作关系,通过整合校外的有利资源,为学生提供真实的工作环境,以便于培养学生职业或岗位综合能力。在整个 CBE 职教模式中,从培养目标、课程开发到考核标准,企业各界始终发挥着重要的作用。

在澳大利亚,企业界参加职业教育的决策。首先,行业人员组成职业教育管理机构,他们在职业教育管理和决策中发挥重要作用。其次,国家和州政府两个层面的行业咨询顾问,也主要由行业代表担任,他们负责向国家提供建议。而 TAFE 服务处,更是以行业人员为主组成。此外,在实际运行过程中,TAFE 邀请企业全程参与教学活动,并以行业的技能需求为依据改进教学,企业与学校共同研讨,编写职业教育培训包。企业除了提供资金和设备上的支持外,还派业内人士充实到 TAFE 的教师队伍,并接纳 TAFE 学院教师到相关企业工作,以确保教学与实践相结合。

英国 BTEC 将校内实习实践场所和企业现场等教学资源紧密结合起来。为确保课程大纲不被时代淘汰,BTEC 与各类企业保持密切的沟通联系,企业参与教学实施、学生评定的各个环节,并将其需求反馈给学校。而 BTEC 课程大纲更是集中了行业专家和课程专家的意见,为保持教学大纲的先进性,BTEC 总部的教育专家必须时刻与企业保持沟通与联系。

五、关注市场需求,以职业分析为导向设置专业

德国双元制职教模式中,注重职业分析,将各类社会职业恰当地合并归类,据此建立某职业群,并设置与之对应的专业。这样不但可以了解从事该职业群所应具备的知识和技能,清晰掌握它们的主要活动内容。同时,由于归类合并的职业具有相似性,因此,还能了解其他职业的知识和技能,这不但有助于将社会职业进行有序归类,而且为职业院校的课程设置奠定了基础。[①] 德国各类培训职业有全国统一的教学大纲,但没有全国统一的课程设置,只要符合教学大纲的难易程度,学校和企业有权根据市场变化设置和选用需要的课程与教材,其目的是引进新工艺、新方法、新技术,以适应经济和社会结构的发展变化。双元制在组织和管理上既强调政府的宏观调控,又注重发挥企业、学校与行会的职能,各州的劳动部门均设置职业咨询中心,发布劳动力市场及培训市场的状况,青年人可以根据自身情况及市场供需状况,选择培训职业。企业和学校根据培训计划对学生进行技能或理论

---

① 庞伟:《中外高等职业教育人才培养模式比较研究》,哈尔滨工程大学 2006 年硕士学位论文,第 22 页。

知识的教学,行会及州文化教育部则分别对企业和学校进行监督指导,以确保培训和教学满足社会发展需求。

加拿大 CBE 职教模式中,往往是在学校的管理机构中设置市场部或课程开发中心,做好市场调查分析工作作为专业设置的前提,包括人才需求调查、人才规格调查、专业设置分析,并通过 DACUM 职业分析法,重视企业界优秀员工的话语权,邀请 6~12 名行业代表组成 DACUM 委员会,分析确定本职业或本岗位领域所需的综合能力,将该能力的培养作为学习的科目,同时以 DACUM 图表所列专项能力,按照由浅入深的顺序排列它们,并根据此顺序进行教学,以便学生循序渐进地掌握[1],解决培养目标问题,并开发学习包,建立资源室,实行模块化的课程内容。

TAFE 模式的课程与行业紧密联系。为确保职业教育与政府及企业之间的紧密联系,1992 年建立"国家培训总局",以确保 TAFE 的课程能满足社会需求,跟上行业发展的步伐。为了及时了解市场信息并开发针对性强的课程,国家培训局又建立行业培训咨询机构和各州教育服务部,其中前者的职责是了解市场变化和企业需求,从而制定和开发培训包;后者的职责主要是根据各行业的培训包来开发课程,而开发课程的主要组成人员是政府官员、企业专家和 TAFE 学院的教师,以确保课程既能满足行业需要,又能符合学校教学的规律,使培养的学员具备较强的职业能力,能很快适应工作岗位。因此,虽然 TAFE 课程覆盖面广,涉及行业多,但由于课程开发和设计之前就进行市场调查,咨询相关人士,因而开设的课程具有明显的市场性和科学性。

BTEC 模式注重市场需求的调查与分析,所开设的课程具有较强的职业性。首先,在设置 BTEC 专业之前开展市场研究,以了解市场实际的职业需求。其次,在开发教学大纲时,课程开发专家征求全国性雇主协会的意见,并以他们制定的职业资格标准为基础。再次,教学过程中,BTEC 还将原定的单元内容与当时的实际情况相结合。在 BTEC 的课程内容中,始终贯穿着职业活动这条主线。这样,保证了 BTEC 课程内容满足市场需求,培养的学生能够适应行业企业的需求。

六、注重教师队伍建设,积极引进兼职教师

经过几十年的发展,四大职教模式在教师队伍建设方面积累了许多经

---

[1] Richard W. Bums (Ed). Competency-based Education: an Introudcion. New Jersey: Education Technology Pubilication 1972,P. 7.

验,并形成了一套成熟的规章制度,尤其是对教师的师资任职资格都制定了严格的标准,要求教师不仅要有教育家的素质和能力,还必须具备工程师的素质和能力。

德国职业技术教育领域对于教师的相关法律规定,从事职业教育的教师,要有企业界的实际工作经历,必须经过严格的专业资格培训和职业教育学、劳动教育学的进修,实际操作与理论考试合格后,才具有职业技术教育的执教资格。因此,德国双元制职业教育中,教师除了要具备博士学位并取得教授资格外,还必须有3~5年的社会工作经历,其中3年必须是校外企业的工作经历,以确保教师具备较高的素质。此外,德国还制定了严格的教师进修培训制度,不断提高教师的理论水平与实践操作能力。德国双元制主要包括实训教师和理论教师两大类。职业学校的理论教师,包括专业理论教师和普通文化课教师,是国家公务员。同时,双元制中较多聘请企业技术人员作为兼职教师或实训教师,以保证教学与实践相符合。

美国等北美国家实行职业技术教育教师证书制。在美国,教师任职资格的标准比较高,无论是普通教育、职业技术教育还是成人教育,都分别有特定的任职资格。职业院校教师规定要大学本科学历,取得学士学位,具有本课程1年以上的工作经历,或有相关领域5年以上的实际工作经验等。此外,聘请有实践经验的专业技术人员担任CBE的兼职教师,而且兼职教师的比例在逐年增加。CBE教学中,学生占主导地位,教师是学生学习过程中的指导者和帮助者。CBE是集讲、练、做三位于一体的教学模式。教师对整个教学过程起到指导、判断、建议和评估的作用,不但制订教学计划、讲授理论知识,还要示范、指导学生,培养学生的动手能力。这就要求教师不仅具备丰富的理论知识,擅长课堂教学活动,还必须熟练掌握各项操作技能,及时了解最新的生产技术。因此,CBE重视教师的职前培养和职后培训,以使教师适应教学改革的变化和学生职业生涯发展的需求。

TAFE学院的教师,不但具备丰富的实践经验,而且拥有深厚的理论知识和熟练的技能。一般具有本科以上学历,有职业教育和培训的背景,并须具备3~5年从事本行业工作的实践经验。他们成为TAFE学院的教师后,必须参加各种新技术方面的讲座,还要定期去企业进行实践锻炼,参加各种相关行业的培训。TAFE学院的教师分为专职教师和兼职教师,专职教师一般具有大学本科以上学历,经过师资培训,并取得相应的教师资格证书,还必须获得四级技能等级证书,有4~5年的实践经验或企业工作经历,并且在州政府教师注册机构注册,确保TAFE学院的教学。20世纪90年代以来,为弥补职业教育领域专职教师师资不足,澳大利亚大量聘用兼职教师,兼职教师主要是来自企业的专业技术人员,他们必须接受一定的师范教育,并获得教师职业资格。目前,兼职教师比例逐年上升。TAFE 学院注重在职教师的培训,为他们提供进修和培训,以提高教师的执教能力。这样,专职教师和兼职教师各具优势,既保证教师具备一定的理论和专业知识,又具有较强的职业技能,从而构建成稳定的高素质的双师队伍。

BTEC 的教师主要来自于工商业界、政府、其他类学校等,分为专职教师和兼职教师,其中兼职教育的比例逐年扩大。虽然英国政府没有明确要求技术学院教师必须具有技术教育教师资格证,但他们不仅是传统意义上的教师,而是学生学习中的管理者和组织者。BTEC 课程教学要求教师充分发挥指导、服务和组织的作用。他们必须具有丰富的知识,还要不断创新。一般的专职教师,都会积极参与相关专业的培训课程,兼职教师必须具有实际工作经验,以保证他们具备本领域的专业经验与技能。而不管是专职教师还是兼职教师,都要参加提升教学能力和专业实践能力为目的的培训。严格的任职要求、重视教师的进修培训、职业教师师资培养系统化等措施,使发达国家职业教师师资队伍整体素质较高,专业基础知识扎实,适应能力强,并且具有较强的动手能力和教学方法,在实践中取得了良好的教学效果。

第二节　现代四大职教模式的不同之处

一、产生的历史背景不同

德国双元制的形成和发展,经历了漫长的过程,它最早起源于中世纪的师傅带徒弟形式。早在 13 世纪,德国的学徒制就广泛存在于手工业作坊中。14~15 世纪,德国经济一度处于兴盛时期,当时的纺织、采矿、武器制造、雕刻和印刷等行业协会的手工业曾驰名欧洲,掌握着北欧贸易的霸权。① 师傅享受特权,具有极大的威望,按照当时习俗,年轻人需要拜访手工业界或商业界的师傅,拜师学艺。因此,德意志民族自古就崇尚手工业和技艺,有着强烈的职业归属感。这是双元制产生的沃土。1900 年,星期日学校改为进修学校,并与学徒培训相结合,这一形式是双元制的雏形。19 世纪末 20 世纪初,德国逐步从传统的农业社会向工业社会过渡,机器大生

---

① 樊亢等:《主要资本主义国家经济简史》,人民出版社 1973 年版,第 234 页。

产取代手工作坊操作。经济的发展需要大量较高素质的劳动者,而传统的学徒培养模式已不能满足生产的需求,这就需要寻求一种既能满足人民日益增长的受教育需求,又能满足工业社会对劳动者高素质需求的教育,"双元制"正是在适应这一要求的过程中逐渐形成和发展起来的。此后国家通过一系列措施和法律完成了其制度化的过程,并使双元制不断得到完善。

CBE 最初源于第二次世界大战时期美国对士兵和专业工人的技术教育与培训活动,第二次世界大战结束后,该模式继续应用于退伍军人的转业训练。20 世纪 60 年代,美国经济的繁荣并没有消除教育上的问题,为了提高教师的相关教学能力,该模式被逐渐运用于师范教育领域。20 世纪 70 年代的经济危机,使人们开始反思知识本位的学习,此时,产业界需要教育部门能听取其意见,满足其对各类从业人员为适应分工细化的岗位需要而进行的培训和再培训的要求。20 世纪 80 年代,加拿大通过《国家培训法》,将政府与工商界的利益联系起来,发展形成了现代 CBE 职教模式,并推广到世界其他国家和地区。

澳大利亚职业教育具有悠久的历史,经过多年的发展而形成 TAFE 这种专门的技术与继续教育。其产生的背景是 20 世纪 50 年代以来,随着第三次工业革命的发展,澳大利亚调整产业结构而带来企业性质的变化,同时,由于贸易状况的恶化和传统支柱产业的衰落,澳大利亚的经济受到严重的影响,在促进经济振兴和工业重建的过程中,澳大利亚政府意识到了改革职业教育与培训体系,扩大培训对象,提高培训绩效的重要性。1989 年 4 月,澳大利亚就业培训局召开了各州、区部长级特殊会议,达成了改革共识,成立了国家培训部,由其指导开发国家能力标准,并建立了以能力为基础的职业教育培训体系。①

英国是老牌资本主义国家,工业发达,经济繁荣,曾处于世界霸主地位,直到 19 世纪下半叶,英国的经济仍然蓬勃发展,但欧洲其他国家的崛起,严重动摇了英国在工业领域的垄断地位。进入 20 世纪后,英国经济已远远落后于欧洲其他资本主义国家。其原因之一就是英国推崇贵族精神,实行精英教育,轻视职业技术教育。20 世纪 50 年代后,政治上要求民主平等的呼声日高,这也推动英国必须改革当时双轨制的教育制度。此外,随着国际竞争的加剧和国内经济发展的需求,英国意识到教育对社会发展具有一定的促进作用,尤其是职业教育具有强大的经济功能。这种对英国教育历史及

---

① 刘福军、成文章:《高等职业教育人才培养模式》,科学出版社 2007 年版,第 110 页。

现状的反思都要求英国必须改革以往的精英教育,探索适合英国国情的职教模式。受政治、经济和新职业主义思潮的影响,英国政府开始关注劳动者的技能开发,并提出"为成功的未来而开发技能"的培训目标。在此背景下,英国政府将商业教育委员会与技术教育委员会合并形成 BTEC,成为英国主要的职业资格授予机构。

二、依据的理论基础不同

自古以来,德国有着重视职业教育的优良传统,其教育遵循两个基本原则,一是职业教育体系发达,它与普通教育具有同等的价值。这是双元制能够得以存在的基础。在德国,无论是受训者、企业还是家长,都不会鄙视职业教育,而将接受职业教育视为受训者和家长的主动选择。传统观念、教育体制及法律法规都给职业教育以应有的地位和评价。二是职业教育与普通教育的互通性。在德国,人们重视职业培训、职业进修和职业改行,职业教育不是终结性的教育,它有效地衔接了职前与职后的教育培训,并且职业教育与各级普通教育具有很强的互通性,接受中等职业教育的学生与接受普通高中教育的学生同样具有升入大学的资格,而在基础教育结束后的每个阶段,普通学生也可选择职业学校。同样,"双元制"的学生经过文化补习也可进入高等院校。这些都体现了德国教育体系的强大渗透性。

澳大利亚 TAFE 体现了基于终身教育思想的以能力为本位、以就业为导向的教育理念。终身教育主张在每一个人需要的时刻以最好的方式提供必要的知识和技能,它打破了教育仅限于学校和青少年阶段的传统观念,认为学习伴随着个体的一生,同时将教育场所扩大到学校、家庭和社会等不同场所。TAFE 的办学方式迎合了终身教育所倡导的理念,突破了传统教育的局限,建立了"学习—工作—再学习—再工作"的终身教育模式。

CBE 产生的理论基础主要是以下三点:一是 20 世纪五六十年代出现的系统论和行为科学,这些研究认为,"人的需要、动机、信念、态度与期望,在人的行为中起着至关重要的作用",即个体的主观意愿等也会影响一个人的从业能力。二是美国教育学家布鲁姆的教育理念"有效的学习始于准确希望达到的目标",即目标与切身利益联系越紧密,则学习效率越高。三是教育目标分类学的理念。认为"只要在提供恰当材料和进行教学的同时,给以适度的帮助和充分的时间,90% 的学生都能掌握规定的目标"。因此,CBE 整个教学目标是如何使受教育者具备从事某种职业所必需的全部能力。这里的能力,是指综合的职业能力,包括知识、态度、经验和反馈等。CBE 将专项能力以模块的形式表现出来,强调学生的自我学习和自我评价。

BTEC与传统教育观念相比,确立了一种全新的教育理念,即"一切以学生为中心"。强调学生是学习的主人,学校应该为学生服务。BTEC的管理者在这一指导思想下开发课程、设计教学目标,教师在这一理念下从事教学活动。"以学生为中心"的教育理念与英国社会的文化价值观念有着密切的关系,英国历史上一直推崇自由主义,在教育上也不例外。在教育观念上,提倡个性充分自由地表现和发展,鼓励学生表现出与众不同的个性。他们认为教育的真正价值在于使学生通过思考已有的各种知识,发展理解力、判断力和独创精神;重视心智的发展在于知识的获取;发展学生的理性精神并鼓励学生独立思考,大胆质疑,反对学生把知识看作是无须证明就理所当然地加以接受的教条。①

三、课程开发及设置不同

双元制职教模式中,企业里的培训必须依照全国统一的培训条例进行。该条例由联邦政府颁布,主要包括培训职业工种、期限、训练的技巧和知识、训练内容和时间的安排及说明、考试要求及对象等。职业学校的教学则由三部分内容组成:文化教育部长的总纲教学计划、州总纲计划及其原则性说明,其中文化教育部长的总纲教学计划是各州制订本州总纲教学计划的基础。与此相对应,双元制职教模式的课程大致可分为两大类,即实训课和理论课。实训课在企业内进行,以生产性劳动方式进行,理论课在职业学校进行,但两者在一定程度上有所交叉并形成互补。因此,双元制课程基本按照学科分类,注重学科知识之间的连贯性、实用性和逻辑性。

CBE课程开发主要通过DACUM来确定,DACUM是"Develop A Curriculum"的缩写,可译为"开发教学计划",实际上是一种分析和确定某种职业或岗位所需能力的方法。主要由6~12名长期从事一线工作的企业优秀员工组成DACUM委员会,在对职业分析的基础上,确定从事某类职业所具备的综合能力和专项能力,并最终形成DACUM图表。之后由学习包开发专家、行业专家和教师根据DACUM图表来确定学习内容,组成教学单元或模块,按照从易到难的顺序排列,若干个相关模块或单元可以组成一门课程。CBE没有统一的学习内容和学习进度,学生量力而行,自主选择学习模块,完成学习计划。

在澳大利亚TAFE体系中,课程开发占有核心地位,它是依据行业能力

---

① 教育部教育发展研究中心BTEC项目课题组:《中国消化BTEC——关于BTEC项目实施情况的调研报告》,《职业技术教育》,2004年第36期。

标准,为满足行业需要而设计的科目组合。TAFE课程的开发,不是以学科知识系统进行,而是按照岗位能力的要求来设计开发的。其依据是由行业培训咨询机构制定,经国家培训局审批后颁发的培训包,如果行业没有培训包,则以国家认可的行业能力标准为依据制定。课程开发一般要经过就业市场分析、职业能力分析、行业培训包的制定、课程的开发与编制、课程修正与更新等。TAFE课程设置的指导思想是以市场为导向,以满足社会需求为宗旨,并根据市场变化的需求进行相应的修订与调整。TAFE学院开设的课程涉及各个层次,包括职前课程、在职课程和职后的教育培训课程、学徒制课程、技工课程、文凭课程及高级文凭课程等。此外,还涉及多个领域的上千种课程,供学生根据需要选择。

BTEC课程开发是教学工作的核心,主要遵循能力本位的原则,将职业岗位的能力和学生自我发展应具备的能力需求作为开发基础。首先由全国性的雇主协会,制定各个行业和各个工作岗位的职业资格标准。其次,BTEC课程专家按照雇主协会制定的职业资格标准,将企业需要的知识、能力组织成课程标准,编写教学大纲、评估标准等课程教学文件。最后,将这些课程教学相关文件提交政府机构审批。因此,课程大纲集中了行业专家和课程专家的意见,体现了现代职教理念,同时又发挥了学科教育的优势。"以学生为中心"是BTEC课程实施的指导思想,无论是课程大纲、教学过程和内容、教学方法、考核评估方式等都体现了以"学生为中心"的理念。其课程体系采用模块化编排,核心课和选修课相结合,通过不同的模块组合形成不同的专业方向。核心课覆盖行业发展和职业岗位要求中相对不变的概念性和基础性的理论;选修课注重学生的自主意识、职业岗位的个别能力发展等。这样既强调基础知识和能力的掌握,也注重具体岗位知识和迁移能力的发展。BTEC的课程标准全球通用,无论是在英国本土,还是海外其他国家,学习内容和评价标准统一,以便学生得到国际认可的职业资格。

四、教学过程及方式不同

双元制职教模式中,企业培训与职业学校紧密结合,学生分别在职业学校和培训企业接受理论与实践的教育。其中企业培训起着主导作用,学生每周3~4天在企业接受培训,结合生产中遇到的实际问题,使学生掌握"怎么做"。职业学校教育起辅助作用,学生每周1~2天在职业学校接受教育,所学内容以企业培训相关专业知识为主,以加深其理论基础,也即帮助学生解决"为什么这样做",同时辅以一定的普通文化知识教育。在教学过程中,双元制沿袭了中世纪古老的师徒式教学方式。在企业培训时,学生由实训教师或实训师傅进行指导；在职业学校学习时，则由理论教师或职业学校教师指导。整个教学过程中，无论是实训教师还是理论教师都发挥着重要的指导作用。

CBE 职教模式以美国休斯敦大学著名心理学家布鲁姆的思想为基础，以学生的自我学习为中心，注重"学"的内涵，强调学生在学习过程中的主导地位。在教学过程中，教师仅仅是主持人和指导者，负责提供学习用的各种资源，与学生共同制订个性化的学习计划，监督每个学生的学习进度，管理学生档案，对学生的技能进行考核等。而学生则成了学习的主导者，他们必须根据 DACUM 图表评价自己的入学水平，并选定专业，跟指导老师一起制订学习计划，选择合适的方式和时间进行自我学习。完成某模块的学习内容后，若学生进行的自我评价合格了，再申请教师对其进行考核评定。在 CBE 整个教学过程中，学生始终是活动的中心，对自己的学习负责。

TAFE 的办学宗旨是培养高水平的实用性人才，最大限度地为经济和社会发展提供服务。因此，TAFE 生源广泛，无论男女老少，在职或兼职，都可以根据实际情况选择不同的学习方式，如全日制、半日制、函授或远程教育等，其人才培养途径具有一定的灵活性。此外，学习场所也不固定，学生既可以在校学习，也可以在工作场所学习，甚至可以在家学习，只要通过评估达到一定的学分，就可以获得证书和文凭。TAFE 学院注重培养学生的动手能力，教室里摆满教学用具及实验设备，师生可以边讲边练；有的教室设在车间旁边，学生边学边干，业余时间可以在实习车间操作，实现了理论和实践的结合。此外，TAFE 引入现代教育技术，教学活动借助电子媒体，提供全面的课程和多元化的服务，突破了时空和学习年龄的限制，满足了不同群体的特殊要求。

BTEC 课程大纲明确规定了专业能力和通用能力目标及教学时间要求，其教学过程主要围绕学生的"学"而设计。BTEC 的学习过程，包括学习方案与活动计划的制订、活动的分工与实施、学习资料的收集与分析、学习进程的反馈与交流、学习结果的评价、学习结果的获得等过程，强调学习的过程，注重让学生体验到探究过程的价值。其中，教师课堂教学活动的时间为 1/3，学生查阅资料的时间为 1/3，学生参加社会实践的时间为 1/3，使学生有更多的自主活动机会。BTEC 主张协作学习，分享信息，为培养学生合作精神，鼓励学生形成小组进行活动，并充分展示自己的观点，教师尊重学生的个性和意愿，允许提交形式不一的成果证据，并允许学生就评估成绩的公平性提出自己的观点。

五、考核评价方式不同

双元制职教模式中,作为学徒,在 3 年或 3 年半的时间里有两次考试,一是第二学年结束前的中间考试,二是 3 年或 3 年半培训结束前的结业考试。考试内容包括职业学校与企业同时传授给学生的知识和技能。两次考试都包括笔试和实际操作。1969 年颁布的《职业教育法》明确规定了工商业行会协会承担本行业学徒考试任务的法律地位。因此,德国双元制职业教育考试的组织和管理是与培训机构无关、而由相对独立的机构负责完成的。国家颁布《职业培训条例》,规定每类职业考试的最低标准。考试分中间考试和结业考试,严格按照法律规定进行。考试是行业协会或手工业协会主持并由考试委员会组织统一进行,凡是接受双元制培训的学生必须参加这类考试。考试分为实践技能考试和专业理论知识考试,实践技能考试可长达十几个小时,专业理论知识考试总时间为 5~6 小时,考试合格后才能获得技术工人或技术员的资格。[1] 由于实行培训与考核相分离的考核办法,既体现了公平的原则,又可对跨企业培训进行监控,保证了职业培训的质量。[2]

CBE 职教模式中,考核的内容和标准是根据 DACUM 图表确定的。一般 6~12 名企业优秀员工组成 DACUM 委员会,并利用"头脑风暴法"制定 DACUM 图表,确定职业综合能力、专项技能和评价标准等。因此,CBE 考核的内容和标准与行业要求是一致的。学生学习成绩的评定是根据各项技能的评价标准来确定的,主要以平时表现和操作水平为主。当完成某一模块的学习内容后,学生首先进行自我评价,认为合格后,再由教师对其进行考核评定。[3] 考核时间可按需要随时进行,如果教师认可学生的自评结果,即可将成绩载入 DACUM 大表的成绩栏中,一式两份,分别由学生和教师保存。当教学计划所列各模块均合格后,教师的那份存档,学员那份即毕业证书。[4] 这种以平时掌握技能熟练程度评定等级的方式属于形成性考核。

TAFE 鉴定学生学业成绩和技术水平的考试主要由学校与企业联合进行考核。其考核分为理论水平考核和实践能力考核两部分,主要以实践能

---

[1] 陈智强、周晓刚、顾月琴:《德国双元制职业教育本土化:技术与路径》,苏州大学出版社 2011 年版,第 21 页。

[2] 费兰斯·范富格特主编,王承绪等译:《国际高等教育政策比较研究》,浙江教育出版社 2001 年版,第 177 页。

[3] 邓泽民、张扬群:《现代四大职教模式》,中国铁道出版社 2011 年版,第 196-199 页。

[4] 缪宁陵、宋建军:《国外高职人才培养模式的比较》,《职教论坛》,2004 年第 12 期。

力考核为主。相对而言,理论水平考核比较简单,而实践能力考核具有严格的规定。TAFE建议教师可以通过多种考核方法作为对学生的考核手段,如观测、口试、现场操作、第三者评价、证明书、面谈、自评、提交安全分析报告、工作制表、书面答卷、录像等。考核结果需要符合有效性、权威性、充分性、一致性和准确性。此外,澳大利亚TAFE的教学考核是以模块进行的,在结束某一模块之后就可进行考核,通过考核后可获得相应的资格证书。不同模块、不同学生使用不同的考核方法,具有较大的灵活性。

BTEC考评方式比较独特,改变了传统的以分数为标准,以卷面成绩为依据的考核方式,而是采用课业的形式,以证据为依据,以成果为标准。BTEC的成绩考核采用等级制,分为"优秀""良好""合格""重做"四个等级,累计成绩以取得课程学分,各门课程累计满16学分,即可取得证书。成绩的确定以"课业"为主要形式,重点考核学生的学习成果。在考核中,注重培养学生通用能力和专业技术能力。通常情况下,一门课程要完成3~5个课业,每次课业包括3~5个通用能力。而成果形式多种多样,包括课业、调研报告、论文、案例分析、产品制作、实操技能、卷面考试、课外项目、口试、录像带等。证据主要包括总结笔记、学习心得、测验单、小组活动记录、各种调查报告和书面文件等。BTEC主要考查学生解决实际问题的能力,通过完成课业的情况来评估学生所具备的能力。这种以课业为主、辅以其他多种考核方式的评价形式,客观全面,并具有一定的科学性和长效性。它不仅有利于激发学生学习的积极性,而且也便于相关企业对学生进行综合了解。

德国双元制、北美CBE、澳大利亚TAFE和英国BTEC作为当前世界经典的四大职教模式,它们既有共性又具有鲜明的个性特征,为本国培养了数以万计的高素质技能型人才,促进了本国的社会经济发展,同时也对其他国家或地区的职业教育和培训产生了深远的影响。但随着社会经济的发展变革及个体对职业迁移的需求,四大职教模式也都不同程度地面临着改革完善的趋势。

第三节 国外高等职业教育的发展趋势

随着科技的迅猛发展、知识经济的来临以及全球化趋势的加快,当今世界正发生着深刻的变化。这种变化不但改变了人们的生活方式,也带来了人们工作领域的变革,即职业种类的迅速变化和工作岗位的心智技能要求大大提高。因此,这些变化对劳动者的综合素质提出了更高的要求,从而导致在不同程度上要求对现有的职业教育模式进行改革。为适应世界形势的发展变化,各国纷纷反思并改革本国的职业教育,尤其是德国、美国、澳大利亚、英国等职业教育发达的国家,更是致力于职业教育模式的改革创新,从而使现代四大职教模式呈现出新的发展趋势。

一、吸收新的教育理念,职业教育终身化

1999 年 4 月 26 日—30 日,联合国教科文组织在汉城(今首尔)举行了第二届国际技术与职业教育大会,大会主题为"终身学习与培训——通向未来的桥梁"。大会主要围绕以下 6 个议题进行了深入的探讨:21 世纪变化中的需求对技术和职业教育的挑战;改进提供终身教育和培训的系统;革新教育和培训过程;全民技术和职业教育;改变政府和其他相关部门在技术与职业教育中的作用;加强技术与职业教育的国际合作。会议期间,联合国教科文组织副总干事科林·N.鲍维尔做了题为《联合国教科文组织 21 世纪前 10 年计划》的报告,大会通过了《技术和职业教育与培训:21 世纪展望——致联合国秘书长的建议书》,集中体现了当前国际职业技术教育的基本走向与未来发展趋势。

这次会议确定了职业教育为终身教育的重要组成部分。以往人们误解职业教育只是一种终结性的教育,因而将终身教育的主体重点放在成人和继续教育。联合国教科文组织总干事马约尔在开幕词中说:"当今无论是在国家、地区还是个人层面上,知识的富有者与知识贫穷者的差距都在加大。因此,提供终身教育与培训是我们唯一能够用必要的知识与能力武装人们的途径,使其能够在变化的世界中生存。"[①]随着终身教育理念的逐步深入人心,职前职后教育的有机结合,职业教育成为一种阶段性的教育。知识经济的到来,要求职业教育具有适应性和延续性,如何使职业教育向终身教育延伸,成为发达国家职业教育发展的关键问题。

世纪之交,美国职业教育改革经历了从 STW 到 STC,即推行实施终身化的职业教育——生计教育。STC 即 School to Career,指学校到生涯的过渡。它是对 STW(School to Work)的承接与延续,career 一词即职业、生涯,它更强调教育的终身性、动态性和全面性,其内涵也更丰富,主要包括:终身职业教育、全民职业教育、关注学生个体发展、加强与企业界合作及课程

---

① 黄尧、刘京辉:《国际职业教育发展趋势——第二届国际技术与职业教育大会综述》,《中国职业技术教育》,1997 年第 7 期。

整合等方面。① STC 理念超越了狭隘地关注学生适应现实工作需要的职业教育理念,而努力为个体的终身发展提供规划,并建立一个终身学习的体系,以利于他们在学校与生涯发展之间灵活地转换和过渡;同时,STC 继承、巩固和发展全民职业教育的理念,致力于改变职业技术教育的社会认同度,扩大职业教育的生源范围;STC 将职业教育的关注点转移到学生个体,强调职业技术教育应该为学生提供多样化的生涯发展道路选择,为学生的就业和继续接受教育做准备,生涯指导应面向全体学生等。② 而加拿大则充分发挥社区学院的作用,为各类人士提供继续教育课程,如为高中辍学的成人提供高中补习教育,为退休人员提供各种学习机会,等等。

德国也高度重视职业继续教育,为适应科技进步需求,职业培训条例明确规定,职业继续教育分为转职、晋升和进修三类。转职培训是为在业人员转换新的职业或岗位进行的补充教育,进修是为从业人员在某领域提供深造的职业继续教育。许多州都重视为高级技工和技术员提供深造机会。据联邦劳动局统计,每年要求职业进修的人员约占在业人员总数的 20%。此外,全国范围内的职业继续教育和培训信息被及时发布至网上。通过这些措施,使职业教育逐步走向终身化。

英国政府也重视促进社会成员的终身教育,通过各种措施激励人们不断学习。如英国政府规定,凡是 25 岁以下的失业者必须强制性地接受 6 个月"半工半读"的在岗培训。学校设立成绩记录卡,记录学生接受教育和培训的情况;企业鼓励员工参加各种培训,通过提供资金激励他们获取更高级的职业资格证书,从而提高从业者的素质。

二、注重与普通教育融合发展,职业教育高移化

随着科技的迅速发展和全球化的趋势加快,各国之间产品竞争激烈,而其背后是劳动者素质的竞争,传统的职业教育往往无法适应时代发展的要求。为使培养的人才能够顺应工作领域的变化,一些发达国家纷纷采取措施,使职业教育与普通教育、成人教育、高等教育等相互融合,取长补短,从而使职业教育发展呈现出新的特点。尤其是随着高等职业教育作用的凸显和政府的有效介入,高等职业教育通过不断整合优化,形成了比较完善的体系。形式上除了学校的正规教育,还包含在岗培训、职后培训、社会培训等

---

① 石伟平:《时代特征与职业教育创新》,上海教育出版社 2006 年版,第 206 页。
② 顾月琴:《从 STW 到 STC:世纪之交美国职业教育改革探析》,《职教论坛》,2013 年第 3 期。

各种模式,层次上除了专科、本科外,还有研究生教育,体现了高等职业教育的高移化。

随着技术创新应用周期的缩短和社会职业更新频率的加快,国际人才市场需求也随之变化,对劳动者的知识技能与综合素质要求不断提高,原有的初等或中等职业教育已无法充分满足市场需求。为适应社会发展对复合型人才的需求,德国政府打通了职业教育与普通教育之间的壁垒,一方面,明确职业教育要向普通教育阶段渗透和延伸,要求实科中学和文理中学开设职教课程,加强职业指导,以培养学生的职业素质和职业能力;另一方面,承认中等职业教育与普通高中毕业生具有报考大学的同等学历和资格,毕业生能获得综合大学的硕士文凭。此外,除了建立三年制的职业学院来延伸中等双元制职业教育外,又成立高等专科学校。目前,德国高等教育领域的双元制培训项目灵活多样。除了本科专业,一些高校也开设了双元制硕士的学习项目。20世纪90年代以来,更是允许优秀毕业生攻读博士学位。

英国教育实行双轨制,有着注重精英教育的传统,规定只有获得高水平的普通教育证书的学生才有资格接受高等教育。近年来,英国政府强调职业教育与普通教育之间的整合,将生涯教育思想渗透于教育体系中。1993年9月,英国政府在国家职业资格证书(NVQ)与国家普通教育证书(GCE)之间,推出新型课程——"普通国家职业资格"(GNVQ)课程。这种课程采用单元课程与单元学分累积制的方式,实现了普通教育与职业教育的相互过渡。为了更好地衔接国家职业资格证书教育、普通国家职业资格教育与普通高等教育,英国政府承认前两者与普通高等教育享有平等权利,获得GN—VQ高级证书者和获得NVQ三级证书者,可免试升入大学攻读学位。并通过大学中的高等专业技术教育培养本科、硕士、博士等高级科技人员。

澳大利亚经过十多年的努力,也构建起学历证书与职业资格证书相互衔接和沟通的体系,1995年实施《澳大利亚资格框架》,1998年出台"培训包",以规范相关标准,促进职业教育改革。2005年前,《澳大利亚资格框架》提供的职业教育资格分6个等级的专业证书:一级证书、二级证书、三级证书、四级证书、文凭、高级文凭。学生可以根据需要通过学分获得相应证书,获得文凭证书的学生可直接升入普通高等教育的专科二年级学习,获得高级文凭证书的学生可直接升入大学本科二年级深造。2005年后,在原有的6个等级之上,增加了职业教育研究生证书和职业教育研究生文凭两个级别。这两个级别与普通高等教育的研究生证书及文凭是等值的,属于同一级别。

美国和加拿大为了实现不同层次与不同类型教育的衔接,实施"双学分"课程计划。20世纪70年代,为解决高中与大学之间的有效衔接问题,美国开始推行双学分课程(Dual-credit Courses)。1990年,为整合就业、升学、终身发展、提高技术水平和教育效率等多个目标,美国政府颁布的《卡尔·帕金斯职业与应用技术教育法》推出了"技术准备计划"。该计划促使各州制定了相应的政策规范和促进双学分课程的发展,通过开设技术类和职业类双学分课程保证了中、高等职业教育的衔接,减少了课程的重复,提高了职业教育的效率和质量,使更多的学生有了接受高等职业教育的机会。该计划的实施使双学分课程制度在法律上被最终确立下来,成为北美不同层次和类型的教育衔接与沟通的有效制度。①

三、重视非专业能力的培养,职业教育综合化

在新经济形势下,变换职业已经成为一种常态,劳动者只有具备全面的职业素质,才能在激烈的就业生涯中处于不败之地。因此,随着社会和经济的发展,现代职业教育已从满足对职业技能的培养走向对学生可持续发展能力的培养。除了与职业相关的知识和技能外,各国都十分重视学生综合职业素质的培养,加强行为意识与非专业能力等方面的培养。专业能力是从事某种职业所需要具备的知识、经验与技能;非专业能力又称职业核心能力(或关键能力),是指超越专业能力领域之外的,从事任何职业都必须具备的通用能力,是伴随个体终身可持续发展的能力,具有普遍适用性、广泛迁移性和可持续等特点。

虽然各国对非专业能力的界定各不相同,如德国的非专业能力包括方法能力、社会能力、个性能力、参与能力等,美国的非专业能力是指沟通适应能力、个人发展、学会学习、团队效力和影响力等,澳大利亚的非专业能力包括沟通技能、解决难题能力、自我管理能力、主动和进取精神等,英国的非专业能力则包括交流能力、数字应用能力、信息技术能力、问题解决能力、与他人合作的能力等。尽管概念不同,但各国都是从本国的经济发展和人才需求的特点出发,确定行业企业对技术人员职业能力的要求,从而确定非职业能力的内涵。

此外,注重行为意识和人格方面的培养,使学生具备职业道德、敬业精神、社会责任感等职业素质。同时,提高基础文化水平,拓宽专业基础,以适应新技术革命引起的劳务市场的需求。如20世纪30—40年代,德国的培

---

① 邓泽民、张扬群:《现代四大职教模式》,中国铁道出版社2006年版,第8页。

训工种有近千个,1974年降到300个以下,80年代降到238个,并归为28类基础职业,要求在获得某种职业资格的同时,熟悉7~8个工种所要求的岗位能力;为适应经济社会对劳动者知识和技能及综合素质的要求,美国STC项目中,培养要求为学生提供4~6大类职业课程模块。

四、加强与社会各界的联系交流,职业教育开放化

社会需求决定了人才培养的目标,职业教育的人才培养尤其是与社会需求紧密结合,社会和科技的发展要求职业院校不断改革培养目标和专业设置,以适应社会需求的变化。而社会需求的变化,主要体现在产业界和企业界对人才的需求变化。随着整个社会各系统联系的加强,高等职业教育因其特殊性,与社会的联系与沟通也越来越多,形成了开放的职业教育环境。

首先,企业界或产业界更多地参与职业院校的管理。由于受社会对人才需求变化的影响,学校必须不断调整培养目标和专业设置。发达国家一般都注意吸取企业界或产业界的建议,有的国家还有专门的组织,负责将社会各行各业对人才的需求反映给学校,使其进行专业调整,以满足社会的需要。如美国和英国等,自20世纪80年代以来,产业界就越来越多的参与职业教育与培训,政府也通过法律保障满足企业的需求。尤其是英国,加强教育部门与产业界的合作关系,BTEC职教模式中有专家定期与企业联系,根据行业企业需求,每3~5年修订教学大纲,以保证培养的人才符合产业界的需求。德国职业教育改革中,更是发挥了企业的主导作用。在其运行过程中,企业主董事会不仅是职业培训的指导者,更是职业培训的直接参与者。而北美和澳大利亚的职业教育也无不例外地加强与企业联系,邀请企业参与职业教育的管理和监督。目前,就业部门、经济部门和雇主组织等越来越多地参与到职业教育的管理与决策之中。

其次,企业或其他第三方参与教学质量的评价。传统职业教育教学质量的评估主要通过学校内部的考试和学生的自我评估来进行,由于评估主体单一,评估结果无法全面客观地反映教育教学质量。如今随着社会对职业教育的关注,社会对职业教育教学水平的评价主体和评价方式也趋向多元化。经济界、企业界、用人单位和第三方评价机构等都可以成为评价主体,学科成绩、实践技能、社会调查和项目活动等都可以成为评估的载体。如德国双元制职教模式中,考试一般由跟培训机构无关的行业协会承担,行业协会的考试委员会由雇主、工会代表及教师代表组成,以保证考试或考核的公平和客观。

再次，扩大教育群体范围。随着终身教育理念的普及及社会经济发展的需要，高等职业教育不再是传统的为就业做准备的教育，而是扩展到在职培训或职后培训。因此，高等职业教育的主体也发生了变化，包括中等职业院校的学生，具有高中文化基础准备就业的青年，为适应本职岗位发展需要进修的员工，为晋升、转业或转行需要进修的人员，为丰富个人闲暇时间或发展个性需要的人员，等等。如北美的社区学院，是 CBE 职教模式的最大载体，对各种需要接受高等技术教育的人员敞开大门，教育对象各不相同。澳大利亚的 TAFE 职教模式，也是不限年龄，不拘身份，生涯广泛，包括土著人、外来移民、母语非英语的人士等。德国除对残疾人、妇女和外籍人士子女接受职业教育和培训采取特殊的优惠政策外，自 1992 年起实施"职业英才促进项目"，将教育领域的英才促进措施引入职教领域，开创了世界先例。这些都体现了高等职业教育的开放性。

最后，办学经费来源多元化。职业教育的发展，除了政府部门的直接拨款外，社会各界的捐助也将成为职业教育开放化的特征之一。德国双元制职教模式中，办学经费主要由企业和国家承担。澳大利亚 TAFE 除了各州和联邦政府的经费投入外，社会各界的赞助也成为办学经费的来源之一。随着社会各界对职业教育的重视，办学经费来源的多元化也将是职业教育的发展趋势之一。

五、颁布各类法律法规，职业教育管理法制化

由于各国历史、经济和文化等差异，职业教育模式亦不同，政府担任的角色也不尽相同。但综观现代四大职教模式，政府在发展职业教育中的重要作用就是管理的法制化。各国高等职业教育的发展实践表明，社会经济和科学技术的发展催生了高等职业教育的发展，而这种发展也是增强国际竞争力和调整高等教育机构的必然结果。发达国家在职业教育的发展过程中，政府发挥了重要的作用，制定了一系列的职业教育法规，以保障高等职业教育的顺利实施。

早在 1969 年德国就颁布了《职业教育法》，该法规定了关于培训教育、职业继续教育、转岗教育的所有重要方面，包括培训合同、教师、企业、条例、考核与监督等内容。1981 年、1986 年进行修订。1991 年德国又颁布了《联邦德国职业学校总协定》，之后又颁布了一系列职业教育法律，如《青年劳动保护法》《职业教育促进法》《实训教师资格条例》以及 370 余种国家承认的培训条例，使得整个经济领域和职业教育领域都有章可循，有法可依。

美国早在 1940 年就通过了《国防职业教育法》，1963 年通过《职业教育法案》,1990 年通过《帕金斯法案》以促进高中后职业技术教育的发展,1994 年又通过《2000 年目标法案》,实施职业教育改革计划。加拿大也通过系列法律来资助或保障职业教育的发展。如 1942 年颁布《职业训练协作法案》,第二次世界大战结束后颁布《技术教育法》,1960 年又颁布《技术和培训训练支持法》,1981 年又通过《国家培训法》,密切联系了政府和工商界的利益,随后又实施"加拿大职业发展战略",提出资助某些职业课程,鼓励对紧缺专业技术人员的培训。

澳大利亚也重视通过相关法律和政策来规范职业教育的发展,为解决澳大利亚人口老龄化、技能型人才短缺和国际竞争加剧的形式,澳大利亚制定《1998—2003 国家策略》和《构建我们的未来：2004—2010 年国家职业教育与培训策略》,明确了澳大利亚职业教育的指导思想。2005 年又制定了《使澳大利亚技能化：职业教育和培训的新方向》,同年 8 月颁布《使澳大利亚劳动力技能化法案》。2006 年 11 月初,澳大利亚召开了全国性的职业教育与培训改革大会,制定了职业教育发展与改革的新政策与新措施。2011 年 5 月 3 日,澳大利亚技能署发布关于国家职业教育在过去 20 年发展的综合性评估报告《为了繁荣的技能——澳大利亚职业教育与培训路线图》,对澳大利亚职业教育与培训的发展、组织和经费资助方式提出了全面的改革建议。[①]

六、统一考核标准,职业资格证书化

现代四大职教模式之所以取得成功,与其实施严格的考核标准有关,并且其颁发的资格证书具有与学术证书同等的价值。就目前来看,资格证书在就业市场中是最通用最方便的表现形式,很多专业的资格证书得到世界各国的普通认可,便于减少人才流动过程中不必要的麻烦。

德国双元制取得很大的成功并为世人瞩目,其原因之一是公正、客观、严格的考试考核体系。首先,"双元制"职业教育考试由第三方组织——行业协会承担,行业协会不参与教育培训,这样保证了考试的公平性和客观性。其次,相同科目的考试同时进行,且采用同一标准,以保证考试的统一规范性。再次,德国职业教育院校考试分中间考试和结业考试,学生通过后获得三种证书：考试证书、培训合格证书和职业学校的毕业证书。这三种证书由不同的机构颁发,真实反映学生不同方面的能力,具有一定的权威

[①] 姜大源、王泽荣、吴全全等：《当代世界职业教育发展趋势研究——现象与规律（之一）》,《中国职业技术教育》,2012 年第 18 期。

性。正是由于德国制定统一的培训规章,将职业资格置于国家统一的管辖中。因此,德国职业学校的资格证书在世界范围内得到广泛认可。

澳大利亚职业教育以其学制灵活著称,对于职业资格认证,它采取的是全国统一的澳大利亚资格框架(AQF),从而保证了权威性。澳大利亚资格框架由证书和文凭所代表的资格组成,包含职业教育和职业培训方面的证书及文凭,涵盖高中教育和高等教育这两个教育层次,并且还涉及职业教育与培训和高等教育等领域。

英国的资格证书更是举世闻名,其种类齐全,各个行业领域和专业都有相应的资格证书,在全国或地区通用,其中 BTEC 资格证书在世界许多国家和地区都得到认可。早在 20 世纪 80 年代开始,英国就开始建立国家职业资格框架体系,以此来规范职业资格标准。2000 年,英国又将高等教育的各种证书汇集一体,构建了高等教育资格框架体系。2004 年,英国进一步将这两个框架整合,形成具有明显英国特色和时代特征的国家资格框架体系。2006 年,为对种类繁多的职业资格证书进行整合优化,英国国家就业委员会发布《引导英国到 2020 年成为世界级技能强国的路线图》的报告,并于 2009 年 11 月颁布《英国技能战略》,实施英国职业资格改革工程,制定英国资格与学分框架(QCF),力图简化各种证书及其认证体系,并通过加强行业技能委员会的职能及改革资助政策,致力于建立一个能有效体现学习者和企业需求、提高技能水平及资格效益,改善英国经济竞争力、帮助学习者个人充分发挥潜力的职业资格体系。国家资格框架体系涵盖六大类证书:基本素质证书、普通教育类证书、职业教育类证书、岗位教育或培训证书、专业技术证书、高等教育证书。英国国家资格证书框架体系以技能或知识的层次以及学习的付出及时间为主要依据,不计学习的形式和场所,从而破除了传统教育拘泥于学校的藩篱,以一种完全开放的制度,使得全社会办教育,全民受惠于教育,使终身教育、学习型社会和全面教育得以落实。在这个意义上来讲,实现了普通教育和职业教育在"二元论"基础上的等值。[①]

---

① 姜大源、王泽荣、吴全全等:《当代世界职业教育发展趋势研究——现象与规律(之二)》,《中国职业技术教育》,2012 年第 21 期。

第七章 冲突与融合：文化与职业教育

早在100多年前，英国教育学家萨德勒就认为，不能孤立地研究教育，必须重视教育的文化背景，研究决定教育的各种因素。影响教育的因素主要有政治因素、经济因素和文化因素等，其中文化因素对教育的影响尤为深刻和持久。在人类社会发展的历史长河中，每个民族的形成都经历了一段漫长的历史过程，同时也塑造了该民族独特的文化特征。正如"每一种形式的发展都必须从文化出发并从文化方面找到它的最终意义"①一样，各国职业教育的发展与其独特的传统文化有着必然的密切联系。各国文化中的民族特征、思想观念和价值取向都深深影响着职业教育的发展。

第一节 文化、文化传统及其与职业教育的关系

文化与教育有着深刻的渊源，它作为教育存在的土壤和变革的基础，从各个层面约束着教育的发展和变革；而教育传承和延续着文化，并努力适应和传播着文化。我国学者顾明远认为，认识和理解一个国家或民族的教育，必须认识和了解这个国家的文化，他指出："研究一种教育，必须研究产生它的文化基础……只有研究影响某种教育的文化因素，才能理解某种教育的本质。"②

一、文化、文化传统的内涵

一直以来，文化的概念因其丰富的内涵与广阔的外延而备受争议，不同学者对文化的定义不尽相同。德国存在主义哲学家雅斯贝尔斯认为，文化是一种生活形式，它的支柱是精神训诫，即思想的能力；它的范围包括有条理的知识；它的内容包括对曾经存在过的事物形态的注视，对事物的认识以及对词语的通晓等。"文化使个人通过他自身的存在认识了整体。"③美国

---

① 查尔斯·赫梅尔，王静、赵穗生译：《今日的教育为了明日的世界》，中国对外翻译出版公司1983年版，第160页。
② 顾明远：《中国教育的文化基础》，山西教育出版社2004年版，第13-14页。
③ 卡尔·雅斯贝尔斯，周晓亮、宋祖良译：《现时代的人》，社会科学文献出版社1992年版，第55-56页。

政治理论家、思想家塞缪尔·亨廷顿在《文化的重要作用——价值观如何影响人类进步》中从纯主观的角度界定文化的含义,认为文化是一个社会中的价值观、态度、信念、取向以及人们普遍持有的见解。① 我国著名教育家顾明远先生认为:"所谓文化,是指人类在生产实践和社会实践活动中采用的方式和创造的物质和精神成果的总和……一般分为三个层面,即物质层面(包括建筑、服饰、器皿等)、制度层面(包括教育制度在内的一切制度)、思想层面(包括思维方式和民族精神等)。"在这三者中,物质层面最容易交流和吸收,制度层面也常因为政治变革而改变,唯独思想层面具有较强的保守性和凝固性,不容易吸收异质文化和相互交融。②

上述中西方学者从不同角度诠释了文化的概念,本书主要从隐形文化的角度阐述文化传统对职业教育发展的影响,故所述文化的含义更接近亨廷顿的观点。而所谓的文化传统则指"一个民族、一个国家或地区世代沿袭下来的具有悠久历史的文化特质或文化模式"③。文化传统可以分为显性和隐性两种,显性的文化传统包括服饰、礼仪、婚俗、庆典、饮食习惯、居住方式等;隐性的文化传统包括价值取向和心理倾向。而隐性的文化传统更会对社会现实产生巨大的影响。文化传统具有一定的稳定性和普遍渗透性,它潜移默化地影响着社会上的各个系统。教育作为社会重要的组成部分,它的发展变革更是与一定的文化及文化传统有着紧密的联系。

我国著名学者潘懋元先生指出:"一个民族的文化在其历史演进中渐渐积淀而形成了自己的传统……以培养高级专门人才为主要活动的高等教育,作为文化传承的重要载体,与文化传统有着更为直接的联系。不仅其自身深受文化传统的制约,而且,一切政治、经济等对高等教育的作用往往都要以文化为中介,通过文化传统反射出来。同样,高等教育对政治、经济的反作用,也是以文化为中介的。高等教育的改革与发展,不管是宏观上的体制改革还是微观上的教学改革,都在不同程度上受文化传统的制约。"职业技术教育作为高等教育的组成部分,与文化的关系也是相辅相成的。

二、文化传统与职业教育的关系

1. 文化传统对职业教育的影响

教育是传承与延续文化的活动,文化传统作为文化的精粹,必然会对教

---

① 塞缪尔·亨廷顿、劳伦斯·哈里森:《文化的重要作用——价值观如何影响人类进步》,新华出版社2012年版,第9页。
② 顾明远:《文化研究与比较教育》,《比较教育研究》,2000年第4期。
③ 傅利民、刘民:《文化变迁与教育发展》,四川教育出版社1988年版,第24页。

育活动产生显著的作用。相对而言,职业教育的发展受制于文化传统的影响较大,主要体现在以下几个方面:

首先,文化传统左右着职业教育的人才观。文化传统作为一个民族独特的价值取向和信念,有其固定的行为规范与思维方式,体现了独特的民族心理和经验。它引导职业教育建立符合社会大众的培养目标和人才标准,如德国注重实用和技能的文化传统,使德国职业教育将培养思维严谨、动手能力强的学生作为目标,在他们看来,培养具有精湛技艺的工人与教师、医生同样是值得尊敬的职业。而我国的传统文化注重道德发展和人格完善,职业教育的价值追求也就更多注重职业道德的培养和对职业的归属感,缺少了职业教育本身应有的实利性价值追求,学历和文凭依然成为选拔和聘用人才的标准。

其次,文化传统决定了职业教育的教学内容和教学方式。社会制度决定文化基础,而一定的文化基础又决定着职业教育的内容。在传统文化的影响下,人们往往将价值观念诉诸职业教育的教学内容中,以使培养的学生符合整体文化的要求,职业教育所传递的知识、观念、科学技术和价值观等都成为文化的一部分。如德国独特的民族思维方式和价值取向,使德国不仅把自然科学,而且把哲学、语言学、教育学等都作为科学领域,还把技术、工艺与操作技能等也作为科学问题进行研究和实践。同时,各国传统文化中思维方式的不同,导致了各国职业教育教学方式的差异。如果传统文化蕴含以经验性的思维为主,强调直觉而不善逻辑,那么教学方式往往注重理论教学而忽略实践探索;如果传统文化中强调思辨性,那么其教学方式往往注重逻辑论证,采用实践操作居多。

再次,文化传统影响着职业教育的社会认同感和地位。长期的历史发展,使各国人民形成了不同的价值取向,这在职业教育上尤为明显,体现了大众文化基础的差异性。德国历史上有注重手工业和技艺的优良传统,素有"工匠王国"的美誉,而这种注重技能的传统影响着德国职业教育的发展。在19世纪末,德国率先实施了实科教育,以面向社会和联系实际为主要特征。由此,与生活联系最为密切的职业教育得到了社会的重视。在大众看来,接受职业教育是出于个人的爱好,而不是无奈的选择。学生在职业院校就读,不仅是学会谋生的手段,更重要的是这种技能赋予人生一种使命,企业也更欢迎接受职业教育的学生。而在以儒文化为主的地区,传统文化更多强调的是教育的选拔功能,通过选拔性考试进行分流筛选,进入不同等级的学校,技艺是卑微的代名词,而职业教育也成为被动的选择,社会认同度

2. 职业教育对文化的作用

教育对文化传统并不是消极地继承,而是选择并传播着文化传统,这都是通过对人的教育实现的。一方面,教育让个体接受和适应文化,使人的发展和文化传承能统一协调;另一方面,教育培养人创造出更丰富的文化成果。职业教育根源于技术文化和技术哲学,一方面它使个体适应技术文化,发展技能水平;另一方面,通过个体创造出新的技术技能,更新技术文化。职业教育对文化的具体作用方式主要表现为:选择和批判;传承和传播;适应和创新。

职业教育对文化的选择和批判。文化选择是文化演进的主要力量,也是文化变迁和文化发展过程中所产生的一种重要的文化现象,表现为对某种文化的自动选取或排斥。所有教育的文化选择都定向于主流文化,职业教育的文化选择也是在主流文化的范畴内选择自己的教育内容。职业教育是培养应用型的技术技能人才的教育,它立足于人的发展,融合了职业能力教育和文化素质教育。在培养目标和教育内涵的影响下,职业教育通常选取文化中含有技术性的、实用性的和功利性的精髓。有学者认为所谓文化批判,是指人类对自身存在方式及其演变过程的检视和反思,抑或是一种面对文化危机而进行的文化反抗和文化治理,它既是一种理论澄清与划界,也是一种实践解构与建构;既是一种文化焦虑的自我拯救,也是一种文化自觉的精神喷涌。① 而职业教育对文化批判主要体现在按照自身的价值目标和理想追求,对社会现实的文化状况进行分析,做出肯定性或否定性的评价,引导社会文化向健康方向发展。职业教育的培养目标表面上是对所要培养社会急需人才各方面的要求,实质上是对深层文化的选择和批判。它将需要继承和发扬的文化作为对人才的素质要求,形成量化的指标,通过教材的编写、教学内容的组织等对文化资源进行再加工,从而实现对文化的系统化和条理化的选择与传播。

职业教育对文化的传承和传播。文化传承是指"文化在民族共同体内的社会成员中作接力棒似的纵向交接的过程"②。鲁迅曾指出:"新的阶级及其文化,并非突然从天而降,大抵是发达于对于旧支配者及其文化的反抗中,亦发达于和旧者的对立中,所以新文化仍然有所承传,于旧文化也仍然

---

① 李金齐:《文化理想、文化批判、文化创造与文化自觉》,《思想战线》,2009 年第 1 期。
② 赵世林:《云南少数民族文化传承论纲》,云南民族出版社 2002 年版,第 17 页。

有所择取。"①教育是传承和传播传统文化最有效的途径,它通过直接灌输或营造氛围让个体接受传统文化的熏陶,从而影响个体价值观念和思维方式等形成。而职业教育在传递社会文化的过程中,在教育目的、价值、功能和内容选择上有自身的考量,从而决定了职业教育的不同形态及其在不同地区或国家的不同发展。职业教育在传承文化的过程中也不是一成不变地简单复制,它结合了现实和社会需求,将现代科学技术、生产工艺和生产管理等内容,通过职业教育的加工、吸收、消化和传播,让广大受教育者所掌握,使传统文化以最经济且最有效的方式得以在大众中传承和传播。

职业教育对文化的适应和创新。"文化适应"原指来自不同文化背景的社会成员通过相互接触,给接触的一方或双方带来文化模式改革的一种社会心理现象。②但本章所讲的文化适应指的是职业教育对社会文化发展的目标和过程的适应,它是一个不断自我更新的动态过程。高职教育处于传统文化、主流文化和外来文化交汇与冲突的中心,它不仅直接参与社会文化的传承,而且不断调整自己的教学目标和教学活动,以适应文化对教育的时代要求,从而培育社会大众满意的技术技能型人才。同时,文化的生命在于不断地创新,只有经常更新的文化才能源远流长。高职教育除了选择和传播文化外,还能批判文化,创造新的文化,推动文化的不断演进。高职教育在文化创造方面具有独特的优势,其培养目标是高素质的技术技能型人才,而实践与创新是对这类人才的基本要求,他们通过技术研发和技术转化,创造出新的产品、新的工艺和流程,催生新的技术。同时,职业教育发展随着技术的变迁而变化,技术成为职业教育发展过程的载体。技术变迁,引发社会经济模式的发展,从而对社会政治、经济、文化等领域产生重要的影响。尤其是可以改变人的思维模式和行为方式,从而带来对文化的反思和创新。职业教育对社会文化的发展和创新是其他教育所不能代替的。③

综上,一方面,职业教育与文化相互依存、相互影响和相互制约,另一方面,双方不断按照各自的规律发展着。正是文化传统这种强大的历史惯性和渗透性对职业教育起着阻碍或促进的作用,也催生了各国不同的职业教育模式。

---

① 鲁迅:《集外集拾遗·〈浮士德与城〉后记》,人民文学出版社2006年版,第212页。
② 孙进:《文化适应问题研究:西方的理论与模型》,《北京师范大学学报》(社会科学版),2010年第5期。
③ 张汉杰:《文化传统与职业教育的双向建构》,《现代交际》,2011年第9期。

第二节　文化传统对英德两国职业教育的影响

英国和德国虽然都是西方资本主义国家,但两国职业教育的发展却大相径庭。英国的职业教育曾发展缓慢,落后于西方经济大国,而德国的职业教育举世闻名,成为"欧洲的师表",造成这种差异的主要原因是两国截然不同的文化传统。长期以来,英国在"绅士文化"影响下,崇尚传统,重人文轻科技,侧重培养具有"绅士风度"的精英分子,这在一定程度上制约了英国职业教育的发展;而德国有着重视手工艺和技艺、重视实践和培训的优良传统和务本求实的价值取向,这种广泛的大众文化基础和强烈的社会认同感促进了德国职业教育的发展。

一、文化传统对英国职业教育的影响

绅士文化是英国社会长期历史积淀的结晶,体现了英国社会普遍的心理诉求。它在贵族精神的基础上,吸收融合了包括新兴资产阶级在内的各阶级的价值观念,成为整个英国社会的文化精神,并渗透到英国社会的各个层面,进而制约了英国职业教育的发展。

1. 鲜明的等级性

英国虽然最早进行了资产阶级革命,但传统观念根深蒂固,有着鲜明的等级区分。具有绅士风度是英吉利民众自上而下的人格追求,而这反映在教育上,主要有两点:第一,培养具有"绅士风度"的精英分子;第二,限制受教育者来自社会中上阶层。在英国民众看来,贵族、牧师、医生等才是传统意义上的中上阶层。虽然产业革命之后,商人、手工业者在经济上获得了巨大的利益,成为新兴的资产阶级,但他们还是被排除在上流社会之外。受绅士文化影响,他们为改变自身社会地位,只能通过进入传统大学学习古典人文知识,才有可能改变地位。因此,他们对职业教育怀有复杂的矛盾心理,既希望政府能建立职业技术院校,培养熟练的技术工人和产业人才,从而促进自己企业的发展;但同时,经济的富足又使他们迫切需要社会地位的提升,为得到上流社会认可,他们希望通过贵族式的教育成为绅士,因而内心又排斥自己或后代接受职业教育。而英国的统治阶层和上流社会,甚至普通百姓,对职业教育更是不以为然,在他们看来,职业教育是低下人接受的教育,身着工装满手油渍的工人与儒雅高贵的绅士完全不可同日而语。因此,在英国教育不是培养个人谋生的手段,而是改变和提升个人社会地位的机构。在整个社会都向上流社会看齐的习俗下,职业教育不可避免地被边

缘化了。

2. 因循守旧，缺乏创新改革

"文化不是一个自变量。影响文化的因素包括地理位置和气候，政治以及历史的变化无常，等等。"①英国东濒北海，西临大西洋，南与欧洲大陆隔水相望，而且由于受海洋暖流影响，英国全境终年温和湿润，并较少日照时间。英国这种独特的地理位置和气候影响着他们的思维方式，形成了其保守谨慎的民族心理特征。"英国人不爱着急……他们愿一步一步慢慢走，走到哪里算哪里。"②他们不希望剧烈的社会变革影响原有的社会分化，尤其是那些贵族阶层，担心变革造成社会结构重组，从而威胁他们的地位。英国这种保守的心理特征同样反映在对学徒制的态度上。英国从12世纪起就采用学徒制对徒工进行职业和技术训练，但直到工业革命发生，英国的职业教育方式仍然采用传统的学徒制。进入机器时代后，工场手工业得到很大发展，对产业工人的数量与技术都有新的需求，古老的学徒制已无法满足当时社会经济发展的趋势。但英国统治者担心创办职业技术学校会泄漏技术秘密，因此不断改进古老的学徒制，直到19世纪末，学徒制培养的工人还充斥着整个劳动力市场。而此时欧洲的其他国家，如法国、德国等，早已洞察了产业革命对技术和工人的新要求，改革传统的艺徒制，不断创立各类职业学校以适应形势变化。毋庸置疑，英国文化中这种趋向平稳保守的心态虽然避免了社会的剧烈变动，却造成了对新生事物的迟钝与排斥，因而错失了发展职业技术教育的良机。直到20世纪末，才最终形成了颇具特色的英国BTEC职教模式。

3. 重视人文，轻视科技

英国的精英教育由来已久，培养举止文雅谈吐不俗的绅士是教育的最大目标。受到传统绅士教育的影响，一直到19世纪初，古典学科依然称霸公学和文法学校等中等教育机构，拉丁文、音乐和文学等成为教学的主要内容，其目标是培养具有绅士风度的人才。而高等教育与之一脉相承，其办学宗旨和课程设置依然坚持古典人文主义教育，完全忽略了产业革命后社会经济对技术教育的需求。他们认为教育是为了培养和发展人性，强调语言、文学和历史等学科的学习，而这也被看作是社会等级的标志。直到17世纪

---

① 塞缪尔·亨廷顿、劳伦斯·哈里森主编：《文化的重要作用——价值观如何影响人类进步》，新华出版社2012年版，第37页。

② 姜大源主编：《当代世界职业教育发展趋势研究》，电子工业出版社2012年版，第227页。

80年代,英国牛津与剑桥两所大学都在竭力排斥科学和近代理性主义哲学进入课程,仍然以经院哲学(逻辑学、伦理学、物理学和形而上学)和古典学科(辩论术、诗歌、历史、文法)为核心内容。① 进入传统的大学和公学被认为是进入上流社会的通行证,通才教育倍受尊崇,而职业技术教育则处于被冷落和遗忘的困境。在英国人看来,接受教育不是为今后工作做准备,而是将个人培养成有修养的绅士。因此对科学和技术知识的追求是没有价值的,人文和科学技术间似乎存在着一道不可逾越的鸿沟。

"英国社会的绅士传统、古典人文主义传统以及向上流社会看齐的思想左右着英国社会的教育价值观。"②英国的绅士文化传统决定了英国政府对职业教育采取漠视的态度,民众也将接受职业教育看成是下等人的专利。全国上下普遍存在着对绅士的推崇和对技术的鄙视,在这种浓厚的文化氛围影响下,职业教育的发展举步维艰。就如当代有关学者指出,相比其他欧洲国家,英国对职业教育与培训较为轻视,这种轻视引发了很多困惑与愤怒,也影响到劳动者自身。英国技能熟练的木匠或工程师无法享有其同类人士在德国或斯堪的纳维亚等国所享有的社会地位。③

二、文化传统对德国职业教育的影响

在漫长的历史发展过程中,德国形成了重视手工业和技艺的社会心理,这使得德国的职业教育处于世界领先地位,尤其是"双元制"职业教育模式更是举世闻名。而德国独特的文化传统催生和孕育了德国的职业教育,甚至可以认为正是德国传统文化的这片沃土才促进了德国职业教育的发达。

1. 重视技能的历史传统

早在中世纪初期,德国手工业作坊已出现师傅带徒弟的形式。13世纪,德国学徒制已广泛存在于手工作坊中。14至15世纪,德国的学徒制达到了繁荣阶段,为加强对学徒制的控制,手工业行业协会对学徒招收、合同签订、师傅守则等做了明确的规定。之后经过漫长的发展,德国的学徒制也曾一度处于低谷,但1897年《保护手工业法》以法律的形式让学徒制得以恢复发展,1908年又颁布了《手工业条例》,法律和条例的颁布成为双元制顺利实施的基本保障。为弥补学徒文化知识和技能的不足,16、17世纪德国

---

① [美]托·亨·赫胥黎著,单中惠、平波译:《科学与教育》,人民教育出版社1990年版,第10页。
② 张应强:《文化视野中的高等教育》,南京师范大学出版社1999年版,第96页。
③ [英]琳达·克拉克、克里斯托弗·温奇主编,翟海魂译:《职业教育:国际策略、发展与制度》,外语教学与研究出版社2011年版,第3页。

宗教界和实业界一起举办星期日学校,前者侧重传授普通教育知识,后者侧重传授计算、绘图、机械等内容,学徒利用业余时间上课。1900年根据大教育家凯兴斯泰纳的建议,按照职业原则划分,将星期日学校改成进修学校,学徒在师傅家学习技艺,同时又去星期日学校学习的合作形式,已初具双元制模式的雏形。19世纪末、20世纪初,德国在经历产业革命之后,由传统的农业社会进入了工业社会,机器的广泛运用逐步淘汰着手工操作的生产方式。此时,只有掌握一定操作技能的劳动者才能适应形势的变化,而传统的学徒培养模式已不能满足生产的需求。① 面对经济形势的变化,与英国对学徒制的保守改革不同,德国采取积极乐观的态度,通过一系列措施和法律来逐渐完善传统的学徒制,并最终确立了"双元制"在职业教育中的核心地位。第二次世界大战后,正是依靠"双元制"培养的各类技术人才,德国才从一片废墟上崛起,实现了经济和科技迅猛发展。

2. 务本求实的价值取向

德国是个国土面积只有35.7万平方千米的中欧国家,境内湖泊密布,山峦连绵。其特殊的地理环境和众多的人口,使德国与英、法相比,自然资源相对贫乏紧缺。② 这种客观条件决定了德国要在世界经济竞争中生存发展,就只能依靠产品质量和技术优势。对历史和国情清醒的认识使德国人具有严谨、务本求实和富有责任感的民族特点。体现在教育上,就是德国教育的大众化和世俗化,即跟日常生活有关的事物都成为教育的内容,而与生活联系密切的职业技术更是教育的重点,他们敬重那些新技术的发明者和新产品的开发者,全国上下都以接受职业教育为荣。19世纪末的学校改革便是率先发展实科教育,体现了面向社会和联系实际的特征。在德国人看来,学历和文凭仅代表个体所受的教育程度,并不能体现个人的社会价值。因此,他们不盲目追求高学历和高文凭。认为教育应该按照自然本性发展个体,使天赋和能力能得到充分的发挥,教育分流即对个人兴趣和能力的尊重,学术教育与职业教育是处于平等地位。而对人才,德国人也有特殊的理解,他们认为只要对社会有贡献的人就都是人才。就如海德格尔所说:"当一名学生在中学毕业后选择的只是职业教育而不是学术教育时,德国不像其他国家将其视为失败的象征,而仍将其视为一个积极的选择。"③因此,在

---

① 顾月琴:《德国双元制职业教育发达的重要因素》,《中国职业技术教育》,2010年第28期。
② 顾月琴:《德国双元制职业教育发达的重要因素》,《中国职业技术教育》,2010年第28期。
③ [英]琳达·克拉克、克里斯托弗·温奇主编,翟海魂译:《职业教育:国际策略、发展与制度》,外语教学与研究出版社2011年版,第62页。

德国,一线技术工人也是被当作人才而受到全社会重视的。长期以来,德国人这种注重教育的实用化倾向,尊重个体自由和谐发展的理念,独特的人才价值观,以及坚持走质量取胜的竞争意识,促进了职业教育的高速发展。

3. 独特的民族思维方式

受古希腊文化影响,德国哲学思维方式体现了思辨性的特征,这种思辨性使德国人对科学有着独到的见解,他们扩大了科学的外延,认为科学不仅包括自然科学、也囊括了哲学、语言学和教育学,甚至是一切有系统的知识,包括技术、工艺、操作技能及其训练等领域或过程。① 这种独特的思维方式使德国人重视手工业和技术,他们认为"不教儿童手艺,等于教儿童偷盗"。他们强调实践,注意培养孩子的动手能力。早在19世纪早期,德国教育家雅恩曾呼吁通过教育来振兴德意志民族精神,并建议必须教会儿童用他的双手去劳动,每个公民都要选择职业,各尽所能,用自己的技能为公共福利服务等。正是因为对技术无比推崇和对实践无比重视,所以德国素有"工匠王国"的美称,并且学徒制中师傅享有崇高的威望,无论是古老的铁匠还是近代的修鞋匠,都是令人尊敬的职业。而马克·路德的宗教改革,也深深影响着德国人对职业的态度,他曾说"鞋和靴是你的职业作品。你的生命只有通过它们才具有意义,绝不要企图超越这个已经为你确定的目标。"②德国上下对技艺的尊崇,消除了年轻人的顾虑,接受职业教育成为他们的主动需求,而不是无可奈何的选择。同时,德国的企业主也具有强烈的使命感,他们主动提供实习岗位,并承担了学生实习期间的部分津贴,这也大大促进了德国职业技术教育的发展。

德意志民族崇尚手工业和技艺的技术文化,使德国民众有强烈的职业归属感。在德国近代化的过程中,技术主义和与之密切相关的实用主义影响着百姓对职业的选择。③ 这种广泛的大众文化基础和强烈的社会认同感促进了德国的职业教育的发展,并在世界各国处于领先地位,被誉为"欧洲的师表"。"大多数德国人并不是只找一份工作,他们想要的是一个职业(Beruf),一个终身的职业,一个他们热爱的职业。任何不能满足这种愿望的政府注定失败,那只不过是时间的问题罢了。"这是乌尔里希·菲希特纳2005年发表在德国时事周刊《明镜》上的观点,指明了理解就业与职业之间

---

① 陈智强、周晓刚、顾月琴:《德国职业教育本土化:技术与路径》,苏州大学出版社2011年版,第23页。
② 严红卫、郚志明:《德国人》,三秦出版社2004年版,第35页。
③ 顾月琴:《德国双元制职业教育发达的重要因素》,《中国职业技术教育》,2010年第28期。

的联系,反映了德国悠久的历史传统。

文化传统是各国文明经过漫长的历史积淀而形成,由于各国所处的历史时期和地理位置的差异,各民族和国家在文化传统方面有着千差万别。价值取向、心理倾向等隐形文化传统一旦形成,就会产生强大的历史惯性和无所不在的渗透性,从而深刻地影响着人们对教育的理解和选择。英德两国传统文化的差异性也造成了它们职业教育发展的不同路径。在比较借鉴的同时,应努力发挥各国传统文化的积极作用。

第三节　我国职业教育发展遭遇瓶颈的文化反思

受传统文化影响,我国的职业教育发展比较缓慢。近年来,在国家政策的大力扶持和社会各界的共同关注下,我国的职业教育地位显著提升,但其发展依然遭遇瓶颈而陷于徘徊不前的困境。在影响其发展的各种因素中,文化起着举足轻重的作用,尤其是传统文化中的价值取向、教育理念、思维方式等,更是制约了职业教育的发展。文化反思是文化自觉的前提,正确理解文化内涵,充分挖掘传统文化的积极因素,培养良好的职业道德,树立正确的人才观,更新教育理念,才能更好地推进我国职业教育的发展。

中国有着五千多年的悠久历史,伴随着社会漫长的进程,我国的教育也在不断地发展完善。但在传统文化思想领域,人们崇尚儒家经典,轻视技艺,导致我国古代职业教育发展异常缓慢。近年来,在国家政策的大力扶持和社会各界的共同努力下,职业教育的地位显著提升。但依然陷于政府鼓动热、民间反响冷;政府投资大、实际收效低;市场需求大、学校招生难等尴尬的困境之中。职业教育发展遭遇瓶颈虽然与社会政治、经济因素等紧密相关,但文化的影响却更深远持久,尤其是我国传统文化中的价值取向、教育理念、思维方式等因素,阻碍了人们对职业教育的正确认识,职业教育被有意识地边缘化,处于教育发展的弱势地位。

一、中西文化内涵与文化反思的概述

文化作为一种社会现象,具有悠久的历史,对其概念的界说,历来是众说纷纭,至今尚未形成统一的定义。我国目前所见最早论述文化的文献是《易·贲·象》,其中有"关乎天文,以察时变;关乎人文,以化成天下"。意即统治者通过观察天象,了解自然运行规律,组织耕作渔猎等生产活动;掌握社会人伦秩序,引导教育人们,从而治理国家。但此时"文化"还未单独成词并形成整体的概念。之后"文化"一词经汉晋至明清不断演变,但其范畴

基本指向狭义的精神层面。西方的"文化"源于拉丁文 Cultura，意为"耕种、居住、练习"等，而法文的 Cultura，除有栽培、种植之意，还可引申为对人的性情的陶冶和品德的培养，其含义越加宽泛，已从精神层面扩展到了物质层面。

近现代以来，学者们对文化的理解更为丰富深广。我国学者张岱年、程宜山认为："文化是人类在处理人和世界关系中所采取的精神活动与实践活动的方式及其所创造出来的物质和精神成果的总和，是活动方式与活动成果的辩证统一。"①美国政治理论家、思想家塞缪尔·亨廷顿在《文化的重要作用——价值观如何影响人类进步》中从纯主观的角度界定文化的含义，认为文化是一个社会中的价值观、态度、信念、取向以及人们普遍持有的见解。② 虽然中西方学者对文化的表述不同，但内容基本一致。前者是从广义角度定义文化，后者是从狭义角度理解文化。本书在探讨文化传统与职业教育的关系时，也聚焦于价值观念、情感态度和心理倾向等文化要素。

如前所述，文化传统是指"一个民族、一个国家或地区世代沿袭下来的具有悠久历史的文化特质或文化模式"③。由于各民族所处历史时期和地理环境不同，他们的文化传统也存在着一定的差异。在长期的历史积淀中，各民族形成了独特的价值观念、思维方式和心理倾向。文化传统具有鲜明的特征，如巨大的惯性、相对稳定性、强劲的渗透性等。我国文化传统源远流长，博大精深，它从远古延续到今天，已经有五千多年的发展历史，历经夏商周至清朝这段时期。中国传统文化是我国在特定的地理环境、政治机构和意识形态的作用下世代积淀形成，对社会生活包括教育都产生了深远的影响。

反思最早出现于英国哲学家洛克的著作中，被认为是"心灵内部活动的知觉"。文化反思则是指深刻全面地理解文化内涵，思考文化因素中存在的问题和不足，从而消除不利因素的影响，充分发挥其积极因素与存在价值。文化反思是文化自觉的前提，也是文化综合创新的基础。每一时代的文化都是围绕时代主题通过文化反思而实现更新创造的。④

---

① 张岱年、程宜山：《中国文化与文化争论》，中国人民大学出版社 1990 年版，第 2 页。
② 塞缪尔·亨廷顿、劳伦斯·哈里森：《文化的重要作用——价值观如何影响人类进步》，新华出版社 2012 年版，第 9 页。
③ 傅利民、刘民：《文化变迁与教育发展》，四川教育出版社 1988 年版，第 24 页。
④ 张小平：《关于中国现代化问题的文化反思》，《马克思主义研究》，2011 年第 9 期。

二、我国职业教育的发展历程及存在问题概述

职业教育作为教育体系的一个分支,有广义和狭义之分。诸如农夫在农业生产劳动中通过言传身教向其子女传授农业生产经验和技术之类的自然形态的教育,可以看作是最广泛意义上的职业教育。在专门场所(主要是学校)有组织地向学生传授一定的专业知识、技能和情感的教育,可以看作职业教育,但这还是相对广泛的定义。① 中西方学者也都曾从不同维度解释职业教育。杜威和斯内登同是美国学者,但对职业教育的认识有所不同,前者认为职业教育是从事职业工作做准备的教育;后者则扩大了职业教育的内涵,认为职业教育是所有为生活做准备的教育。我国学者顾明远等认为职业教育以培养职业人为目的,其主要内容是以传授某种职业所需知识、技术和态度。《国际教育词典》则指出:"职业教育是指在学校内或学校外为提高职业熟练程度而进行的全部活动,它包括学徒培训、校内指导、课程培训、现场培训和全员培训。"②

从广义角度来讲,我国的职业技术教育源远流长,早在商朝就有了父子间世代相传的手工艺品制作的教育,这是学徒制的萌芽阶段。春秋战国时期,科学技术的发达推动了职业技术教育的发展,诞生了一批能工巧匠,墨子是其中的典型代表,他注重实践教学,追求互助、互利和非攻,并带领众多子弟躬身力行,促进了民间职业教育的发展。汉代的鸿都门学,开创了我国学校职业教育的先河。唐朝至明清,政府都设有从事专业教育的学校,但并未得到重视和发展。

清末洋务运动开设的福建船政学堂,是我国第一所现代意义上的职业技术学校,之后,我国的各类实业学堂得到了一定的发展。1917年5月,由教育界、实业界和政界人士蔡元培、范源濂、黄炎培等发起,成立了中华职业技术教育社,这是我国近代第一个以研究、实验和推行职业教育为职责的机构。1918年,职教社又创办了中华职业学校,主要为工商界培养中级技术和管理人才。之后又创办中华工商专科学校和各种职业补习学校。1922年,北洋政府颁布实行"壬戌学制",该学制正式用职业教育的概念取代原来的实业教育,为我国职业教育的发展奠定了一定的基础。20世纪30年代,国民政府颁布了《职业教育法》和《职业学校规程》等法令,推动了职业技术教育的发展。

---

① 俞启定、和震:《中国职业教育发展史》,高等教育出版社2012年版,第1页。
② 俞启定、和震:《中国职业教育发展史》,高等教育出版社2012年版,第3页。

新中国成立以后我国职业技术教育取得了巨大的进步和成就,但由于各种条件的限制,我国的职业教育几起几落,甚至在"文化大革命"中停办。改革开放后,随着经济建设的全面展开,教育体制的改革也被提上日程。1978 年,邓小平同志在全国教育工作会议上提议:"应该考虑各级各类学校发展的比例,特别是扩大农业中学、各种中等专业学校、技工学校的比例。"①,率先发出了改革中等教育结构的号召。1980 年,国务院转批的《关于中等教育结构改革的报告》,强调了当前亟待解决的教育问题是改革中等教育的结构和发展职业技术教育,提出普通教育和职业、技术教育并举;全日制学校与半工半读、业余学校并举;国家办学与业务部门、厂矿企业、人民公社办学并举的方针。1985 年,《中共中央关于教育体制改革的决定》发布,将调整中等教育结构和大力发展职业技术教育作为我国教育体制改革的重点。自此,我国的职业教育蓬勃发展,职业大学也迅速兴起,我国高等教育结构有了重大改革。20 世纪末、21 世纪初,我国的职业教育事业进入了快速发展的阶段。国家陆续出台了一系列政策法规,促进了我国职业教育的发展。此时,无论是中等职业教育还是高等职业教育,都有了历史性的进步,我国出现了职业教育蓬勃发展的态势。

但我国职业教育发展的步履异常艰难,由于深受传统文化的影响,其发展一波三折,曾出现了一定的萎缩和滑坡。20 世纪末、21 世纪初中国教育最重大的一项举措就是高等学校扩大招生,并持续多年,不仅使高等教育的规模急剧膨胀,由自古以来的精英教育向大众型教育转化,也强烈影响到各类教育的发展。高等职业教育乘高校扩招的东风得以高速发展,而中等职业教育则受到严重冲击,一时限于困境。② 目前我国职业教育依然面临诸多问题,如生源相对减少,普遍完不成招生计划;生源质量明显降低,学生素质不高;社会对职业教育认同度不高,导致职业院校学生就业困难;等等。在理性分析制约职业教育发展的各种因素中,不难发现传统文化是我国职业教育发展遭遇瓶颈的主要原因。

三、传统文化对我国职业教育发展的影响

长期以来,中国形成了以儒家文化为主的传统文化,就文化类型而言,是以伦理为中心、以政治为本位的伦理政治型文化。这种文化机制融合了儒、释、道的价值理念,在中国文化变迁的历史长河中,它们共同构筑了以理

---

① 《邓小平文选》,人民出版社 1983 年版,第 104 页。
② 俞启定、和震:《中国职业技术教育发展史》,高等教育出版社 2012 年版,第 188 页。

性主义和人文精神为基本特征的中国传统文化,具体表现为重世俗轻神性,重道德轻功利,重政务轻自然,重和谐轻竞争,重整体轻个体等方面。①

1. "官本位"的价值取向

我国古代注重培养圣人,学优则仕是教育的根本目的。隋唐科举制度实行后,学优则仕便成为普遍法则。科举考试主要选拔治国平天下的政治人才,作为一种官吏选拔制度,科举考试具有一定的公平公正性,让广大的布衣寒士看到了改变个人及家族命运的希望,实现"朝为田舍郎,暮登天子堂"的梦想,完成从布衣到显贵的华丽转变,这种强大的吸引力,使整个社会迷恋于科举考试,"官本位"成为主流价值观,这更强化了世人对儒家经典的崇尚,轻视自然科学及各种技能技艺的学习,导致农工商等实科教育不发达,因此中国古代职业教育在官方教育中一直处于弱势地位。② 而这种价值取向经过长期的积淀,已内化为整个民族共同的信念,即"学而优则仕",学习不是为了今后掌握谋生的技能,而主要是为了科举中榜,跻身仕宦阶层,改变社会地位和身份。这样的价值取向,不仅体现在古代科举考试中,而且也反映在我们当前堪称壮观的高考场面上。

2. 人文与科学、理论与实践对立的教育理念

儒家文化在我国古代社会占据主导地位,"儒家文化具有人文性特征。从先秦开始,儒家在教育内容上就形成了重视人文政务,轻视物理自然,贬抑生产技艺的价值取向"③。《论语·子路》记有孔子反对樊迟学稼之事,可视作儒家轻视生产技艺的渊源。儒家文化将理论与实践严重对立起来,"重道轻器",认为那些认识和改造自然的科学与技艺不过是"雕虫小技""奇技淫巧",必须"绝巧弃利"。曾为先秦显学的墨家经典虽然已出现了古代力学、光学、几何理论和形式逻辑的萌芽,然而都因受到儒家、道家为代表的主流文化的排斥而中断了。④受这观念的影响,中国古代知识分子"两耳不闻窗外事,一心只读圣贤书"。他们几十年如一日,埋头书本,沉溺于研习儒学和考据经学义理。他们将一生交付于四书五经等儒家经典,而不屑从事技术实践与技术创造,职业与技艺教育只能在民间通过师徒传承。这种状况

---

① 程晋宽:《20世纪中国文化变迁和教育变革的历史分析》,《河北师范大学学报》,2001年第1期。
② 顾月琴:《日常生活变迁中的教育:明清时期杂字研究》,光明日报出版社2013年版,第120页。
③ 王炳照、徐勇:《中国科举制度研究》,河北人民出版社2002年版,第52页。
④ 徐行言:《中西文化比较》,北京大学出版社2004年版,第76页。

导致了科学技术在中国文化中被边缘化,严重阻碍了科学技术的应用与职业技术教育的发展。

3. 注重直觉和整体的思维方式

我国传统教育是被动的知识传授,学习方式多以"顿悟"和"体悟",缺乏西方教育中积极主动的探究精神,更缺乏西方哲学严密的逻辑推理和论证,习惯于直觉思维的方式,凡事不用分析探讨,只需体会领悟。而且传递的知识基本以经验为主,信奉"述而不作",缺乏求真务实的技术实践,更缺乏抽象的思维创造能力。职业教育是与社会经济紧密相关的教育类型,中国人的模糊思维,虽然把历代文人墨客的浪漫主义文采雅兴,推向了一个又一个的顶峰,却没有给生产力发展多少推动力。① 其次,我们民族具有注重整体和过程而排斥多元的思维特征,反映在教育上就是对人才培养标准的高度统一,儒家将培养"圣人""贤者"作为教育的主要目标,而忽视了个体存在的差异性,于是千千万万的读书人皓首穷经,怀抱"修身、齐家、治国、平天下"的雄韬伟略,努力跻身于仕宦阶层。

"万般皆下品,唯有读书高","在长期的上层意识形态领域,一贯奉行着鄙视工商的伦理规范,社会各个阶层——士农工商,等秩俨然"②。在这样的传统文化氛围下,职业教育举步维艰也就不难理解了。

四、反思传统文化对职业教育的积极因素

职业教育的发展受到各种因素的制约,其中主要有文化、经济、政治和国际环境等因素。近二十年来,政府对职业教育高度重视,相继出台系列政策法规扶持职业教育,职业教育的地位在逐步提升,职业院校与入学人数不断增加,这表明传统文化对职业教育的影响在逐步弱化,随着社会经济的持续发展和信息时代的到来,人们接受教育的需求也不断增长,并日益趋向多元化,传统文化与职业教育最终将从冲突走向融合,而职业教育也将从边缘走向中心。传统儒家重道义轻技艺,关注的多是与道德修养、治国方略相关的教育问题,只有少数重视"实学",关注民生的学者涉及与职业教育有关的论述,其中也不乏精辟之见。③ 而目前,最主要的是重新审视传统文化,充分挖掘传统文化中的积极因素,努力发挥其对职业教育的促进作用。

---

① 包国庆:《职教发展的深层障碍——中西职业教育的文化比较》,《教育发展研究》,2006年第9期。
② 傅衣凌:《明清社会经济变迁论》,人民出版社1989年版,第197页。
③ 俞启定、和震:《中国职业教育发展史》,高等教育出版社2012年版,第31页。

1. 有助于培养良好的职业道德素质

传统文化虽然在一定程度上制约了我国职业教育的发展,但我国的传统文化历史悠久,博大精深,其中也蕴含着对职业教育发展的积极因素。我国传统文化是以道德文化为基础,其敬业乐业、诚实守信、以义制利的精神有助于职业道德的养成。而随着社会分工的不断深化,职业道德成为比较重要的道德规范体系,良好的职业道德可以促进人与人之间的合作更加顺利,并能使整个社会保持和谐有序的状态。职业教育不仅培养学生具备精湛扎实的技术能力,更要有效地提升学生的职业道德素质。《论语》有"道千乘之国,敬事而信,节用而爱人,使民以时","人而无信,不知其可也","其身正,不令而行;其身不正,虽令不从","正其谊不谋其利,明其道不计其功"等关于诚信、节约、公道、义利等方面的论述,对当前培养学生良好的职业道德依然具有重要的借鉴作用。

2. 有助于树立正确的价值取向与人才观

注重个体能力和兴趣差异,改变学优则仕的价值取向,正确对待成才与学历的关系,改变我国教育领域长期存在的片面追求升学率的现状。南北朝后期的颜之推,虽出身士族,深受儒家名教礼法影响,但提出"人生在世,会当有业。农民则计量耕稼,商贾则讨论货贿,工巧则致精器用,技艺则沉思法术,武夫则惯习弓马,文士则讲议经书"。明确强调了人要谋生就要有份职业,职业不同,对技术和能力的要求也不同,从业者应该努力求精。甚至认为"积财千万,不如薄技在身",重视"杂艺",认为掌握一技之长,可以"触地为安",告诫士大夫子弟"爰及农商工贾,厮役奴隶,钓鱼屠肉,饭牛牧羊,皆有先达,可为师表"!强调了行行都可出状元。综观德国的人才观,即人才的标准是在所从事的领域做出贡献,哪怕是技术工人也是被作为人才培养的,而不盲目追求高学历、高文凭。杜威曾经说:"职业是唯一能使个人的特异才能和他的社会服务取得平衡的事情。"[1]充分发挥学生的特长和优势,才能培养社会生产和经济发展需要的各类应用型人才。

3. 有助于建立理论学习与生活实践的联系

理论与实践相结合是职业教育的基本要求,也是职业教育教学的主要方式。早在明末清初时期,颜元就强调"实学",提倡"习行",培养文武兼备、经世致用的人才,猛烈抨击宋明理学家"穷理居敬""静坐冥想"的主张。颜元认为,要获得真正有用的知识必须通过自己亲身的"习行","躬行而实

---

[1] 约翰·杜威著,王承绪译:《民主主义与教育》,人民教育出版社1990年版,第327页。

践之",求诸客观事物。此外,颜元还重视劳动教育,后来虽从事教育和学术研究活动,但一生未脱离生产劳动,在制定的"教条"中规定:"凡为吾徒者,当立志学礼、乐、射、御、书、数及兵、农、钱、谷、水、火、工、虞。予虽为能,愿共学焉。"目前,终身教育、全民教育和全纳教育是近期国际上比较突出的三大教育思潮,反映了大众化、民主化、平等化、多样化及个性化的主流特征。① 我们应该顺应国际教育发展趋势,充分挖掘我国传统文化中的精髓,将理论学习与生活实践紧密结合,在全社会营造重视职业教育的文化氛围。

中国传统文化注重以德为主,其蕴含的敬业、诚信、以义制利等精神对职业道德的养成具有积极的作用,但传统文化对经典的崇尚、对技艺的贬抑及对实践的轻视,使我国职业教育发展步履艰难。改变人们根深蒂固的传统价值观念需要我们正确反思中国的传统文化,化解其对职业教育的消极作用。而近年来随着国际环境的发展变化,国家政府和社会各界为提升职业教育地位所做的努力,正表明了传统文化的惯性与现代经济的发展需求在冲突中走向融合,我国的职业教育必将会得到长足的发展。

---

① 顾月琴:《基于 STC 视角的全民职业教育理念分析》,《教育理论与实践》,2013 年第 27 期。

第八章 我国高等职业教育人才培养模式的构建与改革

进入 21 世纪以后,随着世界经济全球化的发展,我国的社会经济也发生了根本的变化,新兴科技产业的出现改变了我国传统的产业结构,新行业和新就业岗位不断产生。市场的不断变化,导致社会对人才需求的不断变化,而高等职业教育是为社会发展培养大批高素质技能型人才的主阵地。在社会经济发展、高等教育改革和国外职业教育发展改革的背景下,我国高等职业教育也面临着人才培养模式的改革和创新问题,并出现了新的发展趋势。

第一节 我国高等职业教育人才培养模式改革的背景

当前,我国高等职业教育处于发展的关键时期,社会经济和科技的发展变革,为高等职业教育的发展创设了良好的外部环境,也为高等职业教育的发展提供了内在动力。此外,我国高等教育的发展和国外职业教育的发展改革为高等职业教育提出了更高的要求,也为高等职业教育的改革提供了借鉴。

一、社会经济发展的需求

社会经济发展和科技创新直接催生了高等职业教育。随着经济全球化趋势的加强和我国加入 WTO,我国的社会生活和经济领域正在发生深刻的变革。这些变革既形成了高等职业教育发展的环境特征,又使高等职业教育发展面临着机遇和挑战。

1. 激烈竞争的国际环境

高素质技术型人才的严重短缺。当前,科学技术迅猛发展,各国的竞争日趋激烈,而经济全球化加剧了人才的流动。高素质技术型人才严重短缺已成为阻碍各国科技和经济发展的关键因素。西方发达国家如美国和德国,技术人才的缺口日益增大,不得不宣布引进高科技人才的一系列新政策。由于世界科技人才的短缺,引发了全球人才的争夺。发达国家利用其资金和科研环境的优势在人才争夺战中占据主导地位,而发展中国家普遍面临着人才外流的困境,其中我国高素质技术人才流失情况更为严峻。

人力资源因素受到重视。目前,世界各国越来越意识到人力资源的重要性,认为人力资源是国家的最大财富,因此都把人力资源开发作为增强综合国力和加快经济发展的战略重点之一,并将其纳入社会发展和国际竞争的规划。我国是人口大国和劳动力资源大国,但人力资源开发面临严峻的挑战,只有发挥高等职业教育的作用,把巨大的人口资源转化为人力资源,才能增强我国的综合实力,实现富民强国的国策。

加入 WTQ 及其影响。中国加入 WTO 后,面对激烈的国际市场,必须加快调整产业结构,新兴的科技产业得到发展机遇,而传统行业面临巨大挑战。新的产业结构要求新的知识结构和技能。这就要求高等职业教育必须对此做出积极反应,为社会培养高素质的复合型技术人才。此外,随着国际教育市场的开放,我国教育市场的开放也成为必然趋势,而国外教育机构也正逐步涉足我国的职业教育与培训市场。因此,我国的高等职业教育必须积极应对这些变化,为社会经济发展提供高质量的职业教育。

2. 科技发展和高新技术产业的影响

现代社会,科学技术的发展日新月异,并渗透到经济发展、社会进步和人类生活的各个领域。同时,知识更新速度加快,知识转化为生产力的周期缩短,这都影响了产业结构和劳动组织的变化。在当前各国综合国力的竞争中,采用的重要手段就是推动科技创新和技术应用,其核心就是技术人才的竞争,而这与高等职业教育人才培养紧密相关。

我国经济领域中科技应用水平有了很大的提高,不仅出现了一些新兴的高科技产业,而且传统产业也逐步转型升级,但总体来说情况不是很乐观,主要原因在于劳动力整体素质差,中高级技术工人严重短缺,科技成果转化率低。有关调查表明,我国平均每个劳动者创造的国民生产总值只有西方发达国家的2%~4%,我国机械行业劳动生产率相当于美国的1/12,每年工业产品的平均合格率只有7%。产生这种情况的原因之一就是生产一线的技术型人才严重短缺。经验表明,科研成果和技术专利可以从别国引进或购买,但大批高素质的技能型劳动者必须依靠本国培养。

此外,由于科技的发展,产品生产周期大大缩短,高新技术的产业化加快。高新技术产业的发展,要求一线的技术人员不仅要具备全面的专业理论知识,同时还得掌握新技术和新设备的实际应用。而传统产业的转型升级也大大增加了职业岗位的技术含量,从而对员工提出了新的技术要求。因此,职业模式和岗位内涵的变化,使得操作人员的知识和学历出现提升的趋势,同时,为了合理配置各类职业技术人才,必须加快调整人才类型机构,构建多层次多样化的职业教育人才培养模式。

3. 社会职业岗位的变化

随着社会进步和劳动分工的细化,新的职业产生和发展起来。由于社会生产力和科技创新的不断发展,社会职业岗位也在不断地呈现新的变化特征。社会职业和经济、科技发展关系密切,一方面经济结构和科技水平决定着社会的职业构成,另一方面职业变化又反映着社会经济和科技领域的变化。

社会经济发展要求劳动者具备应变和发展的基础。职业岗位体系是个动态的大系统,只有具备一定的应变能力,劳动者才能适应其不断发展变化。当前,社会不但要求劳动者工作技能提高,更要求其能适应不同职业岗位。因此,职业教育应抛弃只顾就业率的短视行为,而应注重劳动者的职业生涯发展。

在现代社会中,劳动者终身从事某项职业的思维模式已经被改变,出于利益导向或企业自身原因,劳动者频繁更换职业已经成为常态。尤其是在经济全球化和我国加入WTO后,就业机会增多,人才流动的趋势不断增强。并且科技发展和产业升级产生了一些与高新科技有关的岗位技术,如机器人技术,CAD/CAM维修技术等。同时,第三产业的蓬勃发展也催生了一系列新的岗位,如证券咨询员、广告编辑等。此外,需要运用几种专业知识的复合型工作岗位出现。这些变化对劳动者的技术和知识都提出更高要求。传统的职业教育已无法适应高级技术型人才培养的需求,这就对高等职业教育发展提出了新的挑战。

二、高等教育改革的需要

当前,我国高等教育发展面临着复杂的国内外背景,对人力资源开发、教育结构调整和人才培养模式提出了更高的要求,这加重了高等职业教育深化改革和加快发展的任务。

1. 高等教育结构调整的客观需求

高等教育的发展需要适应经济和社会的需求,而这主要体现在学校培养的合乎社会要求的人才数量和质量规格。几十年来我国的高等教育取得了显著的成绩,虽然我国曾对高等教育结构进行调整和改革,但由于种种原因,我国的高等教育依然处于单一类型或单一模式的状态中。这使得培养的人才无法满足市场经济发展对人才的多样化需求,导致人才供需矛盾不断凸显。因此,必须对高等教育结构进行有针对性的调整和改革。

高等教育的类型结构。社会对人才需求是多方位的,没有一种教育类型能培养出各个领域都精通的"全才",因此有必要划分教育类型。1977年联合国教科文组织推出新版的"国际教育标准分类",按照不同的培养目标和课程模块将高等教育分为5A和5B两类,其中5A是"面向理论基础/研究准备/进入需要高精技术专业的课程",5B为"实际的/技术的/职业的特殊专业课程"。

高等教育的人才结构。不同社会发展阶段对人才结构有着不同的需求,人才结构与教育类型相对应。长期以来,我国高等教育在学科本位的导向下,人才结构比例严重失调。一方面,侧重学术型人才的培养,本科不断扩招,导致学术型人才供大于求;另一方面,技术应用型人才尤其是新兴产业的高层次人才严重缺乏。新经济形势下,只有将人才培养的数量与结构调整结合起来,才能适应社会经济发展的需求。

高等学校的发展定位。精英型大学高等教育和大众型高等教育具有不同的功能与任务,因此,在当前阶段,它们是必须同时存在的。随着我国高等教育管理体制改革的推进,应该对高等学校合理分类,并重新定位其发展目标和办学方向,并实施相应的人才培养目标和方案。

2. 实现高等教育大众化的需要

20世纪70年代初,美国加州大学的教育社会学家马丁·特罗提出按照不同阶段适龄人口毛入学率将高等教育划分为精英教育、大众化教育和普及化教育三个阶段,即入学率为15%以下,属于精英教育(Elite education),入学率在15%至50%为大众化教育(Mass education),入学率在50%以上为普及化教育(Universal education)。之后,世界各国普遍将这一理念看作是衡量其高等教育发展阶段的重要指标。1998年12月,我国教育部在《面向21世纪教育振兴行动计划》中提出:到2010年我国高等教育毛入学率要接近15%。1999年6月中共中央、国务院在《关于深化教育改革全面推进素质教育的决定》中又提出:"通过各种形式积极发展高等教育,到2010年,我国适龄人口的高等教育毛入学率从现在的9%提高到15%。"

当前,一些发达国家都已经实现了高等教育大众化,如美国通过大力发展社区学院来扩大在校学生数量,而英国通过合并原有的技术学院和继续教育学院,组建多学科技术学院,这些学院成为英国高等教育大众化的主力军。由于各国的社会经济、文化传统和教育情况不同,实现大众化进程的方式也不同。虽然各国发展模式不同,但英、美、德等发达国家先期进入大众化高等教育阶段的成功经验都在于发展非正规普通大学教育。近年来,我国的高等教育得到不断发展,尤其是高等职业教育更是占据了半壁江山,但这并不代表我国高等职业教育在推进我国高等教育大众化进程中主体地位的真正确立,高等职业教育依然处于我国高等教育体系中的弱势地位。

3. 迎合终身教育理念的需求

自20世纪60年代保罗·朗格朗提出终身教育理念以来,该理念已经在世界各国广泛传播,对世界教育产生了深远的影响。就如查尔斯·赫梅尔在《今日的教育为了明日的世界》中指出:"终身教育是正在使世界教育制度革命化的过程中的一种新的观念。"终身教育是人们在一生各阶段当中所受各种教育的总和,是人所受不同类型教育的统一综合,它包括教育体系的各个阶段和各种方式,既有学校教育,又有社会教育;既有正规教育,也有非正规教育。终身教育主张在每一个人需要的时刻以最好的方式提供必要的知识和技能,学习者不仅要学习已有的文化,而且要培养个人对环境变化的主动适应性、独立性。终身教育突破了传统教育的理论和实践范畴[①],着眼于职业教育与社会发展和人的发展紧密联系,淡化了学历教育与岗位培训、普通教育与成人教育、全日制教育与非全日制教育之间的界限。

实现个体的终身教育,职业和学习不再是截然分开的两个阶段,而职业教育也不再是终结性的教育。为满足个体随时随地学习的机会,高等学校尤其是职业教育必须向社会开放,发挥学历教育、非学历教育、继续教育和职业技术培训等多种功能,并形成多样化的办学模式,如提供多样化的学习方法、培养途径和学习空间等,使社会成员有更多的教育机会。因此,我国只有大力发展和不断改革职业教育,才能构建终身教育体系,满足社会成员终身教育的需求。就如有学者所说的"技术与职业教育作为终身学习不可分割的一部分,在新的时代将发挥至关重要的作用,它是实现和平文化、保护环境的适当的可持续发展、社会凝聚和国际公民等目标的有效工具"[②]。

三、国外高等职业教育的发展和改革

20世纪后半叶,欧美各国兴起和发展了各种短期高等教育,这种短期高等教育在高等教育中所处的地位及发挥的作用与我国的高等职业教育属于同一类型。其目的都在于满足社会经济的发展需求,设置实用性强的课程,为行业培养大量高素质的技术型人才。

---

① 魏晓锋:《现代化之路:太仓实践》,苏州大学出版社2016年版,第181页。
② 赵中建:《全球教育发展的研究热点——90年代来自联合国教科文组织的报告》,教育科学出版社2003年版,第424页。

1. 国外高等职业教育兴起的背景

20世纪中叶以来,发达国家率先进入了以原子能和计算机广泛应用为标志的第三次新技术革命时期。由于科学技术日新月异,社会各部门对劳动者的素质提出了更高的要求。经过战后经济恢复,西方各国进入了经济发展和产业结构调整时期,产业界强烈呼吁培养更高层次的技术人才以满足他们对人才的新需求。

20世纪之前,各国高等教育主要以精英教育为主,新科技革命不但推动了社会经济的发展,还促进了教育的现代化和大众化。第二次世界大战之后,美国大力发展社区学院,率先实现高等教育的大众化。大批工业发达的国家紧随其后,在短短的20多年时间里先后实现了高等教育大众化。发展中国家为实现民族经济振兴也致力于高等教育的大众化。而马丁·特罗的高等教育三阶段理论,更是成为各国变革高等教育的动力之一。高等教育大众化颠覆了传统精英主义的高教传统,它要求高等教育必须进行全面的调整和改革。

此外,第二次世界大战结束后,如何安置大量的退伍军人也成为西方国家的难题,并且战后经济繁荣,要求接受高等教育的人口增多,这使高等教育面临巨大的压力。而此时西方各国又如火如荼开展着民权运动,更促进了教育民主化的进程。社会各界提出"教育机会均等"的口号,并猛烈抨击传统精英教育垄断高等教育,要求改革高等教育单一的学术化倾向,面向大众化、职业化和实用性发展高等教育的呼声日益高涨。这些促使各国政府积极寻找教育改革的对策,并采取了一些措施,如建立新的高等学校、降低录取要求、补助困难学生等,来增加学生进入大学的机会,从而为高等教育大众化提供保证。

2. 德、美等发达国家高等职业教育机构的建立

20世纪下半叶,世界高等教育除了数量规模的迅速增长外,一个显著的特点是结构、形式和类型的多样化。高等教育不但要发挥科学研究和知识创新的功能,还要满足社会发展对人才的多样化需求。传统的大学无法适应社会发展需求,需要多样化的高等教育机构与之适应。因此,20世纪60年代开始,各经济发达国家新建大批"非大学高等教育机构",虽然各国的称谓不同,但这类高等教育机构的内涵和功能相近,都具有多样性、地方性、灵活性、职业性、市场性和规模性等特点,其主要目标是培养技术型人才。由于各国的文化传统和经济发展水平不同,各国高等职业教育的发展也具有不同的特色。

德国双元制职业教育历史悠久,为德国培养了大批高素质人才。但随着国际形势的变化和教育改革的发展,双元制职业教育也面临着挑战。20世纪60年代,德国高等职业教育开始起步,建立了一批高等专科学校和职业学院。其中高等专科学校是1968—1969年由工程师学校及高级专科学校发展而来,学制3年,培养工程技术人员。职业学院创建于20世纪70年代初期,招收中学毕业生,采用传统"双元制"职业教育模式,注重发挥学校与企业各自的优势和作用,在三年的学习期间,让学生在学术和职业资格上达到与高等学校毕业生同等的程度和资格,从而实现了职业教育的高移化及与普通教育的等值。

美国是发展高等职业教育比较成功的国家,主要通过社区学院和技术学院来实现高等教育大众化。社区学院在20世纪初期没有得到稳定发展,20世纪六七十年代,社区学院改变办学方向,确立了以职业技术教育与培训为主要职能,兼顾其他继续教育、闲暇教育等教育职能,并采用CBE"以能力为基础的教育"模式,其特点是围绕从事社区职业工作需要的标准、知识和工作态度等来设置专业,确定培养目标,进行课程开发。通过社区学院CBE教育,使受教育者完全具备从事某种职业的能力,并能较快适应不同经济需求的岗位工作,推动了地区经济的发展。正因为课程设置灵活,实用性强等特点,社区学院蓬勃发展,在美国高等教育中具有举足轻重的地位。

澳大利亚高等教育水平较高,尤其是职业教育与培训的成功更是令人瞩目,其职业教育主要是指TAFE教育。20世纪70年代产生以来,经过三十多年的动态发展,TAFE已经成为澳大利亚教育体系中的重要支柱,是澳大利亚职业教育和终身教育的有力支撑。澳大利亚各州政府均建有专门的TAFE学院,提供形式多样的课程和学习方式,满足不同的群体需求。由于其受到政府、企业和学生的普遍认同,许多海外国家的学生远赴澳大利亚接受TAFE教育,而澳大利亚本土每年也有近十分之一的学员接受TAFE培训与教育。

英国是个贵族气息浓厚的国家,早在中世纪,英国社会中占主导地位的就是贵族阶层,出于对贵族精神的推崇,英国教育注重培养德才兼备的绅士,因而英国很大程度上实行的是精英教育。随着20世纪后工业社会的快速发展,各国高等教育突破了属于少数人的精英教育,逐步过渡到大众化阶段。根据世界形势的发展变化,英国的高等教育也进行了改革调整,并开发了BTEC这一具有国际影响力的职教模式,使接受高等教育的人数激增,实现了英国高等教育从精英走向大众的战略目标。

3. 国外高等职业教育的改革趋势

随着科技发展和社会进步,各国的高等职业教育都在不断地进行改革,出现了一些新的发展趋势。如吸收新的教育理念,职业教育终身化;注重与普通教育的融合发展,职业教育高移化;重视非专业能力的培养,职业教育综合化;加强与社会各界的联系交流,职业教育开放化;颁布各类法律法规,职业教育管理法制化;统一考核标准,职业资格证书化等。由于前面已有论述,这部分内容就省略,详见本书第六章第三节"国外高等职业教育的发展趋势"。

无论是国内外经济、科技还是产业的发展,都对人力资源的开发及人才结构的需求提出了新的要求。而我国高等教育的现实又面临教育类型、人才培养模式及学校发展定位问题。此外,国外高等职业教育的发展与改革趋势又为我国的高等职业教育提供了借鉴作用。因此,改革我国高等职业教育及其人才培养模式,是当前面临的艰巨任务。

第二节 我国高等职业教育人才培养模式的发展趋势

近年来,随着国际形势的发展,发达国家不断改革高等职业教育人才培养模式,培养了大批高素质的技术型人才,促进了本国社会经济的发展,实现了高等教育的大众化。依靠政府和社会各界的大力支持以及对国外职教模式的借鉴参考,经过各高等职业院校不断探索和实践,我国的高等职业教育也取得很大的成就,并呈现出新的发展趋势。

一、高等职业教育办学主体的多元化

国务院《大力推进职业教育改革与发展的决定》提出"深化职业教育办学体制改革,形成政府主导、依靠企业、充分发挥行业作用、社会力量积极参与的多元化办学格局"。该决定指出了我国高等职业教育办学体制改革的方向。随着我国社会主义市场经济体制的逐步完善,高等职业教育也逐步引入市场机制。目前,在市场经济规律和国家有关政策的支持下,社会各界积极投身职业教育发展事业,我国高等职业教育的办学主体已打破了政府一统天下独揽一切的垄断局面,出现了股份制办学、私立民办、中外合资办学等多种体制的办学模式。随着社会、企业和个人资本的多元投入,我国高等职业教育逐步形成了政府主导、依靠企业、充分发挥行业作用及社会力量积极参与的多元化办学格局。

二、高等职业教育服务对象的多样化

随着终身教育理念的深入及学习化时代的到来,我国高等职业教育已经从传统的就业准备教育扩展到职前、在职和职后的各个阶段。接受教育尤其是高等教育不再是适龄学生的专利,任何年龄和职业的人员都需要接受各种形式的灵活的教育与培训。社会对高等职业教育的需求将向多样化的方向发展。不但部分普通高中毕业生需要接受适合自己的高等职业教育,已经参加工作的或失业在家的人员也因行业发展需要接受各种技能培训。因此,随着社会形势的发展需求,高等职业教育必须扩大服务对象,面向社会各界提供多种教育培训服务,不但为高职学生提供理论和实践教学,而且为中职毕业生提供继续教育服务;不但为广大在职员工提供岗位培训和进修,还为转岗或下岗失业人员提供各种短期的教育培训。

三、高等职业教育办学形式的多样性

为满足不同年龄、性别和职业的个体对高等教育的需求,我国提供多种形式的高等职业教育与培训,使高等职业教育办学形式出现灵活多样的特征。尤其是非学历教育将由边缘走向中心,并和学历教育处于同等重要的地位,成为高等职业教育中的主要办学形式。随着世界终身教育理念的发展,在职培训、职后培训等活动成为现代社会中工作生涯的必修课程,非学历教育已不再是高等职业教育的补充性教育,而是社会发展要求和个人可持续发展的需求。联合国教科文组织总干事鲍维尔曾提出"要促进正规教育和非正规教育之间的协调,促进负责教育、培训、劳动和社会福利的政府各部门之间的协调","以便提供通向就业的技术和职业教育与培训,从而改善技术和职业教育与培训就业的联系和合作"。

四、高等职业教育培养目标的长远化

培养目标在高等职业教育人才培养模式中具有重要作用,没有明确的人才培养目标高等职业教育就会迷失办学方向。20世纪90年代至今,我国高等职业教育人才培养目标随着社会经济的发展而不断改动,从最初培养技术型人才转变为培养综合型人才,随着全球化的到来,培养目标又根据社会的发展而提升为培养高素质技能型人才。科技的飞速发展,成果应用周期的缩短,新兴产业的不断兴起……高等职业教育人才培养的目标已不再单纯针对职业或岗位的需要确立,而是从学生个体出发,关注劳动者整个职业生涯的发展。因此,虽然高等职业教育基本目标是培养生产、建设和管理一线的劳动者,但随着终身教育理念和学生全面发展理念的不断深入,高等职业教育强调以人为本,注重培养学生终身学习的能力、创新能力以及迁移能力,以便学生顺利面对21世纪的挑战并获得职业生涯的可持续发展。

五、高等职业教育课程设置的市场化

高等职业教育是为社会各行各业培养高素质劳动者的主要阵地,由于市场经济体制的确立,高等职业教育的重要性越来越得到社会各界的认可。根据社会需求的多样性和多变性,高等职业教育的专业设置、课程体系设计、人才培养模式和人才培养规格也必须多样化,并且必须随着社会需求的变化而不断调整。在知识经济的强力推动下,科学技术发展迅猛,高科技产业不断兴起,传统的课程设置和人才规格面临严重的挑战。高等职业教育要获得可持续发展必须适应劳动力市场的需求,以社会需求为导向,加强与社会各界的交流合作,根据社会和经济发展的需求设置专业,确定教学内容,并根据市场的变化,及时设置新专业和调整教学内容,只有这样,才能保持高等职业教育鲜活的生命力。

六、高等职业教育教学内容的实践化

高等职业教育培养的是高素质技能型人才,毕业生主要分布在生产、管理、建设和服务的第一线,具有较强的动手能力和实践操作能力,这是高等职业教育的显著特征。近年来,随着国外高等职业教育模式的不断引入和我国高等职业教育的不断发展,许多高职院校开始逐步摆脱学科本位的传统教学模式,摒弃灌输式的教学方法,采用实习、调研、讨论等教学方式,注重与企业合作开展实践性教学,这直观地体现在实践性课程教学时数的安排上。为保证实践教学时数,我国绝大多数高职院校在制订教学计划时都有意识地增加实践性教学环节所占课时的比例,并且采取不同的模式加强与企业合作,着力培养学生在生产第一线和工作现场分析与解决实际问题的能力,以实现毕业后与岗位的无缝对接。

七、高等职业教育资格证书的规范化

1993年我国开始推行职业资格证书制度,经过多年的发展,已初步建立起职业资格证书制度的法律法规和工作体系。目前,我国职业资格证书主要分为五个等级,即初级、中级、高级、技师和高级技师,分别对应我国职业资格五级、国家职业资格四级、国家职业资格三级、国家职业资格二级和国家职业资格一级。职业资格证书是劳动者求职、任职和开业的资格凭证,它能够直接反映出劳动者从事该项职业所具有的实际水平,在劳动者职业生涯中具有比较重要的作用。2007年3月,中华人民共和国劳动和社会保障部颁发《高技能人才培养体系建设"十一五"规划纲要》指出,"在职业院校中大力推行学历证书和职业资格证书并重的'双证书'制度"。当前,根据国家教育部、人事部、劳动和社会保障部的规定,全社会所有大中专及职业高中的毕业生,都必须具备"双证",否则被视为不合格的毕业生。建立和完善以行业为主导的职业资格框架体系和职业资格证书,有利于规范劳动市场的用人标准,同时也有利于劳动者变换职业岗位。

八、高等职业教育评估体系的特色化

与普通教育不同,高等职业教育教学中以理论与实践相结合,注重学生的实习实训,培养的是适应社会各行各业发展的高素质技能型人才。为了充分体现我国高等职业教育人才培养模式转型的特色和要求,2008年4月9日,教育部颁发了《高等职业院校人才培养工作评估方案》(简称《新方案》),并在此后的高职院校人才培养工作评估中开始实施,这套评估方案是根据教育部《关于全面提高高等职业教育教学质量的若干意见》中的办学要求和改革举措系统设计而成,具有一定的针对性,标志着我国高等职业教育人才培养工作进入了新的阶段。《新方案》要求在评估过程中,要认真贯彻"以评促建、以评促改、以评促管、评建结合、重在建设"的方针。通过评估,引导学校准确定位,坚持以服务为宗旨,以就业为导向,走产学研结合的发展道路,加强教学基本建设,深化教育教学改革,努力办出特色。

第三节 我国高等职业教育人才培养模式改革的策略

改革是前进的动力,只有改革,才能发展和创新。中国教育学会常务副会长谈松华同志指出,人才培养模式变革面临三个基本背景:国家发展与经济社会发展的战略性转变,教育发展的历史性转变,世界经济社会与教育发展的时代性转变。目前,我国高等职业教育的改革正处于这样的背景之下。鉴于我国高等职业教育人才培养模式中存在的问题和发展趋势,为应对经济全球化、高等教育国际化和我国加入WTO的挑战,推进高等职业教育的国际交流与合作,提高我国高等职业教育的国际竞争力,我们必须结合国外高等职业教育尤其是四大职教模式在人才培养方面的成功经验,遵循教育改革的规律,注重学生的全面发展,加速我国高等职业教育人才培养模式的改革和构建。

一、教育思想上突出"以人为本"

以人为本,尊重学生的差异性,充分发挥学生的自主性和创造性,这是现代教育最基本的教育理念。其根本目的在于促进人的全面发展。高等职业教育人才培养模式的改革应该顺应时代发展的趋势,树立以人为本的指导思想。在教学过程中,教师不再是教学的主体,而是学生学习的引导者,为学生的主动学习提供各种咨询和指导作用,同时允许学生充分发挥自己的特色和潜能,因材施教,为学生创造良好的学习环境。而学生处于教学的中心地位,制订学习计划,提交各类实习作品,规划职业生涯……将成为学生自觉的行为。以人为本,促进学生全面发展,这是高等职业教育人才培养模式改革的前提,只有这样才能满足学生自我发展的需求,适应社会经济的快速发展。

二、培养目标上以职业能力为本位

在高等职业教育人才培养模式中,培养目标是职业教育改革的指示灯,明确清晰的培养目标,可以为人才培养模式改革指明方向。因此,人才培养目标既决定高等职业教育人才培养模式建构的成败,也直接影响高等职业教育人才培养的质量。2004年教育部在《关于以就业为导向深化高等职业教育改革的若干意见》中提出要"加大人才培养模式的改革力度,坚持培养面向生产、建设、管理、服务第一线需要的'下得去、留得住、用得上',实践能力强、具有良好职业道德的高技能人才"。这里所说的"高技能人才",不是简单的拥有一定的操作技能和职业道德就能胜任本职工作,而是要面向未来,适应各种不同的职业岗位。因为他们面对的是瞬息万变的知识经济时代,产业更新加快,只有具备较强的职业能力,并具有一定的创新能力和迁移能力,才能灵活适应职场的不断变化。

三、专业设置以市场需求为导向

专业是学校开展教学的基本载体,又是社会需求的反映,专业设置是社会需求与高等职业教育教学工作紧密结合的纽带,也是教学主动灵活适应社会需求的关键环节。高等职业院校在设置专业前应积极邀请行业相关人员参加,广泛听取他们的建议,避免闭门造车。同时,高职院校还应积极主动地开展市场调研,掌握新旧产业的更替和岗位的变化,了解新兴产业对专业人才的需求,紧跟社会发展,前瞻性地设置专业,不断优化专业结构。同时,为使学生的知识结构更加均衡并在毕业后具备较强的适应能力,专业设置时应注意宽窄并举,覆盖一定的岗位群。总之,高等职业教育的专业设置不但要符合当前我国经济和社会发展需要,也要主动适应区域经济发展和产业结构调整的要求,并结合自身办学条件和办学资源。

四、课程体系向综合化和模块化发展

课程体系改革是提高教学质量的关键,也是教学改革的重点和难点。课程体系的改革主要涉及课程观念、课程目标、课程内容、课程结构等方面。

新经济条件下,变换职业是未来劳动者必须面对的事实,为使学生在激烈的就业竞争中立于不败之地,高等职业教育要顺应时代发展趋势,积极与行业合作开发课程,改革课程体系,使其从单一化向综合化和模块化转变。首先,高等职业教育必须加强普通教育,全面提高学生的基础文化水平,使学生具备完善的个人品格和良好的职业道德。其次,采取"宽基础,活模块"的模式,将课程结构分为相关职业所必备的基础知识和技能为主的"宽基础"部分与针对某一特定岗位所必备的知识和技能的"活模块"部分,其中后者强调实践技能的培养。这种课程体系的设计将理论与实践较好地结合起来,满足了经济社会对综合型人才的需求,有利于学生适应不同的职业或岗位需求。

五、师资队伍建设向双师结构型发展

"双师型"教师队伍主要有两方面的含义:一是双师素质,二是双师结构,即专兼职结合的专业教师队伍。双师型教师队伍建设是发展高等职业教育的关键,培养应用型人才需要既懂理论技术知识,又掌握丰富实践经验的双师型教师。这是提高教学质量的重要支柱,也是保障高职人才培养质量的关键因素。由于受传统文化的影响,职业教育被误解为低层次的教育,职业教育的教师地位也远不如本科教师,这大大影响了职业教育师资队伍的稳定性。根据职业教育的特殊性,高职院校应加快和实施高等职业教育专任教师的入职标准与职称评审标准,吸引更多优秀人才加入高职师资队伍。积极创造各种条件,安排教师到企业生产现场学习和培训,使他们能熟练掌握操作技能。同时,积极吸纳更多企业中具有较强实践能力和一定理论基础,又具有丰富教学经验的高级技术人员担任兼职教师,以便于学生接触到最新的技术前沿和科技动态。教育部《关于全面提高高等职业教育教学质量的若干意见》指出:"要主动聘请行业企业的专业人才和技术人才到学校担任兼职教师,兼职教师的比例应逐步扩大,邀请技能水平较高的兼职教师讲授实践技能课并形成制度。"不过得规范管理兼职教师队伍,使之能有序运作。

六、人才培养途径以校企合作为主

随着我国社会经济的快速发展,高职院校与社会之间的联系日益紧密。校企合作是现代生产与现代科学发展的必然要求,体现了教育与劳动相结合的特征。校企合作培养高素质技能型人才,是实现学校、企业和学生各方共赢的办学模式。一方面,企业可以为学校提供设备先进的实训基地和经验丰富的实践指导老师,减轻学校在实训设备上的投入和专业师资培训的压力,并了解最新的专业技术,提高办学质量;另一方面,企业也可随时招聘到符合本行业需求的熟练员工,降低了人力资源成本,此外,由于在真实的工作环境中实习,大大提高了学生的动手能力和解决问题的能力,使他们能够较快地适应工作岗位的变化,有利于其职业生涯的发展。但在我国,校企合作还未形成规范的长效机制,只停留在学生实习的层次,缺乏校企之间的深度融合。今后,需要校企双方及政府能够统一思想,充分认识到校企合作的优势,通过各种措施和法律保障,使校企合作走上规范有序的道路。

七、适当发展本科以上层次的高职教育

随着各国经济的发展和产业技术的升级,社会对劳动者各方面要求逐步提高,劳动技术结构也不断上移,各国的职业教育呈现高移化的趋势,一些发达国家相继建立了4年制本科高等职业教育,德国甚至出现了研究生层次的职业教育。高等职业教育从专科层次向本科和研究生教育发展,必将是21世纪职业教育的发展趋势。适当开展本科以上层次的高等职业教育,并授予职业教育毕业生以学士、硕士、博士等学位,是我国高等职业教育适应现代国际高等职业教育结构高移化趋势的重要举措。这一方面是顺应教育发展规律,使高等职业教育的结构更加完善,成为从中等到高等贯通的教育体系;另一方面满足学生持续发展的需求,给他们提供继续深造的机会,使他们能够具备更高的理论基础知识和更为复杂的操作技能,以便较好地适应高新技术产业的需求。

八、构建职教与普教衔接的终身教育体系

职业教育与普通教育的融合发展是教育适应现代化的一种必然走向,也是当今世界教育发展的一般趋势。英、美、德等发达国家纷纷出台措施,给职业教育和普通教育以同等地位,以便为职业教育的学生提供更多选择机会。长期以来,我国职教与普通教育是完全不相同的系统。根据国际人才市场需求的变化,我国的职业教育也应与普通教育更好地衔接沟通,建立学分互换制度,使职业教育与普通教育能相互渗透和延伸,以促进学生在职业教育与普通教育之间的横向和垂直流动,使职业教育毕业生与普通教育毕业生具有同等接受更高层次教育的资格。同时,与国际职业教育接轨,将我国职业教育逐渐融入终身教育体系,职业教育不再作为终结性教育,而是可以根据行业、企业和社会的需求,积极开拓职业培训市场,提供各种形式的教育与培训机会,开展灵活多样的教学形式,以便满足不同年龄、不同职业和不同性别的个体在转岗或再就业培训方面的需求。

九、加强职业资格证书考核标准

职业资格证书制度是劳动就业制度和教育制度的重要内容,也是人力资源开发与管理中的重要手段。这类证书表明劳动者具备从事某种职业的学识和能力,是用人单位招聘录用劳动者的主要依据。目前,我国已广泛开展职业资格认证,但还存在许多问题,如对职业资格证书认识不到位,职业资格培训和资格证考核缺乏行业协会的主导与参与,职业资格证书考核标准不统一,获取证书的渠道还有待商榷,缺乏统一的与学历文凭相沟通的国家职业资格框架,等等,导致职业资格证书推行难度大,很多用人单位都缺乏了解,职业资格证的权威性也普遍遭到质疑。为适应我国改革开放和教育国际化的需要,必须改变现有的考核标准和专业技术资格认证标准,借鉴国外发达国家的经验,发挥行业协会在职业资格认证方面的主导地位,建立客观公正的第三方认证规则和标准化的考核体系,完善以行业主导的职业资格框架体系和职业资格证书制度,努力推出技术含量高的职业资格认证,以加强与国际职业教育的接轨,并且有效实行"先培训,后就业"的职业制度,推动职业教育协调发展。

附录一 （德国）联邦职业教育法

（2007年4月1日版）

姜大源　刘立新　译

第一部分　总　则

第1条　职业教育的目标和概念

第1款　本法所指的职业教育包括职业准备教育、职业教育、职业进修教育以及职业改行教育。

第2款　职业教育准备的目标，是通过传授获取职业行动能力的基础内容，从而进入国家认可的教育职业的职业教育。

第3款　职业教育旨在针对不断变化的劳动环境、通过规范的教育过程传授符合要求的、进行职业活动必需的职业技能、知识和能力（职业行动能力）。它还应使获得必要的职业经验成为可能。

第4款　职业进修教育应提供保持、适应或扩展职业行动能力及职业升迁的可能性。

第5款　职业改行教育应传授从事另一职业的能力。

第2条　职业教育的学习地点

第1款　职业教育在以下地点进行：

1. 经济界的企业、经济界以外特别是公共事务、自由职业成员以及家政的同类机构（企业职业教育）；

2. 在职业教育的学校（学校职业教育）；

3. 以及学校职业教育和企业职业教育以外的职业教育机构（企业外职业教育）。

第2款　第1款所指的学习地点在职业教育实施中合作（学习地点合作）。

第3款　在符合教育目标的情况下，职业教育的部分内容可以在国外进行。其学习的总时间不得超过职业教育条例所确定的教育期限的1/4。

第3条　适用范围

第1款　本法适用于职业教育学校之外进行的所有职业教育，职业教育学校由各州学校法管辖。

第2款 本法不适用于：

1. 在高等学校框架法及州高等教育法基础上以职业训练或可比的高等教育课程方式进行的职业教育；

2. 公法聘用关系的职业教育；

3. 按国旗法悬挂联邦国旗的远洋货轮上的职业教育，只要其不属于小型远洋作业捕捞船只或近海作业捕捞船只。

第3款 第4至第9条、第27至49条、第53至70条、第76至80条以及第102条不适用于按《手工业条例》规定的职业而进行的职业教育，其属于《手工业条例》规定的范畴。

第二部分 职业教育

第一章 职业教育

第一节 教育职业的认可与职业教育条例

第4条 教育职业的认可

第1款 联邦经济和劳动部或其他主管业务部门可与联邦教育和研究部协商，以无须联邦参议院同意的法规形式，代表国家对教育职业予以认可，并按照第5条的规定颁布职业教育条例，使其成为规范统一的职业教育基础。

第2款 国家认可的教育职业只能根据职业教育条例开展教育。

第3款 国家认可的教育职业以外的教育职业，必须以准备继续进入高一级教育为目的，否则不得对18岁以下的青少年进行教育。

第4款 如某教育职业的职业教育条例被取消，既存在的职业教育关系仍按至今为止有效的规则处理。

第5款 联邦主管业务部门就相关新职业教育条例的方案提前通知各州并吸收其参加表决。

第5条 职业教育条例

第1款 职业教育条例须确定：

1. 国家认可的教育职业名称；

2. 教育期限最长不超过3年，最短不少于2年；

3. 职业教育的最低内容（教育职业概述）为职业技能、知识和能力；

4. 关于所传授的职业技能、知识和能力的内容与时间安排的说明（教育框架教学计划）；

5. 考试要求。

第 2 款　教育条例还规定：

1. 职业教育可按照在内容与时间上予以特别安排且层次递进的等级进行，每级结束后可获得相应教育结业证书，从而既可以从事第 1 条第 3 款意义上的合格的职业活动，又可进入下一级的职业教育（分级教育）；

2. 结业考试可采取时间上分开的两个部分进行；

3. 如合同双方一致同意，相应教育职业的职业教育可不受第 4 条第 4 款限制，在对已完成的教育期限进行折算后继续进行；

4. 其他形式相应的职业教育可以参照所获得的职业技能、知识和能力折算成按照职业教育条例所规范的职业教育；

5. 除第 1 款第 3 点所描述的教育职业概况之外，还可传授附加的职业技能、知识和能力，从而补充或拓展职业行动能力；

6. 如果且只要职业教育需要，职业教育的部分内容可以在教育机构以外的合适场所进行（跨企业职前教育）；

7. 受教育者应持有书面教育证明。

在条例实施过程的框架内，应随时按照其第 1、第 2 及第 4 点的规定意义及实施可能性。

第 6 条　新教育职业、教育形式与考试形式的检验

为开发和检验新的教育职业、教育形式与考试形式，联邦经济和劳动部或其他主管业务部门与联邦教育和研究部协商，在听取联邦职业教育研究所主管委员会意见后，以无须联邦参议院同意的法规形式，批准实施第 4 条第 2 款和第 3 款以及第 5 条、第 37 条和第 48 条中的例外情况。这些例外情况被限定在一定种类与数量的教育机构里实施。

第 7 条　前期职业教育计入教育期限的折算

第 1 款　州政府可在听取州职业教育委员会意见后以法规形式确定，在职业教育学校里的教育或在其他场所的职业教育可全部或部分计入职业教育期限。通过法规可进一步授予州最高主管部门此项权力。法规要求，教育期限的折算需由受教育者和教育提供者共同申请。

第 2 款　根据第 1 款，折算必须由受教育者和教育提供者共同申请。申请提交给相应主管部门，也可只对允许的最高折算时限的一部分提出申请。

第 8 条　教育期限的缩短与延长

第 1 款　如可预见，教育目标可在缩短的期限内实现，主管部门可根据

受教育者和教育提供者的共同申请缩短教育期限。如有正当理由,还可申请缩短每天或每周的教育时间(部分时间制职前教育)。

第2款　如为实现教育目标确有必要延长教育期限,作为特例,主管部门可根据受教育者的申请延长教育期限。在做出决定前须听取教育提供者的意见。

第3款　联邦职业教育研究所可就缩短或延长教育期限的决定颁布准则。

第9条　管理权限

如无相应规定,主管部门在本法范围内负责职业教育的实施。

第二节　职业教育关系

第一小节　职业教育关系的确立

第10条　合同

第1款　招收他人接受职业教育(教育提供者),须与受教育者签署职业教育合同。

第2款　如职业教育合同的内容、目的及本法未做其他说明,针对劳动合同的法律准则及法律原则同样适用于职业教育合同。

第3款　如法定代理人与其子女签署职业教育合同,则双方不受《民法典》第181条禁令的约束。

第4款　招收或教育受教育者在权利方面的缺失,不影响职业教育合同的效力。

第5款　为履行合同确定的教育提供者的义务,只要各教育阶段及整个教育期限内的责任得以保证,多个自然人或法人可在一个教育联合体内合作(联合教育)。

第11条　合同签署

第1款　教育提供者须在达成职业教育合同后立即,最迟在职业教育开始前,按照要求以书面形式确定合同的基本内容。不允许使用电子版形式。合同应至少包含:

1. 职业教育的形式、内容和时间安排及职业教育目标,特别是教育应针对的职业活动;
2. 职业教育的开始时间和期限;
3. 教育机构外的教育措施;
4. 每天的正常教育时间;
5. 试用期限;

6. 津贴支付与金额；

7. 休假期限；

8. 解除职业教育合同的条件；

9. 以通用形式指明适用于该职业教育关系的工资合同、企业和公务协议。

第 2 款　合同由教育提供者与受教育者及其法定代理人签署。

第 3 款　教育提供者须在合同签署后立即向受教育者及其法定代理人提供一份文本。

第 4 款　第 1 款至第 3 款适用于职业教育合同的更改。

第 12 条　无效协议

第 1 款　限制受教育者在其结束职业教育关系后从事其职业活动的协议无效，但这不适用于受教育者在结束其职业教育关系前 6 个月以内被允诺在职业教育关系结束后与教育提供者成为劳动关系的情况。

第 2 款　有关如下内容的协议无效：

1. 受教育者为职业教育支付补偿金的义务；

2. 合同处罚；

3. 取消或限制赔偿损失的权利；

4. 以总额形式确定损失赔偿金额。

第二小节　受教育者的义务

第 13 条　职业教育中的行为

受教育者须努力获取实现教育目标所必需的职业行动能力。受教育者特别须承担的义务：

1. 认真完成其职业教育范围内所交付的任务；

2. 参加根据第 15 条为其提供专门时间的所有教育措施；

3. 听从教育提供者、企业教师或其他有权指令人员的指示；

4. 遵守针对教育机构的制度；

5. 爱护工具、机器和其他设备；

6. 保守企业和业务秘密。

第三小节　教育提供者的义务

第 14 条　职业教育

第 1 款　教育提供者的义务为：

1. 致力于向受教育者传授实现教育目标所必要的职业行动能力，按照教育目的所要求的形式有计划地从时间和内容上系统安排并实施职业教

育,使教育目标在预定的教育时间内得以完成;

2. 亲自进行或明确委托企业教育者进行教育;

3. 免费为受教育者提供参加职业教育及中期和结业考试所必需的教育用品,特别是工具和材料,即便这些考试在职业教育关系结束之后进行;

4. 督促受教育者去职业学校学习及填写在职业教育的范围内所要求的教育证明,并对其进行检查;

5. 致力于促进受教育者的个体发展,使其在道德和身体方面不受损害。

第2款 教育提供者只能让受教育者做符合教育目的并适合其体力的工作。

第15条 脱产

教育提供者应让受教育者脱产参加职业学校学习和考试。这也适用于教育机构以外实施的教育措施。

第16条 证书

第1款 教育提供者在职业教育关系结束时应为受教育者出具书面证书。证书不得以电子版形式出具。教育提供者如不亲自进行教育,则实训教师亦须同时在证书上签字。

第2款 证书须包括职业教育的种类、期限和目标及受教育者所获得的职业技能、知识和能力的说明。根据受教育者的要求,还须包括关于其行为和成绩的说明。

第四小节 津贴

第17条 获得津贴的权利

第1款 教育提供者应为受教育者提供适当津贴。津贴金额根据受教育者年龄确定并随着职前教育的继续至少每年予以提高。

第2款 实物津贴可按社会福利法典第17条第1款第1句确定的实物计价值计算额度,但不得超过受教育者津贴总额的75%。

第3款 在双方商定的规定的日教育时间以外的工作应特别另付津贴或提供相应休息时间予以补偿。

第18条 津贴计算与支付日期

津贴按月计算。按天计算津贴时每月以30天计。

每日历月的津贴应最晚在当月最后1个工作日支付。

第19条 津贴的继续支付

第1款 应继续向受教育者支付津贴:

1. 脱产期间(见第15条);

2. 继续支付最多6周的津贴,如受教育者:

(1) 做好接受教育准备,但教育被取消;

(2) 或者因通常性的、出于个人但非过失性的原因而受阻,无法履行其由职业教育关系产生的义务。

第 2 款　如受教育者在应继续支付津贴的时间内出于正当理由不能领受实物津贴,应根据实物计价值(第 17 条第 2 款)补偿支付。

第五小节　教育关系的起始和终止时间

第 20 条　试用期

职业教育关系自试用期开始确立。试用期须至少 1 个月,至多 4 个月。

第 21 条　终止

第 1 款　教育期满后职业教育关系终止。在分级教育情况下,最后一级教育期满职业教育关系终止。

第 2 款　如受教育者在教育期限结束前通过结业考试,职业教育关系随考试委员会公布考试成绩而终止。

第 3 款　如受教育者未通过结业考试,则职业教育关系根据其要求延长至下一次补考,最多延长 1 年。

第 22 条　解除

第 1 款　试用期内,可随时解除职业教育关系,无须遵守解除期限的限制。

第 2 款　试用期满后,解除职业教育关系只能:

1. 由于某种重要原因而无须遵守解除期限的限制;

2. 由受教育者提前四周解除,如其打算放弃该职业教育或打算接受其他职业领域的教育。

第 3 款　解除须以书面形式进行,第 2 款所列情况下均须说明解除的理由。

第 4 款　告知申述者被解除所依据的事实必须在两周以内,否则这一出于重要原因的解除无效。如规定的调节程序已在法庭外进行,则解除期限推迟至调解结束。

第 23 条　提前终止的赔偿

第 1 款　如试用期满后提前解除职业教育关系,则教育提供者或受教育者中的一方可以向对解除职业教育关系负有责任的另一方要求赔偿损失。这不适用于第 22 条第 2 款第 2 点。

第 2 款　赔偿要求须在职业教育关系终止后 3 个月内提出,逾期无效。

第六小节 其他规则

第 24 条 继续工作

一旦受教育者在紧随其职业教育关系结束后被雇用,且未就此明确达成协议,则其仍在不确定时限内与原教育提供者确立了劳动关系。

第 25 条 无效协议

违背本法此部分的规则而不利于受教育者的协议无效。

第 26 条 其他合同关系

以获取职业技能、知识和能力或职业经验为目的而被雇用者,如未按本法精神对其进行职业教育,即便未达成劳动关系,本法第 10 条至 23 条及第 25 条仍然有效,须缩短其法定试用期并无须签署合同。如在其试用期满后提前解除合同关系,可不遵守本法第 23 条第 1 款第 1 句,不能要求赔偿损失。

第三节 教育机构与教育人员的资质

第 27 条 教育机构的资质

第 1 款 招收与教育受教育者,只有:

1. 教育机构的种类和设施适合进行职业教育;

2. 且受教育者的数量与教育位置的数量或从业专业人员的数量能保持适当比例,不损害职业教育的其他情况除外。

第 2 款 未能完全传授必要的职业技能、知识和能力的教育机构,如可通过该机构外的教育措施进行传授则仍为合格的教育机构。

第 3 款 只有按照州法律规定的主管部门认可的教育机构,其种类和设施才适合进行农业包括农村家庭经济类职业教育。联邦消费者保护、食品和农业部可与联邦教育和研究部协商,在听取联邦职业教育所主管委员会意见后,以无须征求联邦参议院表决同意的法规形式,确定教育机构的规模、设施和经营状况的最低要求。

第 4 款 只有按照州法律规定的主管部门认可的教育机构,其种类和设施才适合于进行家政类职业教育。联邦经济和劳动部可以与联邦教育和研究部协商,在听取联邦职业教育所主管委员会意见后,以无须征求联邦参议院表决同意的法规形式,确定教育机构的规模、设施和经营状况的最低要求。

第 28 条 教育提供者与企业教师的资质

第 1 款 只有具备相应人品资质者,才能招收受教育者;只有具备相应人品和专业资质者,才能教育受教育者。

第2款 专业资质不合格者或不亲自进行教育者,只有其雇用了人品和专业资质合格的企业教育者,并由其在教育机构负责任且符合基本要求地直接传授教育内容,才能招收受教育者。

第3款 在企业教育者承担责任的基础上,其他虽不是企业教育者但具备第30条特别条件以外传授教育内容所必需的职业技能、知识和能力且人品合格的人员,可以参与职业教育。

第29条 人品资质

第1款 人品条件特别不适合的是:

1. 不允许雇佣儿童和青少年者;
2. 或一再或严重违反本法或依据本法颁布的法令或规定者。

第30条 专业资质

第1款 专业资质合格指的是具备传授教育内容必需的职业及职业教育学和劳动教育学的技能、知识和能力者。

第2款 具备必需的职业技能、知识和能力者指的是:

1. 通过与教育职业相应专业方向的结业考试者;
2. 在与教育职业相应的专业方向,在一所教育机构或相关考试主管部门通过国家认可的考试或在一所国家认可的学校通过结业考试;
3. 或在与教育职业相应的专业方向通过一所德国高等学校的毕业考试;
4. 并实际从事其职业适当时间。

第3款 联邦经济和劳动部或其他主管业务部门可与联邦教育和研究部协商,在听取联邦职业教育研究所主管委员会的意见后,以无须联邦参议院表决同意的法规形式,确定上述第2款第2点中何种教育职业的何种考试为国家所认可。

第4款 联邦经济和劳动部和其他主管业务部门可与联邦教育和研究部协商,在听取联邦职业教育研究所主管委员会的意见后,以无须联邦参议院表决同意的法规形式,确定在不同于第2款的情况下仅满足专业资质必需的职业技能、知识和能力者指的是:

1. 满足第2款第2点的条件并实际从事其职业适当时间者;
2. 或满足第2款第3点的条件并实际从事其职业适当时间者;
3. 或允许从事自由职业或在公共事务领域里的从业者。

第5款 联邦教育和研究部在听取联邦职业教育研究所主管委员会意见后,以无须联邦参议院表决同意的法规形式,确定所获取的职业教育学和劳动教育学方面的技能、知识和能力须另行证明,并对所证明的措施的内容、范围和结业证书做出相应规定。

第6款 根据州法律确定的主管部门,可在听取相关负责部门的意见后,取消不具备第2款、第4款或第5款条件者的专业资质。

第31条 欧洲条款

第1款 在第30条第2款和第4款的情况下,对欧盟成员国或其他欧洲经济区条约签署国颁发的资格证明的认可,遵照欧洲经济共同体理事会第89/48/EWG号准则,即1988年12月21日颁布的关于承认经至少三年职业教育取得的高等教育文凭的通则(见ABI. EG1989 L19号,第16页),以及欧洲经济共同体理事会第92/51/EWG号准则,即作为第89/48/EWG号准则(见ABI. EG L1209号,第25页)的补充于1992年7月18日颁布并于2001年5月14日通过欧洲议会及欧盟理事会第2001/19/EG准则(见ABI. EGL1206号,第1页)最后修改的关于认可职业资格证书的第2通则办理。

第2款 根据上述通则第4条第1款所列举准则中提出的条件,在认可时要求:根据上述通则第4条第1款准则中的第a点出具职业经验证明,或根据上述通则中第4条第1款准则中的第b点的要求完成适应性学习课程或通过资质考试。

第3款 认可由主管部门决定。主管机构可就适应性学习课程及资质考试做出相应规定。主管部门最迟在申请者提交完整的申请材料后四个月内须就其申请做出决定并附决定理由。

第32条 资质监督

第1款 主管机构负责监督教育机构及其人员的人品和专业资质。

第2款 一旦发现资质缺陷,如其缺陷可以弥补且对受教育者不造成危害,主管机构应要求教育提供者限期弥补其缺陷。如资质缺陷不可弥补,或可能对受教育者造成危害,或在规定期限内未能弥补,主管机构应将有关情况通报州法律确定的主管当局。

第33条 招收与教育资质的取消

第1款 如一教育机构不具备或不在具备相应第27条规定的条件,州法律确定的主管当局可以禁止其招收受教育者、禁止其教学活动。

第2款 如不具备或不再具备人品和专业资质者,州法律确定的主管当局可禁止其招收和教育受教育者、禁止其教学活动。

第3款 除第29条第1点的情况下,做出禁止决定前应听取当事者及主管机构意见。

第四节 职业教育关系档案

第 34 条 建立、管理

第 1 款 主管机构应为国家认可的教育职业建立和管理职业教育关系档案。职业教育关系档案应登记职业教育合同的基本内容。此登记对受教育者免费。

第 2 款 对任何一份职业教育关系，其登记包括：

1. 受教育者的姓名、出生日期、通讯地址；
2. 受教育者的性别、国籍、普通教育证书、先期参加的职业准备培训或职业基础教育、职业预备教育；
3. 必要情况下受教育者法定代表人的姓名和通讯地址；
4. 包括专业方向的教育职业；
5. 教育合同签署日期、教育年限、试用期限；
6. 职业教育开始时间；
7. 主要由公共经费资助，特别是根据社会福利法典第三部资助的职业教育关系的种类；
8. 教育提供者的姓名和地址、教育机构的地址、经济部门的分支、公共服务的从属；
9. 企业教育者的姓名、性别及其专业资质的种类。

第 35 条 登记、修改、取消

第 1 款 职业教育合同及其基本内容的改动须在职业教育关系档案中予以登记，如果：

1. 职业教育合同符合本法及教育条例；
2. 企业教育者的人品和专业资质及教育机构的资质均已满足招收和教育受教育者的条件；
3. 且 18 岁以下的受教育者出具根据青少年劳动保护法第 32 条第 1 款中要求的首次体检的书面证明。

第 2 款 如不具备登记条件及相关缺陷未根据第 32 条第 2 款予以弥补，可拒绝或取消登记。如受教育者最迟在登记参加中期考试或结业考试第一部分之日，未按《青少年劳动保护法》第 33 条第 1 款提交再次体检书面证明，或相关缺陷未按本法第 32 条第 2 款规定予以弥补，登记也应予以取消。

第 3 款 根据第 34 条第 2 款第 1、第 4、第 6 及第 8 点所获取的数据，可处于改善教育传授、改善教育传授统计的可靠性和时效性以及改善教育市场的供求判断转交联邦劳动局。在转交数据时须采取符合相应技术水平的数据保护和数据安全措施,以特别保证数据的保密性、完好性及条理性。

第36条 申请与告知义务

第1款 教育提供者须在职业教育合同签署后立即申请在职业教育关系档案中登记。须提交签字合同的副本一份。这点同样适用于教育合同基本内容的改动。

第2款 教育提供者和受教育者有义务按照主管机构的需要向其提供第34条所要求的内容。

第五节 考 试

第37条 结业考试

第1款 对国家认可的教育职业须进行结业考试。结业考试不通过者可以补考两次。如结业考试分为时间上分开的两部分进行,结业考试的第一部分不能自主进行补考。

第2款 应向应考者颁发证书。根据应考者的要求,教育提供者应向受教育者转交其结业考试成绩。如考试分为时间上分开的两部分进行,须书面通知应考者其考试第一部分的成绩。

第3款 根据受教育者的申请,可为其证书附加一份英文和一份法文翻译件。根据受教育者的要求,可在证书上注明其在职业学校中的成绩。

第4款 受教育者参加结业考试免费。

第38条 考试内容

通过结业考试要确定应考者是否已获得职业行动能力。考试中应考者须证明其掌握必需的职业技能,具备必要的职业知识和能力,并学会在职业学校传授的职业教育的主要教学内容。职业教育条例为考试基础。

第39条 考试委员会

第1款 主管机构须为实施结业考试成立考试委员会。多个主管机构可在其中一个主管机构建立共同的考试委员会。

第2款 考试委员会评价某项无法以口试确定的考试成绩时可请第三方特别是职业学校做出评议。

第3款 在根据第2款进行评议时的范围内应对主要过程做出记录,并确定对评价重要的事实。

第40条 组成、任命

第1款 考试委员会由至少3名委员组成。委员须熟悉其所考试的领域并适合参与考试事务。

第2款　考试委员会由雇主和同等数量的雇员代表及至少一名职业学校教师作为委员组成。雇主及雇员代表应至少占委员总数的 2/3。各委员配备副委员。

第3款　委员由主管机构任命,最多任期5年。雇员代表根据主管机构管理区已有的工会或以社会和职业政策为宗旨的独立联合组织的推荐任命。职业学校教师委员由主管机构与学校监督管理当局或其指定的机构共同任命。如在主管机构确定的适当期限内无法推荐出委员或推荐的委员数量不够,则主管部门可在此情况下根据义务判断原则进行任命。出于重大原因,在听取参与任命过程者的意见后可对考试委员会委员予以辞退。该规定同样适用于各副委员。

第4款　考试委员的工作是荣誉性的。以现金形式的垫款及所占用时间,如没有来自其他方面的补偿保障,应由主管机构按照州最高主管机构批准的额度予以适当补充。

第5款　第2款的规定只有在无法任命足够数量的考试委员会委员时才可违背。

第41条　主席、决议权、表决

第1款　考试委员会选举其中一名委员担任主席以及另外一名委员担任副主席。委员会主席和副主席不应来自同一委员群体。

第2款　委员总数 2/3 且至少3人同意,考试委员会方可做出决议。委员会根据多数表决做出决议。表决票数相等时以主席委员表决票为准。

第42条　决议文本、结业考试评价

第1款　考试委员会就单项考试成绩、考试总成绩的评价及是否通过结业考试做出决定。

第2款　为准备第1款的决议文本,主席可委托至少2名委员对单项非口头的考试成绩做出评价。所委托的委员不应来自同一委员群体。

第3款　第2款中所委托的委员就主要过程做出记录并记录明确的评价依据。

第43条　结业考试许可

第1款　结业考试许可:

1. 完成教育期限者或最迟在结业考试后两个月内可完成教育期限者;
2. 参加所有规定的中期考试及持有规定的书面教育证书者;
3. 并且其职业教育关系已在职业教育档案中登记,或出于既非受教育者本人也非其法定代表人,或代表的原因而未登记者。

第 2 款 在一所职业学校或其他职业教育场所完成与一国家认可的教育职业相应的职前教育的教育途径者,也允许参加结业考试。与国家认可的教育职业相应的教育途径指的是:

1. 内容、要求和时间与相关教育条例等值;
2. 系统地,特别是在内容和时间安排的框架内实施;
3. 并且通过学习地点的合作使适当比例的专业实践教育得到保证。

授权各州政府与州职业教育委员会协商,以法规形式决定,哪些教育途径满足上述第 1 句及第 2 句所规定的条件。上述授权可通过法规继续委托给州最高主管当局。

第 44 条 时间分开的结业考试许可

第 1 款 如结业考试按时间上分开的两部分进行,考试许可须分别做出决定。

第 2 款 完成职业教育条例规定所要求的教育期限并满足第 43 条第 1 款第 2 点及第 3 点者,允许参加结业考试第一部分的考试。

第 3 款 满足第 43 条第 1 款规定条件,且已参加结业考试第一部分的考试者,允许参加结业考试第二部分的考试。受教育者即便出于其本人原因而未参加结业考试第一部分考试,也不允许参加第二部分考试。在此情况下,结业考试第一部分的考试与第二部分考试结合进行。

第 45 条 特殊情况下的许可

第 1 款 如受教育者的成绩可提供足够证明,且在听取教育提供者及职业学校意见后可允许受教育者在完成规定的教育期限之前参加结业考试。

第 2 款 如可证明其在所考试的职业的从业时间至少为教育期限的 1.5 倍者,可准予参加结业考试。在其他相关教育职业接受教育的时间也可作为从业时间计算。如申请者出具相应证书或以其他方式有根据地证实其已获得职业行动能力,也可完全或部分不考虑第 1 句所规定的最低期限证明,有理由允许其参加考试,对外国颁发的教育证书及在国外的从业时间应予以考虑。

第 3 款 如联邦国防部或其指定机构出具书面证明,表明申请者已获得职业技能、知识和能力,从而为考试许可提供足够理由,则根据第 2 款第 3 句的规定,应允许现役军人及退役军人参加结业考试。

第 46 条 许可决定

第 1 款 结业考试许可由主管机构决定。如其认为不存在许可条件,则由考试委员会做出决定。

第2款 受教育者需休生育假,不得以此作为不利因素影响其参加考试的许可。

第47条 考试条例

第1款 主管机构要颁布结业考试的考试条例。考试条例须经州最高主管当局批准。

第2款 考试条例须对许可、考试安排、评价标准、考试证书颁发、违反考试条例的后果及补考做出规定。考试条例还规定,由主管机构跨地区或通过命题委员会制定或选定的考题,只要其是根据上述第40条第2款原则组成的命题委员会制定或选定的,则必须予以接受。

第3款 联邦职业教育研究所主管委员会颁布考试条例的准则。

第48条 中期考试

第1款 职业教育过程中按照职业教育条例应进行一次中期考试,以检查教育效果。第37至39条适用于此。

第2款 如教育条例规定,结业考试按时间上分开的两部分进行,则第1款不适用。

第49条 附加资格

第1款 第5条第2款第4点所述附加职业技能、知识和能力应另行考试并予以证明。按照第37条规定的考试成绩不受影响。

第2款 第37条的第3款和第4款、第39条至第42条及第47条适用于此。

第50条 考试证书等值

第1款 联邦经济和劳动部或其他主管业务部门可与联邦教育和研究部协商,在听取联邦职业教育研究所的意见后以法规形式确定,对本法适用范围以外获得的考试证书,如其职业教育及通过考试证明的职业技能、知识和能力具有同等价值,则与通过结业考试取得的相关证书具有同等价值。

第2款 联邦经济和劳动部或其他主管业务部门可与联邦教育和研究部协商,在听取联邦职业教育研究所的意见后以法规形式确定,对在其他国家获得的考试证书,如通过考试证明的职业技能、知识和能力具有同等价值,则与通过结业考试获得的相关证书具有同等价值。

第六节 利益代表

第51条 利益代表

第1款 如受教育者经常至少5人同在学校职业教育和企业职业教育(见第2条第1款第3点)以外的一个职业教育机构接受其职业实践教育,

且其既不具备企业章程法第7条规定的企业监事会及该法第60条规定的青少年与受教育者代表机构的选举权,也不具备社会福利法典第36条规定的合作代表机构(即企业外受教育者)的选举权,则其可选举一个特别的利益代表机构。

第2款　第1款不适用于宗教团体所属的职业教育场所及其他职业教育场所,如其已采取类似的内部的等值规定。

第52条　条例制定授权

联邦教育和研究部通过无须联邦参议院表决同意的法规形式,确定参与范围、利益代表机构的组成与工作任期、选举事宜,特别是选举权及被选举权的判定以及参与方式和范围等问题。

第二章　职业进修教育

第53条　进修条例

第1款　作为统一的职业进修教育的基础,联邦教育和研究部可与联邦经济和劳动部和其他主管业务部门协商,在听取联邦职业教育研究所主管委员会意见后,以无须联邦参议院表决同意的法规形式,认可职业进修教育的结业证书并为此颁布考试规章(进修教育条例)。

第2款　进修条例应规定:

1. 进修教育结业证书名称;
2. 考试的目标、内容和要求;
3. 许可条件;
4. 及考试程序。

第3款　不同于第1款规定,农业类包括农村家庭经济类职业的进修教育条例由联邦消费者保护、食品和农业部与联邦教育和研究部协商颁布,家庭经济类职业的进修教育条例由联邦经济和劳动部与联邦教育和研究部协商颁布。

第54条　主管机构的进修教育考试规章

如未根据第53条规定颁布相关法规,主管机构可颁布进修教育考试规章。主管机构对进修结业证书名称、考试的目标、内容和要求、许可条件及考试程序做出规定。

第55条　国外资格的顾及

第1款　主管机构应为职业进修教育领域内的考试实施设立考试委员会。第37条第2和第3款、第40至42条及第46条、第47条同样适用于此。

第2款 应考者如在某公立的或国家认可的教育场所,或者在某国家考试委员会已通过可比的考试,并在公布其通过这一考试的五年内登记参加进修考试,可申请主管机构免试部分考试内容。

第57条 考试证书等值

联邦经济和劳动部或其他主管业务部门可与联邦教育和研究部协商,在听取联邦职业教育研究所意见后以法规形式确定,在本法适用范围以外获得的考试证书或者在其他国家获得的考试证书,如其考试所证明的职业技能、知识和能力具有同等价值,则与通过以第53条和第54条为基础的进修考试取得的相关证书具有同等价值。

第三章 职业改行教育

第58条 职业改行教育条例

为建立规范而统一的职业改行教育基础,联邦教育和研究部可与联邦经济和劳动部或其他主管业务部门协商,在听取联邦职业教育研究所主管委员会意见后,以无须联邦参议院表决同意的法规形式,就

1. 改行教育结业证书名称;
2. 改行教育的目标、内容、种类和期限;
3. 改行教育考试的要求及许可条件;
4. 以及改行教育考试程序,在考虑成人职业教育特殊要求的基础上做出规定(改行教育条例)。

第59条 主管机构的改行教育考试规章

存在按照第58条所颁布的规范,主管机构可颁布改行教育考试规章。主管机构在考虑成人职业教育特殊要求的基础上,对改行教育结业证书的名称,考试的目标、内容和要求,许可条件及考试程序做出规定。

第60条 国家认可的教育职业的改行教育

如第58条所述改行教育条例或第59条所述主管机构颁布的规定是针对一国家认可的教育职业的改行教育的,则须以第5条第1款第3点所述教育职业概况、第5条第1款第4点所述教育框架计划以及第5条第1款第5点所述考试要求为基础。第27条至第33条的规定适用于此。

第61条 国外资格的顾及

如第58条所述改行教育条例或第59条所述主管机构的规章对许可条件提出要求,则应考虑国外教育证书及在国外的从业时间。

第62条 改行教育措施、改行教育考试

第1款 职业改行教育措施的内容、种类、目标及期限须符合成人职业教育的特殊要求。

第2款 改行教育提供者须在措施开始前到主管机构以书面形式对职业改行教育的实施做出说明。其有义务说明改行教育关系的基本内容。已签署改行教育合同还应提交签字合同副本。

第3款 主管机构为职业改行教育领域里的考试实施设立考试委员会。第37条第2款和第3款以及第40条到42条、第46条和第47条同样适用于此。

第4款 应考者如在一公立的或国家认可的教育场所或在一国家考试委员会已通过可比的考试,并在公布其通过这一考试的五年内登记参加改行教育考试,可申请主管机构免试部分考试内容。

第63条 考试证书等值

联邦经济和劳动部或其他主管业务部门可与联邦教育和研究部协商,在听取联邦职业教育研究所意见后以法规形式确定,本法适用范围以外获得的或在其他国家获得的考试证书,如其考试所证明的职业技能、知识和能力具有同等价值,则与通过以第58条和第59条为基础的改行教育考试取得的相关证书具有同等价值。

第四章 特殊人群的职业教育

第一节 残障人职业教育

第64条 职业教育

第1款 根据第9条及第47条的规定应考虑残障人的特殊情况,特别是教育的时间和内容安排、考试时限、许可的辅助工具及要求第三者提供帮助,如对听觉障碍者提供手语翻译。

第2款 与残障人签署的职业教育合同应在第34条所述职业教育关系档案中登记。即便残障者不具备第43条第1款第2点及第3点的条件,也应允许其参加结业考试。

第65条 国家认可的教育职业的职业教育

第1款 根据第9及第47条的规定应考虑残障人的特殊情况,特别是教育的时间和内容安排、考试时限、许可的辅助工具及要求第三者提供帮助,如对听觉障碍者提供手语翻译。

第2款 与残联人签署的职业教育合同应在第34条所述职业教育关

系档案中登记。即便残障者不具备第43条第1款第2及第3点的条件,也应允许其参加结业考试。

第66条 主管机构的教育规章

第1款 残障者因其残障的种类和程度无法接受国家认可的教育职业的教育,主管机构应残障者或其法定代表人的申请,根据联邦职业教育研究所主管委员会的建议制定教育规章。教育内容应在考虑一般劳动市场的现状及发展的基础上,从国家认可的教育职业的内容中开发。根据第1句提出的申请应证明申请人所在申请的教育途径中接受教育的可能性。

第2款 第65条第2款第1句同样适用于此。

第67条 职业进修教育、职业改行教育

第64条至第66条适用于残障者的职业进修教育和职业改行教育,如残障种类及程度需要如此。

第二节 职业准备教育

第68条 人员与要求

第1款 职业准备教育针对学习障碍者或社会不利群体,因其发展状态导致难以成功完成国家认可的教育职业的教育。职业准备教育的内容、种类、目标及期限须符合第1句所述人群的特殊要求,并予以广泛的社会教育学的帮助和支持。

第2款 对不是在社会福利法第三部范围内或其他可比的由公共资金资助的措施范围内进行的职业准备教育,适用于本法第27至第33条。

第69条 培训模块、证明

第1款 为获得第1条第2款所述的职业行动能力基础,可以切特别要通过由国家认可的教育职业内容中开发出的对内容和时间有界定的学习单元进行传授(培训模块)。

第2款 职业准备教育提供者要对所传授并获得的职业行动能力基础出具证明。相关详情由联邦教育和研究部与主管职业教育条例的业务部门协商,在听取联邦职业教育研究所主管委员会意见后,以无须经联邦参议院表决同意的法规形式做出规定。

第70条 监督、咨询

第1款 如果第68条第1款所规定的条件不具备,根据州法确定的主管当局可不批准开展职业准备教育。

第2款 教育提供者须在职业准备教育措施开始前到主管机构以书面形式对准备教育措施的实施做出说明。其有义务说明培训合同的基本内容

及第88条第1款第5点要求的内容。

第3款 如职业准备教育在社会福利法典第三部框架内或以其他可比的利用公共资金资助措施的形式进行,则不应用第1款和第2款以及第76条。这不适用于职业准备教育提供者根据《社会福利法》第三部第421条而获得资助的情况。

第三部分 职业教育的组织

第一章 主管机构、主管部门

第一节 主管机构

第71条 主管机构

第1款 手工业协会是本法意义上手工业条例界定的手工类职业的职业教育主管机构。

第2款 工商业联合会是本法意义上非手工业工商类职业的职业教育主管机构。

第3款 农业协会是本法意义上农业包括农村家庭经济类职业的职业教育主管机构。

第4款 律师协会、专利律师协会和公证员协会在其工资范围以及公证事务所会计协会在其工资范围内,分别是本法意义上其法律事务领域里专业职员的职业教育主管机构。

第5款 经济审计员协会和税务咨询员协会分别是其范围内经济审计和税务咨询领域里专业职员的职业教育主管机构。

第6款 医生协会、牙医协会、兽医协会及药剂师协会分别是本法意义上在其工作范围内卫生健康服务领域里专业职员的职业教育主管机构。

第7款 如职业准备教育、职业教育及职业改行教育在须经许可的手工业类、无须许可的手工业类及类似手工业行业的企业里进行,则手工业协会是本法意义上的主管机构,在此不涉及第2至第6款的规定。

第8款 如相应于上述第1款至第6款中一些职业领域里没有行业协会,则各州指定主管机构。

第9款 多个行业协会可通过协议由其中一个代理由法律赋予的职业教育领域里的任务。此协议须经联邦或州最高主管部门批准。

第72条 法规形式的规定

主管业务部门在与联邦教育和研究部协商后,以经联邦参议院同意的法规形式对第71条未作规定的职业领域确定主管机构。

第73条 公共服务领域的主管机构

第1款 联邦最高部门在其职能范围呢为公共服务领域确定联邦主管机构。

1. 第32条、第33条和第76条以及手工业条例第23条、第24条及第41a条所述情况;

2. 第71条及第72条所述职业领域以外的职业教育。

这也适用于受联邦监督的法人团体、公共机构和公法性基金会。

第2款 各州为其职能范围及乡和乡联合体在公共服务领域中第71条和第72条规定以外的职业领域里的职业教育确定主管机构。这也适用于受州监督的法人团体、公共机构和公法性基金会。

第74条 拓展职权

第73条适用于教会与公法上的以及公法之外的其他宗教团体按照公法的职业教育条例开展教育的教育职业。

第75条 公法性教会及其他宗教团体领域的主管机构

公法性教会及其他宗教团体在其职能范围内为第71条、第72条及第74条规定以外职业领域的职业教育确定主管机构。第77条至第80条不适用于此。

第二节 职业教育的监督

第76条 监督、咨询

第1款 主管机构监督:

1. 职业准备教育;

2. 职业教育

3. 及职业改行教育、

并通过为参加职业教育者提供咨询来予以促进。主管机构须为这一目标提供咨询员。

第2款 职业教育提供者、职业改行教育提供者及职业准备教育措施提供者根据要求有义务答复监督工作所需的询问,并提供资料,允许参观教育机构。

第3款 主管机构以合适的方式监督和促进第2条第3款中国外教育的实施。如国外教育阶段的时间超过4周,须有与主管机构商定的计划。

第4款　如答复将导致本人或刑事诉讼第52条中所指的人员招致追究刑事责任或按违纪遭到法律传讯的危险,有答复义务者可以拒绝回答询问。

第5款　主管机构向青少年劳动保护法规定的监督部门通报对实施青少年劳动保护法具有意义的情况。

第三节　主管机构的职业教育委员会

第77条　设立

第1款　主管机构设立一个职业教育委员会。委员会由6名雇主代表、6名雇员代表及6名职业学校教师组成。职业学校教师由咨询性投票权。

第2款　雇主代表根据主管机构建议聘任；雇员代表根据主管机构所在区的工会和以社会福利及职业政策为宗旨的雇员独立协会建议聘任；职业学校教师须由州法规定的主管部门聘任为委员且聘期最长为4年。

第3款　职业教育委员会的工作为荣誉性质。其垫款支出及所占用时间,若无其他方面的补偿,则应给予适当补偿。其数额由主管机构经州最高主管部门审批确定。

第4款　若有重要原因,可在听取参加聘任工作的人员的意见后委员。

第5款　各委员可有自己的代理委员。第1款至第4款也适用于代理委员。

第6款　职业教育委员会从成员中分别选举1名主席及副主席。主席及副主席不应属于同一代表群体。

第78条　决议权、表决

第1款　职业教育委员会在半数以上有表决权的委员出席的情况下可以做出决议。委员会根据多数表决票做出决议。

第2款　为维护决议效力,委员会在召集会议时有必要说明议事内容。如将内容事后列入会议议程,须经2/3以上有表决权的委员同意。

第79条　任务

第1款　所有涉及职业教育的重要事宜,均须报告职业教育委员会并听取其意见。职业教育委员会应在其任务范围内致力于不断提高职业教育的质量。

第2款　须听取职业教育委员会意见的重要事宜主要有：

1. 涉及职业教育及职业改行教育机构资质、填写书面教育证明、缩短教育期限、许可提前参加结业考试、举行考试、实施跨企业教育及企业外教育等管理规定及职业教育管理准则的颁布；

2. 由州职业教育委员会建议措施的实施；

3. 涉及职业教育合同样本根本内容的改动。

第3款 须报告职业教育委员会的重要事宜主要有：

1. 向主管机构报告的职业准备教育及职业改行教育措施的数量及种类以及已登记的职业教育关系的数量及种类；

2. 已举行的考试数量、结果及取得的经验；

3. 第76条第1款及第2款所涉及的咨询员的工作情况；

4. 主管机构负责的地域与业务范围内职业教育的新形式、内容及方法；

5. 主管机构向其他机构或部门提出的与实施本法或根据本法颁布的法规相关的意见和建议；

6. 建立自己的跨企业教育机构；

7. 第5款所涉及的决议及决定的除人员费用以外实施职业教育的经费预算；

8. 解决教育关系纠纷的程序；

9. 涉及主管机构职责范围内的职业教育的劳动市场问题。

第4款 职业教育委员会应就根据本法须由主管机构颁布的关于职业教育实施的法规做出决议。有权代表主管机构者可在一周内就违反法律和章程的决议提出异议。异议须申明理由并具有推迟实施的效力。此时职业教育委员会应审核并重新做出决议。

第5款 如所作决议在实施时超出当年财政预算用于职业教育的资金，则其生效须经预算主管机关的同意。如相关决议的实施需要今后几个财政年度提供资金并明显超出本年度职业教育预算支出，也须如此。

第6款 不同于第77条第1款，教师委员在做出直接涉及学校职业教育组织的职业准备教育及职业教育的决议时，教师委员具有表决权。

第80条 日常工作条例

职业教育委员会可自行制定日常工作条例。日常工作条例可以规定设立下属委员会，并规定下属委员会的成员不仅限于职业教育委员会成员担任。第77条第2款至第6款及第78条适用于下属委员会。

第四节 主管部门

第81条 主管部门

第1款 最高联邦部门及其所确定的部门是本法第30条第6款、第32

条、第 33 条、第 40 条第 4 款以及第 47 条、第 77 条第 2 款和第 3 款意义上的联邦范围的主管部门。

第 2 款　如果联邦最高部门或州最高部门为本法意义上的主管机构，第 40 条第 4 款、第 47 条及第 77 条第 3 款列举的情况无须审批。

第二章　州职业教育委员会

第 82 条　设立、日常工作条例、表决

第 1 款　在州政府设立州职业教育委员会。委员会委员由雇主、雇员和州级最高部门的代表以相等人数组成。州级最高部门的代表中一半须为学校教育问题专家。

第 2 款　州委员会委员由州政府聘任，最长任期为 4 年，其中雇主代表须根据州级行业协会、雇主协会及企业主协会共同决定的建议聘任，雇员代表须根州州级的工会和以社会福利及职业教育政策为宗旨的雇员独立协会的建议聘任。州职业教育委员会的工作为荣誉性工作。委员的垫款支出及所占用时间，如无其他方面的补偿，应予以适当补偿。其数额由州政府或州政府确定的州级最高部门做出规定。如有重大原因，可以在听取参加聘任者的意见后解聘委员。委员会从其成员中分别选出 1 名主席及副主席。主席及副主席不应来自同一代表群体。

第 3 款　各委员均有其带来委员。第 1 款及第 2 款也适用于代理委员。

第 4 款　州委员会可自行制定日常工作条例，并须经州政府或其确定的州最高部门审批。日常工作条例可设立下属委员会并规定其成员不仅限于州职业教育委员会成员。本条第 2 款第 2 句有关补偿的规定也适用于下属委员会。各有关的州最高部门、乡及乡联合会、劳动局代表可以参加州职业教育委员会及下属委员会会议。

第 5 款　在半数以上委员出席会议的情况下，州委员会可以做出决议。根据表决票的多数做出决议。

第 83 条　任务

第 1 款　州委员会须就本州职业教育问题向州政府提供咨询，并在其任务范围内致力于不断提高职业教育质量。

第 2 款　为实行统一的职业教育，州委员会尤其要致力于学校职业教育与本法所述职业教育之间的合作，并努力在学校教育事业的创新和继续发展中顾及职业教育。为强化本区域的教育和就业状况，州职业教育委员

会可就内容和组织的调整以及改善教育机会供给提出建议。

第四部分 职业教育研究、规划和统计

第 84 条 职业教育研究的目标
职业教育研究应：
1. 明确职业教育的基本情况；
2. 关注国内、欧洲及国际职业教育发展；
3. 调查对职业教育内容和目标方面的要求；
4. 为职业教育适应变化的经济、社会和技术要求而继续发展做准备；
5. 促进职业教育教育手段和过程的开发以及知识和技术转化。

第 85 条 职业教育规划的目标
第 1 款 职业教育规划旨在为职业教育适应技术、经济和社会要求并协调发展而创造基础。

第 2 款 职业教育规划主要致力于使教育机构从种类、数量、规模和地域等方面在质量和数量上提供足够的教育位置，并在考虑对教育位置预期及长期需求的基础上使这些教育机构尽可能有效地得以利用。

第 86 条 职业教育报告
第 1 款 联邦教育和研究部应对职业教育的发展进行经常性观察并就此在每年 4 月 1 日前向联邦政府提出报告（职业教育报告）。报告须说明职业教育的现状及可预见的发展。如相关区域或行业呈现不能满足教育位置需求的势头，则须在报告中提出解决问题的建议。

第 2 款，报告应说明：
1. 关于前一个自然年度：
（1）以各主管机构提供的情况为基础说明根据本法或手工业条例已在职业教育关系档案中注册、于上年 10 月 1 日之前 12 个月内签署并于上年 9 月 30 日仍然有效的职业教育合同；

以及

（2）上年 9 月 30 日仍未占用的、向联邦劳动局提供的教育位置数量，以及此期间在联邦劳动局登记寻找教育位置的人数。

2. 关于本日历年年度：
（1）至当年 9 月 30 日预期寻求教育位置的人数；
（2）至当年 9 月 30 日预期提供教育位子的数量估计。

第87条 职业教育统计的目的与实施

第1款 执行联邦统计的目的在于制定职业教育规划和建立职业教育秩序。

第2款 联邦职业教育研究所和联邦劳动局在统计的技术和方法方面协助联邦统计局。

第3款 调查计划和处理计划,应与联邦职业教育研究所协商后确定,以使调查得到的数据可供有关方面在其职能范围内为制定职业教育规划和建立职业教育秩序的目的所利用。

第88条 调查

第1款 联邦每年统计

1. 每位受教育者：
(1) 性别、出生年份、国籍；
(2) 普通教育证书、先期参加的职业准备培训或职业基础教育、职业预备教育；
(3) 包括专业方向的教育职业；
(4) 教育机构的地址、经济部门的分支、公共服务的从属；
(5) 职业教育开始的年月、职业教育合同预期解约的年月；
(6) 注明教育职业的分级教育衔接合同；
(7) 主要由公共经费资助,特别是根据社会福利法典第三部资助的职业教育关系的种类；
(8) 结业考试的年月、考试的种类与许可、补考的年月、考试成绩。

2. 每位本款第1点之外的职业教育考试参加者：性别、出生年份、职业方向、学历、补考、考试种类、考试成绩。

3. 每位企业教师：性别、出生年份、专业资质的种类。

4. 每位教育咨询员：性别、出生年月、学历、咨询工作种类、专业主管范围、对教育机构进行过的访问。

5. 每位参加职业准备教育者：教育提供者根据本法第70条第2款规定的义务说明其：性别、出生年份、职业方向。

第2款 辅助标注为相关信息义务提供者的姓名与地址。

第3款 主管机构有义务提供相应情况。

第4款 为编制职业教育报告及实施本法第84条规定的职业教育研究,联邦统计局和各州统计局要向联邦职业教育研究所递交该条第2款第1点至第5点列举的调查要点。为此,在联邦职业教育研究所设立一个与该所其他任务部门在空间上、组织上和人员上分离的组织机构。该组织机构的工作人员必须为公务员或为公共服务的特别责任者。其由工作所获得的相关资料只能用于编制职业教育报告和实施职业教育研究。按照第2款递交的数据不允许与个人的其他数据一并使用。第2款与第3款的执行细节由联邦教育与研究部以公告形式发布。

第五部分　联邦职业教育研究所

第89条　联邦职业教育研究所

联邦职业教育研究所为联邦直属的具有公法法人资格的机构。联邦职业教育研究所的所在地为波恩。

第90条　任务

第1款　联邦职业教育研究所在联邦政府政策范围内执行其任务。

第2款　联邦职业教育研究所的任务是通过科学研究促进职业教育研究。其研究以年度科研计划为基础进行；年度科研计划须经联邦教育和研究部批准。联邦最高部门可在与联邦教育和研究部协商，委托联邦职业教育研究所承担其他研究任务。联邦职业教育研究所的重要成果应予以公开发表。

第3款　联邦职业教育研究所的其他任务。

1. 根据联邦主管部的指示：

（1）参加职业教育条例及其他根据本法或手工业条例第二部分颁布的法规的起草工作；

（2）参与职业教育报告的起草工作；

（3）根据第87条参加职业教育统计工作；

（4）促进职业教育典型实验包括科学伴随研究；

（5）参与职业教育的国际合作；

（6）承担促进职业教育发展的其他联邦管理任务。

2. 根据联邦主管部的一般性管理规定，实施促进跨企业职业教育机构的措施，支持这些机构的规划、组建和继续发展。

3. 制定并颁布国家认可的教育职业目录。

4. 根据主管委员会颁布并经联邦主管部批准的准则承担远程教育保护法确定的任务，并通过促进发展计划为改善与扩展远程职业教育做出贡献。

第 91 条　职能主体

联邦职业教育研究所的职能主体是：

1. 主管委员会；
2. 所长。

第 92 条　主管委员会

第 1 款　主管委员会除本法其他条款对其规定的任务外还承担以下任务：

1. 就所长职责以外的联邦职业教育研究所事务做出决议；
2. 就职业教育的原则性问题向联邦政府提供咨询，并可就职业教育报告草案提出意见；
3. 就年度研究计划做出决议；
4. 为本法的统一运用做出决议；
5. 可以根据第 4 条第 1 款，并在考虑相应的学校框架计划草案的基础上就由联邦职业教育研究所起草的条例草案提出意见；
6. 就第 90 条第 3 款第 3 点和第 4 点以及第 97 条第 4 款所述涉及联邦职业教育研究所的事宜做出决议。

第 2 款　所长接到实施本法第 90 条第 3 款第 1 点任务的指示以及根据第 90 条第 3 款第 2 点颁布的管理规则应立即通知主管委员会。

第 3 款　主管委员会由雇主代表、雇员代表、州代表各 8 名及联邦代表 5 名组成。联邦代表拥有 8 张表决票，并只能统一投票；在就职业教育的原则问题向联邦政府提供咨询、对职业教育报告草案提出意见以及根据本法听取意见的范围内，联邦代表无表决权。联邦劳动局、联邦一级设立的地方最高协会以及科学咨询委员会可各派一名代表列席主管委员会的会议，并具有咨询性投票权。

第 4 款　联邦教育和研究部根据各行业协会、雇主协会和企业联合会在联邦层面的联合组织的建议人选聘任雇主代表，根据联邦层面成立的工会建议聘任雇员代表，根据联邦政府的建议聘任联邦代表，根据联邦参议院推荐的人选聘任州代表，任期最长为 4 年。

第 5 款　主管委员会从其委员中分别选出 1 名主席及副主席，任期 1 年。主席按顺序分别由雇主代表、雇员代表、州代表和联邦代表中推荐人选担任。

第 6 款　主管委员会的工作为荣誉性质。其垫款支出及所占用时间，如无其他方面予以补偿，则应由联邦职业教育研究所根据联邦教育和研究部审批的数额予以补偿。审批工作由联邦教育和研究部与联邦财政部协商进行。

第7款　在听取参加聘任人员的意见后,可因重要原因解聘委员。

第8款　委员均有1名代理委员。第4款、第6款及第7款也适用于此。

第9款　主管委员会可根据其章程的具体规定设立下设委员会。下属委员会可由主管委员会委员以外的人员担任。下属委员会应有雇主代表、雇员代表、州代表和联邦代表。第4条至第7条同样适用于下属委员会。

第10款　主管委员会独立履行工作职责,不受任何指令约束。

第93条　所长

第1款　所长代表联邦职业教育研究所处理法律关系及非法律关系的事务。所长管理联邦职业教育研究所,并领导其开展工作。在其无须执行联邦主管部的指令及一般管理规定(见本法第90条第3款第1点及第2点)时,均须按主管委员会的准则开展工作。

第2款　所长由联邦总统根据联邦政府的建议任命;所长常务代表由总统根据联邦教育和研究部与所长协商一致后的建议任命。所长及所长常务代表为公务员。

第94条　科学咨询委员会

第1款　科学咨询委员会通过意见与建议向联邦职业教育研究所的职能主体提供咨询。

1. 联邦职业教育研究所研究计划;
2. 联邦职业教育研究所与高等学校及其他研究机构的合作;
3. 以及联邦职业教育研究所科学成果的年度报告。

第2款　为使科学咨询委员会完成工作任务,联邦职业教育研究所所长应向其提供必要的信息。根据科学咨询委员会的愿望,可以以每年举行一次研讨会的方式向其陈述联邦职业教育研究所的科学研究工作。

第3款　科学咨询委员会由最多7名不属于联邦职业教育研究所工作人员的国内外职业教育研究领域的专家组成。委员由所长经与联邦教育和研究部协商后聘请,任期4年,可以连任1次。主管委员会可派分别来自雇主代表、雇员代表、州代表群体的共4名委员参加科学咨询委员会的会议,其无表决权。

第4款　科学咨询委员会可自行制定日常工作条例。

第5款　第92条第6款适用于此。

第 95 条　残障人问题委员会

第 1 款　在主管委员会下设置这一常设委员会在于向联邦职业教育研究所就其职责范围内残障人的职业教育问题提供咨询。该委员会致力于考虑在职业教育中残障人的特殊需要,并使残障人职业教育与其他参与劳动就业的措施协调发展。联邦职业教育研究所在考虑该委员会建议的基础上,就涉及残障人职业教育的研究计划的实施做出决定。

第 2 款　委员会由 17 名委员组成,委员由所长聘任,最长聘期 4 年。委员可以连任。委员会根据社会福利法典第 9 部规定的残障人权益保护咨询委员会的建议聘任,而且:

1 名委员代表雇员群体;

1 名委员代表雇主群体;

1 名委员代表残障人组织;

1 名委员代表联邦劳动局;

1 名委员代表法定退休金保险机构;

1 名委员代表法定意外事故保险机构;

1 名委员代表自由福利组织;

2 名委员代表职业能力恢复机构;

其他 6 名委员为在残障人职业教育机构或在残障人诊疗中心工作,熟悉残障人职业教育的专业人员。

第 3 款　委员会可以吸收正在接受职业教育、职业进修教育或职业改行教育的残障人参与咨询。

第 96 条　联邦职业教育研究所的经费

第 1 款　联邦职业教育研究所的组建及管理经费由联邦拨款提供。联邦拨款数额按预算法规定办理。

第 2 款　承担第 90 条第 2 款第 3 句所述委托任务及承担第 90 条第 3 款第(6)小点所指任务的经费支出由给予任务的联邦部承担。承担第 90 条第 4 点合同任务的支出应由合同另一方承担。

第 97 条　预算

第 1 款　财政预算计划由所长提出,主管委员会认定财政预算计划。

第 2 款　财政预算计划须经联邦教育和研究部审批。审批包括各种费用的目的。

第 3 款　财政预算计划须及时地在联邦财政预算提出之前、最迟至预算年度的上一年 10 月 15 日递交到联邦教育和研究部。

第4款　超出计划及计划外开支可由主管委员会根据所长建议批准。批准时须取得联邦教育和研究部及联邦财政部同意。本款第1句及第2句适用于联邦职业教育研究所采取并可能因此而承担相应义务的措施,而履行着些义务所需费用未包括在财政预算计划内。

第5款　财政年度结束后,所长提出年度决算。主管委员会负责审议。年度决算无须联邦预算条例第109条第3款所规定的审批。

第98条　章程

第1款　联邦职业教育研究所的章程具体规定:

1. 完成工作的种类和方式(见第90条第2款及第3款);
2. 以及组织机构。

第2款　主管委员会根据其成员五分之四的多数票对章程做出决议。章程须经联邦教育和研究部审批,并在联邦公报上予以公布。

第3款　第2款也适用于对章程的修改。

第99条　人员

第1款　联邦职业教育研究所的工作由公务员及以职员和工人身份聘用的雇员完成。研究所为公务员权利框架法第121条第2点意义上的雇主。研究所的公务员为间接联邦公务员。

第2款　联邦教育和研究部可聘任或解聘联邦职业教育研究所的公务员,如这些公务员的职务属于联邦薪金条例B范畴,其任用和解聘权不由联邦总统掌握。其联邦主管部可将此权限委托给该所所长。

第3款　联邦职业教育研究所公务员的最高主管部门是联邦教育和研究部。联邦教育和研究部可以将此权限委托给该所所长。联邦公务员法第187条第1款及联邦惩戒法第83条第1款仍然有效。

第4款　对于研究所的职员和工人,均适用现行的联邦雇员劳资合同和其他有关规定。如需例外处理,须事先取得联邦教育和研究部的同意;联邦教育和研究部在与联邦内政部及联邦财政部协商后做出同意决定。

第100条　对联邦职业教育研究所的督察

如本法中没有规定其他的监督权,则联邦职业教育研究所受联邦教育和研究部的法律督察。

第101条　提供信息的义务

第1款　从事职业教育的自然人、法人和管理部门,应根据联邦职业教育研究所代表的要求,向其提供研究工作所需的信息和必要的资料,允许其在企业正常工作时间内参观企业场所、企业设施以及教育岗位和继续教育岗位。劳动法和公务法规定的保守企业秘密的义务仍然有效。

第 2 款　如其回答可能使其资金或刑事诉讼条例第 52 条中所指的人员招致追究刑事责任或按违纪遭到法律传讯的危险,提供信息义务者可拒绝回答提问。

第 3 款　如无其他规定,提供信息是无偿的。

第 4 款　研究所按第 1 款规定所掌握的关于人和事的具体情况,如无其他法律规定,应予保密。在发表调查研究结果时不应包含上述具体内容。

第六部分　罚款规则

第 102 条　罚款规则

第 1 款　违反规则的行动有:

1. 违反第 11 条第 1 款第 1 句,以及与此相关的该条第 4 款的规定,没有、没有正确地、没有完整地、没有按照规定方式或没有及时将合同的重要内容或合同的重要改动写成文本;

2. 违反第 11 条第 3 款规定,以及与此相关的第 4 款,没有或没有及时出具合同签字文本;

3. 违反第 14 条第 2 款规定,向受教育者布置不符合教育目的的工作;

4. 违反第 15 条第 1 句以及与此相关的第 2 句的规定,没有为受教育者提供所需时间;

5. 违反第 28 条第 1 款或第 2 款雇佣或教育受教育者;

6. 违抗第 33 条第 1 款或第 2 款可执行的命令;

7. 违反第 36 条第 1 款第 1 句及第 2 句,以及分别与此相关的第 3 句规定,没有或没有及时申请在档案中登记或申请登记时未呈交一份合同文本副本;

8. 或者违反第 76 条第 2 款规定,没有或没有正确地、没有完整地或没有及时地提供必要资料,或者没有允许或没有及时地允许参观。

第 2 款　对第 1 款第 3 点至第 6 点违反规定的情况可处以最多 5000 欧元罚金,其他违纪情况可处以最多 1000 欧元罚款,以示惩戒。

第七部分 过渡条款和衔接条款

第 103 条 德国统一框架内结业证书等值

根据职业教育体系进行的考试证书与根据专业工人职业体系进行的考试证书以及根据第 37 条第 2 款取得的考试证书具有同等价值。

第 104 条 现有规章的继续有效

第 1 款 1969 年 9 月 1 日前国家认可的学徒职业、入门职业或可比的其他规定的教育职业视作第 4 条意义上的教育职业。对于这些职业的职业概述、职业教育计划、考试要求及考试条例直至根据第 4 条规定的教育条例的颁布及根据第 47 条规定的考试条例的颁布仍可应用。

第 2 款 1969 年 9 月 1 日由第 1 款认可的教育职业所颁布的考试证书仍然有效，并与第 37 条第 2 款所规定的考试证书具有同等价值。

第 105 条 管理职权委托

州政府有权通过法规形式将本法赋予州法所确定的州主管部门的职权按照第 27 条、第 30 条、第 32 条、第 33 条及第 70 条的规定委托给主管机构。

附录二　加拿大职业分类体系

加拿大国家职业分类体系(national occupational classification)以国际劳工组织所制定的 ISCO-88 的分类结构为依据,采用 4 位数字代码进行职业分类,功能较为齐全,具有很强的时代性、针对性和实用性。

主要条目类别及代号

- 11　管理、行政及有关职业
- 21　自然科学、工程技术、数学领域中的职业
- 23　社会科学及有关领域中的职业
- 25　宗教职业
- 27　教学及有关职业
- 31　医疗卫生领域中的职业
- 33　艺术、文学、表演艺术及有关职业
- 37　运动及娱乐界中的职业
- 41　职员及有关职业
- 51　销售职业
- 61　服务性职业
- 71　农业、园艺及畜牧职业
- 73　渔业捕捞及有关职业
- 75　林业及木材加工职业
- 77　包括油田和气田在内的钻井职业
- 81/82　加工业职业
- 83　机械加工及有关职业
- 85　产品制造、装配、修理领域的职业
- 87　土建行业中的职业
- 91　运输设备操作职业
- 93　材料处理职业
- 95　其他设备机具操作职业

99　未归他类的职业

主类、次类职业名称及代号

第 11 类：管理、行政及有关职业
　　111　不同于政府的行政官员及主管人员
　　　　1111　法律团体成员
　　　　1113　政府行政主管
　　　　1115　邮政管理职业
　　　　1116　政府部门的检查及执行规章的人员
　　　　1119　不同于政府的行政官员及主管人员
　　113/114　其他管理及行政人员
　　　　1130　总经理及其他高级官员
　　　　1131　自然科学、工程技术及数学领域中的管理职业
　　　　1132　社会科学及有关领域中的管理职业
　　　　1133　教学及有关领域中的行政人员
　　　　1135　财务管理职业
　　　　1136　人事及企业关系管理职业
　　　　1137　推销及广告管理职业
　　　　1141　采购管理职业
　　　　1142　服务管理职业
　　　　1143　生产管理职业
　　　　1145　建筑业中的管理职业
　　　　1147　运输及通信中的管理职业
　　　　1149　其他管理和行政人员
　　117　与管理和行政有关的分析人员
　　　　1171　会计、审计师及其他财务人员
　　　　1173　组织与方法的分析人员
　　　　1175　采购主管人员及采购人员（除批发和零售业）
　　　　1176　非官方的检查和法规执行人员
　　　　1179　其他与管理有关的职业
第 21 类：自然科学、工程技术和数学领域中的职业
　　211　自然科学的职业

2111 化学家

2112 地质学家及有关职业

2113 物理学家

2114 气象学家

2117 与自然科学有关的技术人员和技工

2119 自然科学中的其他职业

213 生命科学中的职业

2131 农学家及有关职业

2133 生物学家及有关职业

2135 生命科学中的技术人员及技工

2139 生命科学中的其他职业

214/215 建筑及工程技术

2141 建筑学家

2142 化学工程师

2143 民用品工程师

2144 电器工程师

2145 工业工程师

2147 机械工程师

2151 冶金工程师

2153 采矿工程师

2154 石油工程师

2155 航空工程师

2157 核工程师

2159 建筑及工程技术中的其他职业

216 建筑及工程技术中的其他职业

2160 建筑和工程技术领域中的监管及其他人员

2161 调查人员

2163 排气排风职业

2165 建筑及工程技术领域中的技术人员及技工

2169 建筑及工程技术领域中的其他职业

218 数学、统计、系统分析及有关领域中的职业

2181 数学家、统计师和统计员

2183 系统分析员、计算机程序及有关职业

2189 数学、统计、系统分析及有关领域中的其他职业

第 23 类：社会科学及有关领域中的职业

231　社会科学职业

2311　经济学家

2313　社会学家、人类学家及有关职业

2315　心理学家

2319　社会科学领域中的其他职业

233　社会工作及有关领域的工作

2331　社会服务人员

2332　社会福利及社会服务领域中的职业

2339　社会工作及有关领域中的其他职业

234　法律及法学领域中的职业

2341　法官及地方法官

2343　律师和公证人

2349　法律和法学领域中的其他职业

235　图书馆、博物馆、档案馆领域的职业

2350　图书馆、博物馆、档案馆领域的监理人

2351　图书管理员、档案管理员的资料监理人

2353　图书馆、博物馆和档案领域的技术人员

2359　图书馆、博物馆和档案领域的其他职业

239　社会学及有关领域的其他职业

2391　教育与职业顾问

2399　社会科学及有关领域的其他职业

第 25 类：宗教职业

251　宗教职业

2511　教长

2513　修女及修士

2519　宗教的其他职业

第 27 类：教学及有关职业

271　大学教学及有关职业

2711　大学教师

2719　大学教学及有关领域的其他职员

273　中小学教学及有关领域的职业

2731 小学及幼儿园教师

2733 中小教师

2739 中小学教学及有关领域的其他职业

279 其他与教学有关的职业

2791 社区学院及职业院校的教师

2792 中学后学校的教师

2793 弱智儿童教师

2797 培训指导人员及官员

2799 与教学有关的其他职业

第 31 类 医疗卫生领域中的职业

311 诊病治病的职业

3111 内科医生、外科医生

3113 牙科医生

3115 兽医

3117 骨科医生和手足病医生

3119 诊病治病中的其他职业

313/314/315 护理、理疗及有关职业

3130 护理行业中的管理人员

3131 除护理人员外的正规护士

3134 注册助理护士

3135 护理护士

3137 专业和其他理疗人员

3139 护理、理疗行业中的其他职业

3145 医疗卫生行业中的其他职业

3151 药剂师

3152 营养师和饮食专家

2153 眼镜师

3154 配镜人员

3155 放射治疗中的技师

3156 医疗实验室技师人员和技工

3157 假牙配制师、口腔保健师、牙医助理、牙科中的技术人员

3159 医疗卫生行业中的其他职业

第 33 类：艺术、文学、表演艺术及有关职业
    331 纯艺术和商业艺术、摄影及有关职业
        3311 画家、雕刻家及有关艺术家
        3313 室内标牌 制作者
        3314 广告和演示图制作艺术家
        3315 摄影师和摄影机操作人员
        3319 纯艺术、商业艺术和摄影行业中的制作者和导演
    333 表演和音像艺术中的职业
        3330 表演艺术和音像艺术行业中的制作者和导演
        3332 音乐家
        3333 舞蹈设计师及舞蹈家
        3335 演员职业
        3337 电台、电视台播音员
    335 写作职业
        3351 作家、编辑、出版商
        3353 广播、电视、剧院及影片作者和编辑
        3355 翻译（笔译和口译）
        3359 写作的其他职业
第 37 类：运动及娱乐业中的职业
    371 运动和娱乐业中的职业
        3710 运动和娱乐业中的教练员、训练者和管理人员
        3711 裁判及有关人员
        3713 运动员
        3715 运动保健及娱乐业保健员
        3719 运动和娱乐业中的其他职业
第 41 类：职员及有关职业
    411 速记和打字职业
        4110 速记和打字业中的管理人员
        4111 秘书和速记员
        4113 打字员和打字职员
    413 簿记、会计记录及有关职业
        4130 簿记和会计记录业中的管理人员
        4131 簿记员和会计部门职业

4133 收银员和出纳员
4135 保险公司、银行及金融部门中的职业
4137 统计工作职员
4139 簿记、会计记录及有关职业中的其他职业

414 办公设计、电子数据处理设备操作员
4140 办公设备、电子数据处理设备操作员的领班
4141 办公设备操作员

415 原材料记录、调度和分配职业中的管理人员
4151 生产部门的职员
4153 发动和收货的职员
4155 仓储及有关部门的职员
4157 司磅员
4159 原材料记录、调度分配业中的职业

416 图书馆、档案、信函管理职员及有关职业
4160 图书馆、档案、信函管理职员及有关职业中的管理人员
4161 图书馆、档案管理员
4169 图书馆、档案、信函管理员及有关职业中的其他职业

417 接待、信息、邮寄和信息分转职业中的管理人员
4170 接待、信息、邮寄和信息分转职业中的管理人员
4171 接待人员和信息人员
4172 邮递员
4173 信函及邮政职员
4175 电话总机接线员
4177 信息接收及分转人员
4179 接待、信息、邮寄和分转业中的其他职业

419 其他职员及有关职业
4190 其他职员及有关职业中的管理人员
4191 收款员
4192 调整员
4193 旅行社职员、售票、中转、发货代理人等
4195 宾馆职员
4197 综合办公室职员
4199 其他职员及有关职业

第51类：销售职业
- 513/514　商品销售职业
  - 5130　商品销售职业中的管理人员
  - 5131　技术销售职业及有关咨询人员
  - 5133　推销人员
  - 5135　商品销售中的工人
  - 5137　商品销售中的职员
  - 5141　店铺及上门推销人员
  - 5143　报摊及卖报人员
  - 5145　服务点的工作人员
  - 5149　商品销售业的其他职业
- 517　服务性销售职业
  - 5170　服务性销售业中的管理人员
  - 5171　保险推销人员
  - 5172　房地产推销职业
  - 5173　证券销售代理及交易人员
  - 5174　广告推销人员
  - 5177　商业服务推销人员
  - 5179　服务业推销业中的其他职业
- 519　其他销售职业
  - 5190　其他销售职业中的管理人员
  - 5191　采购、批发与零售业
  - 5193　固定线路的销售人员
  - 5199　其他销售职业

第61类：服务性职业
- 611　保安职业
  - 6111　消防职业
  - 6112　官方警官和侦探
  - 6113　私家侦探和调查人员
  - 6115　保镖及有关职业
  - 6116　军官及武装部队人员
  - 6117　其他种类的武装力量
  - 6119　其他保安职业

612 饮食业及有关服务性职业
    6120 饮食业及有关服务性职业中的管理人员
    6121 大厨和厨师
    6123 吧台侍者
    6125 饮食业招待员
    6129 饮食及有关行业中的其他职业

613 房屋出租及其他食宿服务业
    6130 房屋出租及其他食宿服务业中的管理人员
    6133 除私房出租外的清洁工
    6135 宿营车及露营服务者
    6139 其他未归类者

614 个人服务业
    6141 葬礼指挥人员、整容人员及有关职业
    6142 管家、佣人及有关职业
    6143 理发师、美发师及有关职业
    6145 旅游业及有关行业的服务人员(除饮食业)
    6147 保育员
    6149 个人服务业的其他职业

616 服装及服饰品服务业
    6160 服装及服饰业中的管理人员
    6161 洗衣业
    6163 干洗业
    6165 熨烫业
    6169 服装服饰服务业中的其他职业

619 其他服务性职业
    6190 其他服务业中的管理人员
    6191 守门人、杂工、清洁工
    6193 电梯操作人员
    6198 服务业中的劳工及其他体力工种
    6199 其他服务业中未归类者

第71类：农业、园艺及畜牧业职业
    711 农民
        7111 一般农民

　　　　7113　畜农
　　　　7115　粮农
　　713　农业管理员
　　　　7131　农业管理职业
　　718/719　其他农业、园艺、畜牧职业
　　　　7180　其他农业、园艺、畜牧职业中的领班
　　　　7181　农业普通劳工
　　　　7183　田间菜、粮种植农工
　　　　7185　果园、葡萄园及有关园林农工
　　　　7187　畜牧农工
　　　　7191　奶农
　　　　7193　家禽及孵化场农工
　　　　7195　饲养员及有关农工
　　　　7197　农机操作员
　　　　7198　农业、园艺及畜牧业中的其他劳工和体力劳动职业
　　　　7199　农业、园艺和畜牧业中的其他职业
第 73 类：渔业、捕捞及有关职业
　　731　渔业、捕捞及有关职业
　　　　7311　渔船船长及其他官员
　　　　7313　网、笼、鱼线捕鱼职业
　　　　7319　渔业、捕捞及有关职业中的其他职业
第 75 类：林业及采伐业职业
　　751　林业及采伐业职工
　　　　7510　林业和采伐业工长
　　　　7511　森林保护职业
　　　　7513　伐木和有关职业
　　　　7516　木材检查、定级、测量及有关职业
　　　　7517　木材起重、定级、搬运及有关职业
　　　　7518　林业和采伐业普工和其他简单工作所需的职业
　　　　7519　林业和采伐业中其他未分类的工作所需的职业
第 77 类：包括油田和气田在内的钻井职业
　　　　7710　包括油田和气田在内的开采和钻井工长
　　　　7711　旋转式钻井及有关职业

7713 其他岩石和土地钻掘职业

7715 爆破职业

7717 开采和钻井中的挖掘、自理和装载职业

7718 包括油田和气田在内的开采和钻井的普工和其他简单工作所需的职业

7719 包括油田和气田在内的钻井中的其他未分类职业

第81/82类：加工业职业

811 矿石加工职业

 8110 矿石加工业工长

 8111 矿石破碎和粉碎职业

 8113 矿石混合、分选、过滤和有关职业

 8115 矿石熔炼和煅烧职业

 8116 矿石加工业的检查、实验、定级和抽样检验等职业

 8119 在矿石加工业中国其他未分类的工作所需的职业

813/814 金属加工和有关的职业

 8130 金属加工业工长

 8131 金属熔炼、吹炼和精炼职业

 8133 金属热处理职业

 8135 金属轧制职业

 8137 造型、造芯制造、金属铸造职业

 8141 金属冲压和拉制职业

 8143 电镀、金属喷镀和有关职业

 8146 金属加工业的检查、试验、定级和抽样检验职业

 8148 金属加工业中的普工和其他简单工作所需的职业

 8149 在金属加工业中其他未分类的职业

815 黏土、玻璃和石头加工、成型和有关职业

 8150 黏土、玻璃和石头加工、成型和有关职业的工长

 8151 黏土、玻璃和石头的焙燃炉工和烘干炉工

 8153 黏土、玻璃和石头的分选、破碎、粉碎和混合职业

 8155 黏土、玻璃和石头的成型职业

 8156 黏土、玻璃、石头加工和成型的检查、试验、定级职业

 8158 黏土、玻璃、石头加工和成型的普工和其他简单工作所需的职业

8159　在黏土、玻璃和石头加工和成型中其他未分类的有关职业

816/817　化工、石油、橡胶、塑料和有关材料的加工职业

8160　化工、石油、橡胶、塑料和有关材料的加工职业的工长

8161　化工和有关材料的混合和配料职业

8163　化工和有关材料的过滤、粗滤和分选职业

8165　化工和有关材料的蒸馏、提纯和碳化处理职业

8167　化工和有关材料的焙烧、煮制和干燥职业

8171　化工和有关材料的破碎和粉碎职业

8173　化工和有关材料的涂层和矸光职业

8176　化工、石油、橡胶、塑料和有关材料加工的检查、试验和抽样检验职业

8178　化工、石油、橡胶、塑料和有关材料的普工和其他简单工作所需的职业

8179　化工、石油、橡胶、塑料和有关材料加工业中未分类的其他工作

821/822　食品、饮料和有关加工职业

8210　食品、饮料和有关加工职业的工长

8211　面粉和谷物碾磨职业

8213　烤面包、糖果糕点和有关的职业

8215　屠宰和肉食切割、装罐头、烟熏和包装职业

8217　鱼肉罐头、烟熏和包装职业

8221　水果和蔬菜装罐头、腌制和包装职业

8223　奶制品加工和有关职业

8225　食糖加工和有关职业

8226　食品、饮料和有关加工中的检查、试验、定级和抽样检验职业

8227　饮食加工职业

8228　食品、饮料和有关加工的普工和其他简单工作所需的职业

8229　食品、饮料和有关加工中未分类的其他工作所需的职业

823　除纸浆外的木材加工职业

8230　除纸浆外的木材加工中的工长职业

8231　操作锯木机的锯木工人和有关职业

8233　胶合板制造和有关职业

8235　木材处理职业

8238　除纸浆外的木材加工的普工和其他简单工作所需的职业

8239　除纸浆外的木材加工中未分类的其他职业

825　纸浆、造纸和有关职业

8250　纸浆、造纸和有关职业所需的工长

8251　纤维、纸浆准备职业

8253　造纸和成品职业

8256　纸浆和造纸中的检查、试验、定级和抽样检验职业

8258　纸浆和造纸的普工和其他简单工作所需的职业

8259　纸浆、造纸和有关工作未分类的其他职业

826/827　纺织加工职业

8260　纺织加工业工长

8261　纺织前纺织业

8263　纺织纺纱和捻纱职业

8265　纺织导纬和络筒职业

8267　纺织纺布职业

8271　针织职业

8273　纺织漂染职业

8275　纺织后整理和丝光职业

8276　纺织加工的检验、试验、定级和抽样检查职业

8278　纺织加工的普工和其他简单工作所需的职业

8279　其他未分类的加工职业

829　其他加工职业

8290　其他加工业的工长

8293　烟草加工职业

8295　皮革和皮毛加工职业

8296　其他未分类的加工业的检查、试验、评级和抽样检验职业

8298　其他加工业的普工和其他简单工作所需的职业

8299　其他未分类的加工职业

第83类：机械加工及有关职业

　831　金属加工职业

8310　金属机械加工职业的工长

8311　工具和模具制造职业

8313　机械加工和机床安装职业

8315　机床操作职业

8316　金属机械加工的检查和试验职业

8319　其他未分类的金属机械加工职业

　833　除机械加工外的金属造型和成型职业

8330　除机械加工外的金属造型和成型的工长

8331　锻造职业

8333　钣金工

8334　其他未分类的金属加工机床的操作工职业

8335　焊接和火焰切割职业

8336　金属成型（机加工除外）的检测和测试

8337　锅炉制造工、钢板工和金属结构工

8339　金属成型（机加工除外）职业，未归他类者

　835　木材机加工职业

8350　木材机加工职业领班

8351　木模制造职业

8353　木材锯切割（制材厂除外）及有关职业

8355　刨削、车削、成型有关木材机加工职业

8356　木材机加工检验职业

8357　木器磨光职业

8359　木材机加工职业，未归他类者

　837　黏土、玻璃、石料及有关材料的机加工职业

8370　黏土、玻璃、石料及有关材料的机加工职业领班

8371　黏土、玻璃、石料及有关材料的切割和成型职业

8373　黏土、玻璃、石料及有关材料的研磨和抛光职业

8376　黏土、玻璃、石料及有关材料的机加工的检验职业

8377　黏土、玻璃、石料及有关材料的机加工职业，未归他类者

839　其他机加工及有关职业
　　8390　其他加工及有关职业领班
　　8391　雕刻工、腐蚀工有关职业
　　8393　锉、磨、打光、清洗和抛光职业，未归他类者
　　8395　制模工和模具工，未归他类者
　　8396　机加工检修和职业，未归他类者
　　8399　其他机加工及有关职业，未归他类者

第85类：产品制造、装配、修理领域的职业

851/852　金属制品的组装职业，未归他类者
　　8510　金属制品的制造和组装领班，未归他类者
　　8511　发动机和有关设备的制造和组装职业，未归他类者
　　8513　汽车制造和组装职业，未归他类者
　　8515　飞机制造和组装职业，未归他类者
　　8523　工业、农业、建筑施工和其他机械化设备及机械的制造和组装职业，未归他类者
　　8525　办公和商业机械的制造和组装职业，未归他类者
　　8526　金属制造的制造和组装的检验的测试职业，未归他类者
　　8527　精密仪器及有关设备的制造和组装职业，未归他类者
　　8528　金属产品制造和组装的普工和其他简单工作职业，未归他类者
　　8529　其他金属制品的制造和组装职业，未归他类者

853　电气、电子及有关设备的制造、组装、安装和修理的检验和测试职业
　　8530　电气、电子及有关设备的制造、组装、安装和修理职业领班
　　8531　电气设备的制造和组装和组装职业
　　8533　电气有关设备的安装和修理职业，未归他类者
　　8534　电子设备的制造的组装职业
　　8535　电子及有关设备的制造组装、安装和修理的检测和测试职业
　　8537　收音机和电视剧修理工
　　8538　电气、电子及有关设备的制造、组装、安装和修理的普

工和其他简单工作职业

8539 电气、电子及有关设备的制造、组装、安装和修理职业，未归他类者

854 木器制作、组装和修理职业

8540 木器制作、组装和修理职业领班

8541 细木家具和木家具制作工

8546 木器制作、组装和修理的检验和分级职业

8548 木器制作、组装和修理的普工和其他简单工作的职业

8549 木器制作、组装和修理职业，未归他类者

855/856 纺织品、毛皮和皮革制品的制造、组装和修理职业

8550 纺织品、毛皮和皮革制品的制造、组装和修理职业领班

8551 纺织品、毛皮和皮革制品的制样、画样和裁剪职业

8553 男装裁缝和女装裁缝

8555 皮货裁缝

8557 女帽、有边帽、无边帽裁缝

8561 制鞋和修鞋职业

8562 室内装潢业

8563 纺织品和类纺织品的机械缝纫工

8566 纺织品、毛皮和皮革制品的制造、组装和修理的检验、分级和取样职业

8568 纺织品、毛皮和皮革制品的制造、组装和修理的普工及其他简单工作的职业

8569 纺织品、毛皮和皮革制品的制造、组装和修理职业，未归他类者

857 橡胶、塑料及有关产品的职业领班

8570 橡胶、塑料及有关产品的制造、组装和修理职业

8571 橡胶、塑料及有关的产品的黏合和胶结职业

8573 橡胶、塑料及有关的产品的模压职业

8575 橡胶、塑料及有关的产品的切割和精整职业

8576 橡胶、塑料及有关的产品的制造、组装和修理的检验、测试、分级和取样职业

8578 橡胶、塑料及有关的产品的制造、组装的普工及其他简单工作的职业

    8579 橡胶、塑料及有关的产品的制造、组装和修理职业，未归他类者

  858 机械工和修理工，未归他类者

    8580 机械工和修理工（电工除外）领班，未归他类者

    8581 汽车机械工和修理工

    8582 飞机机械工和修理工

    8583 铁路运输设备机械工和修理工

    8584 工业、农业和建筑业机械工和修理工

    8586 设备修理检验和测试职业，未归他类者

    8587 钟表修理工

    8589 机械工和修理工（电工除外），未归他类者

  859 其他产品制造、组装和修理职业

    8590 其他产品制造组装和修理职业领班，未归他类者

    8591 珠宝和银器制造组装和修理职业

    8592 船舶制造、组装和修理职业

    8593 纸制品制造和组装职业

    8595 油漆和装饰（土建除外）职业

    8596 产品制造、组装和修理的检验、测试和分级职业，未归他类者

    8598 产品制造、组装和修理的普工及其他简单工作职业，未归他类者

    8599 其他产品制造、组装和修理职业，未归他类者

第87类：土建行业的职业

  871 挖掘、平整、铺砌及有关职业

    8710 挖掘、平整、铺砌及有关职业领班

    8711 挖掘、平整及有关职业

    8713 铺砌及有关职业

    8715 铁路线路段工和护路工

    8718 挖掘、平整、铺砌的普工和简单工作职业

    8719 挖掘、平整、铺砌及有关职业，未归他类者

  873 电力、照明和有线通信设备的架设、安装和维修职业

    8730 电力、照明和有线通信设备的架设、安装和维修职业的领班

8731　电力线路及有关职业

8733　土建电工和维修工

8735　有线通信及有关设备的安装和维修职业

8736　电力、照明和有线通信设备的架设、安装和维修的检验和测试职业

8737　电力、照明和有线通信设备的架设、安装和维修的普工和其他简单工作职业

8739　电力、照明和有线通信设备的架设、安装和维修职业，未归他类者

878/879　其他土建行业的职业

8780　其他土建行业的职业领班

8781　木工及有关职业

8782　砖石工和贴面砖工

8783　混凝土抹面工及有关职业

8784　抹灰工及有关职业

8785　油漆工、裱糊工及有关职业

8786　土建中的隔绝层职业

8787　屋面工、防水工及有关职业

8791　管线安装、管道工程及有关职业，未归他类者

8793　金属结构安装工

8795　玻璃工

8796　土建检验和测试（电工除外）职业

8798　其他土建行业的普工和简单工作职业

第91业：运输设备操作职业

911　空运运行操作职业

9110　空运操作职业监理

9111　飞机驾驶员、领航员和飞机工程师

9113　空运运行后勤支持职业

9119　空运运行职业，未归他类者

913　铁路运输工具操作职业

9130　铁路运输工具操作职业领班

9131　机车司机和司炉

9133　铁路列车长和制动员

9135 铁路运输工具操作辅助职业

9139 铁路运输工具操作职业,未归他类者

915 水运工具操作职业

9151 甲板官员

9153 船舶轮机

9155 船舶甲板船员

9157 船舶轮机室和锅炉船员

9159 水运工具操作职业,未归他类者

917 汽车运输工具操作职业

9170 汽车运输工具操作职业监理

9171 公共汽车司机

9173 出租汽车司机和汽车司机

9175 卡车司机

9179 汽车运输工具操作职业,未归他类者

919 其他运输工具以及有关设备操作职业

9190 其他运输工具以及有关设备操作职业监理

9191 地铁列车和有轨电车操作职业

9193 有轨电车(火车除外)司机

9199 其他运输工具以及有关设备操作职业,未归他类

第93类:材料处理职业

931 材料搬运及有关职业,未归他类者

9310 材料搬运及有关职业领班,未归他类者

9311 起重职业,未归他类者

9313 码头搬运工、装卸工和货物搬运工

9315 材料搬运设备操作工,未归他类者

9317 包装职业,未归他类者

9318 材料搬运普工和简单工作职业,未归他类者

9319 其他材料搬运及有关职业,未归他类者

第95类:其他设备机具操作职业

951 印刷及有关职业

9510 印刷及有关职业

9511 排字及有关职业

9512 印刷机操作职业

9513 浇铸铅版和电铸职业

9514 印刷、雕刻或腐蚀制版(照相凸版除外)职业

9515 照相凸版及有关职业

9517 装订及有关职业

9518 印刷及有关职业的普工和简单工作职业

9519 印刷及有关职业,未归他类者

953 固定式发动机和公用事业设备的运行及有有关职业

9530 固定式发动机和公用事业设备的运行及有关职业领班

9531 发电厂运行人员

9533 固定式发动机和辅助设备的运行和维护职业

9535 供水和公用卫生设备的运行职业

9537 泵站与管道设备的运行职业

9539 固定式发动机和公用事业设备运行及有关职业,未归他类者

955 电子及有关通信设备操作职业,未归他类者

9550 电子及有关通信设备操作职业监理,未归他类者

9551 无线电和电视广播设备操作人员

9553 电报机操作人员

9555 声音和图像的录放设备操作人员

9557 电影及有关通信设备操作职业,未归他类者

959 其他工种和设备操作职业,未归他类者

9590 其他工种和设备操作职业领班,未归他类者

9591 摄影、冲洗和加工职业

9599 杂项工种和设备操作职业,未归他类者

第99类:未归他类的职业

991 未归他类的职业

9910 监理和领班,未归他类的职业

9916 检验、测试、分级和取样职业,未归他类者

9918 普工以及其他简单工作职业,未归他类者

9919 其他职业,未归他类者

附录三　澳大利亚部分 TAFE 学院一览表

序号	中英文名称	创始时间	所在地区	备注
1	康甘—巴特曼 TAFE 学院(Kangan Batman TAFE)	1997	维多利亚州	主要从事汽车和航空培训
2	康甘 TAFE 学院(Kangan Institute of TAFE)	1985	维多利亚州	1985 年,大草原 TAFE 学院(Broadmeadows College of TAFE)。1995 年,更名为康甘 TAFE 学院
3	巴特曼 TAFE 汽车学院(Batman Automotive College of TAFE)	1969	维州库伯格(Coburg)	巴特曼是墨尔本缔造者之一,后来以他的名字命名
4	本迪哥地区 TAFE 学院(Bendigo Institute of TAFE)		维多利亚州	www.britafe.vic.edu.au
5	中吉普斯兰 TAFE 学院(Central Gippsland Institute of TAFE)	1928	维多利亚州	www.gippstafe.vic.edu.au
6	东吉普斯兰 TAFE 学院(East Gippsland Institute of TAFE)		维多利亚州	www.egtafe.vic.edu.au
7	戈伯恩·欧文思 TAFE 学院(Gouburn Vverns Institute of TAFE)		维多利亚州	www.gotafe.vic.edu.au
8	西南 TAFE 学院(South West Institute of TAFE)		维多利亚州	www.swtafe.vic.edu.au
9	巴特腊特大学 TAFE 分部(University of Ballarat TAFE Division)		维多利亚州	www.Ballarat.edu.au

续表

序号	中英文名称	创始时间	所在地区	备注
10	维多利亚卧龙岗TAFE学院（VIC Wodonga Institute of TAFE）	1987	维多利亚州	www.wodonga.tafe.edu.au
11	契舍姆TAFE学院（Chisholm Institute of TAFE）是维多利亚最大的TAFE学院	1997	维多利亚州	由Chisholm Institute，Barton，Casey，Peninsula四家TAFE学院于1997年合并而成。2000年度学生60000（留学生1500）。
12	鲍克斯希尔TAFE国际学院（Box Hill Institute of TAFE International）	1924	维多利亚州	澳洲最大的理工学院之一，主要提供职业培训和大学预科课程的公立院校，2.8万名学生，大部分是留学生。
13	皇家墨尔本理工学院Royal Melbourne Institute of Technology（TAFE Division）		维多利亚州	设有TAFE部
1	新州国际TAFE学院TAFE NSW International	1883	新州	澳大利亚最大的TAFE学院，12个学院，120多个校园，40万学生，其中1400留学生，12000名教职工，师生比1∶1.5，拥有4个英语语言中心
2	南悉尼TAFE学院（Southern Sydney Institute of TAFE）		新州	2500多名教师，每年招生40000
3	亨特TAFE学院（TAFE NSW-Hunter Institute）		新州	后来的亨特理工学院（Hunter Institute of Technology）
4	悉尼TAFE学院（Sydey Institute of Technology）		新州	悉尼理工学院（Sydey Institute of Technology）
5	西部TAFE学院（Western Institute of TAFE）		新州	在地理覆盖面上是新州最大的TAFE学院，22个小区，每年新注册学生大约28000人，学习350门课程

续表

序号	中英文名称	创始时间	所在地区	备注
1	道格拉斯·茂沃森 TAFE 学院（Douglas Mawson Institute of Technology）		南澳大利亚	它包括南澳大利亚 TAFE 学院,这个 TAFE 学院据说是南澳最大的 VET 机构。共 53 个校区。www.tafe.sa.edu.au
2	斯宾塞 TAFE 学院（Spencer Institute of TAFE）		南澳	www.tafe.sa.edu.au
3	多伦谷 TAFE 学院（Torrens Valley Institute of TAFE）		南澳	4 个校区,2003 年 9400 学生,75% 学生为兼职学习。450 名教职工,其中 140 人为兼职。
4	沃克帕林格 TAFE 学院（Onkaparinga Institute of TAFE）		南澳	6 个校区
5	茶树谷 TAFE 学院（Tea Tree Gully College of TAFE）		南澳	
1	西澳 TAFE 学院	1987	西澳大利亚	16 个校区,150 万学生
2	澳中 TAFE 学院（Central TAFE College）	1990	西澳	1990 年合并了珀斯的克拉瑞孟特艺术学校和西澳护士学校成为澳中 TAFE 学院
3	挑战者 TAFE 学院（Challenger TAFE）		西澳	www.challengertafe.edu.au
4	天鹅 TAFE 学院（SWAN Institute of TAFE）	2003	西澳	2003 年 1 月,天鹅 TAFE 学院由东南 TAFE 城市学院、中部 TAFE 学院和西海岸 TAFE 学院巴戈校区合并而成的西澳大利亚最大的综合性培训组织
5	卡莱尔 TAFE 学院（Carlisle College of TAFE）		西澳	

续表

序号	中英文名称	创始时间	所在地区	备注
1	布里斯班TAFE学院（Brisbane Institute of TAFE）		昆士兰	www.brisbane.tafe.net
2	洛根TAFE学院（Logan Institute of TAFE）		昆士兰	www.logantafe.qld.edu.au
3	昆士兰大学TAFE分部		昆士兰	
4	黄金海岸TAFE学院（Gold Coast Institute of TAFE）		昆士兰	据1997年《昆士兰年鉴》载该州有16所TAFE学院60多个分校
1	塔斯马尼亚TAFE学院（TAFE Tasmania）	1887	塔州	由五个学院合并而来，即商业学院、Drysdale学院、工业学院、成人教育与社区服务学院和自然资源学院。2004年招生人数为29000名，共有450个认证的培训课程
2	北地TAFE开放学院（NT Open College of TAFE）		北部地区	
3	北部地区大学（Northern Territory University）	1989	北部地区	当年设立TAFE学院，是澳第一所从事TAFE课程的大学
1	堪培拉工学院（Camberra Institute of Technology）		首都地区	
2	首都地区TAFE学院（ACT Institute of TAFE）	1988	首都地区	

附录四 英国最主要4家综合性颁证机构颁证清单及分类[①]

颁证机构 证书类别	评价及质量保证联合会（AQA）	牛津剑桥和皇家艺术联合会考试局（OCR）	优质证书考试局（EDEXCEL）	伦敦城市行业学会（C & G）
普通教育类	资格及学分框架体系中基础学习证书	基础学习证书	普通教育证书（GCE）	
	普通中等教育证书（GCSE）	GCSEAS/level CDE	GCSE	
	中等高级教育证书（Alevel）			
	AQA 学士学位证书			
	AQA 数学运用证书			
	数学晋升证书			
	文凭			
	功能性技能	功能性技能		
	衔接高等教育证书			
	自由标准数学证书（FSMQ）	自由标准数学证书（FSMQ）		
	现代语言证书（FCSE）	Asset 语言证书		
	1、2 级证书			
	国家资格证书框架体系认可的个人与社会教育证书（PSE）和个人、社会及健康教育证书（PHSE）			

[①] 姜大源主编：《当代世界职业教育发展趋势研究》，电子工业出版社 2012 年版，第 243 – 244 页。

续表

证书类别 \ 颁证机构	评价及质量保证联合会（AQA）	牛津剑桥和皇家艺术联合会考试局（OCR）	优质证书考试局（EDEXCEL）	伦敦城市行业学会（C & G）
普通教育类	入门级证书	入门级证书		
	关键技能证书			
	基本技能证书	生活技能证书		
	单元学习证书（USA）			
职业技能类	与职业相关的资格证书(VRQ)		国家资格证书体系认可的BTEC证书(BTEC NQF)	国家职业资格证书（NVQs）、苏格兰职业资格证书(SVQs)
		OCR 国家证书	BTEC QCF	职业资格证书（V）
			工作中学习证书（work-based learning）	单科文凭

主要参考文献

W.C.丹皮尔:《科学史》,商务印书馆1987年版。

"借鉴德国'双元制'经验,促进我国职业技术教育改革的研究与实验"课题组:《面向未来的探索——"双元制"职业教育在中国的实践》,经济科学出版社1998年版。

埃德蒙·金著,王承绪译:《别国的学校和我们的学校——今日比较教育》,人民教育出版社2001年版。

艾萨克·康德尔著,王承绪译:《教育的新时代——比较研究》,人民教育出版社2001年版。

安迪·格林著,王春华等译:《教育与国家形成:英、法、美教育体系起源之比较》,教育科学出版社2004年版。

鲍尔生著,腾大春译:《德国教育史》,人民教育出版社1986年版。

查尔斯·赫梅尔著,王静、赵穗生译:《今日的教育为了明日的世界》,中国对外翻译出版公司1983年版。

陈刚:《西方精神史》,江苏人民出版社2000年版。

陈智强、周晓刚、顾月琴:《德国双元制职业教育本土化:技术与路径》,苏州大学出版社2011年版。

党中央、国务院:《关于深化教育改革全面推进素质教育的决定》,1999年。

党中央、国务院:《中共中央关于教育体制改革的决定》,1985年5月。

邓特:《英国教育》,杭州大学教育系外国教育研究室译,浙江教育出版社1987年版。

邓小平:《邓小平文选》,人民出版社1983年版。

邓泽民:《职业分析手册》,煤炭工业出版社1999年版。

邓泽民、王宽:《现代四大职教模式》,中国铁道出版社2006年版。

丁日新:《借鉴德国双元制职业教育的理论与实践》,新华出版社1999年。

樊亢等:《主要资本主义国家经济简史》,人民出版社1973年版。

费兰斯·范富格特主编,王承绪等译:《国际高等教育政策比较研究》,

浙江教育出版社 2001 年版。

弗兰斯·范富格特主编，王承绪等译：《国际高等教育政策比较研究》，浙江教育出版社 2001 年版。

傅利民、刘民：《文化变迁与教育发展》，四川教育出版社 1988 年版。

傅利民、刘民：《文化变迁与教育发展》，四川教育出版社 1988 年版。

傅伟：《高等职业教育人才培养模式探究》，西南师范大学出版社 2014 年版。

傅衣凌：《明清社会经济变迁论》，人民出版社 1989 年版。

高剑秋：《德国概况》，南京大学出版社 1992 版。

格尔哈特·伦斯基著，关信平等译：《权力与特权：社会分层的理论》，浙江人民出版社 1988 年版。

顾明远：《教育大词典》，上海教育出版社 1998 年版。

顾明远：《世界教育发展史的启示》，四川教育出版社 1993 年版。

顾明远：《中国教育的文化基础》，山西教育出版社 2004 年版。

顾明远、梁忠义：《世界教育大系·职业技术教育》，吉林教育出版社 2000 年版。

顾明远、薛理银：《比较教育导论：教育与国家发展》，人民教育出版社 1996 年版。

顾月琴：《日常生活变迁中的教育：明清时期杂字研究》，光明日报出版社 2013 年版。

国家教委职业技术教育中心研究所：《历史与现状——德国双元制职业教育》，经济科学出版社 1998 年版。

韩雅茹：《当代德国职业教育教学与管理》，天津社会科学院出版社 2003 年版。

郝克明等：《当代中国教育结构体系研究》，广东教育出版社 2001 年版。

胡健雄、卢爱红、王俊肪：《经济奇迹的"秘密武器"——联邦德国的职业教育》，人民出版社 1993 年版。

华北庄、胡文宝等：《中国产学合作教育模式探索》，武汉大学出版社 2005 年版。

黄关从：《德国"双元制"职教模式在 CTM 的实验与研究》，文汇出版社 1997 年版。

姜大源：《当代德国职业教育主流教学思想研究：理论、实践与创新》，清华大学出版社2007年版。

姜大源:《当代世界职业教育发展趋势研究》,电子工业出版社2012年版。

姜大源:《职业教育学研究新论》,教育科学出版社2007年版。

姜德福:《社会变迁中的贵族——16—18世纪英国贵族研究》,商务印书馆2004年版。

教育部:《2005年全国教育事业发展统计公报》,2006年5月。

教育部高等教育司:《高等教育教学改革(1999)》,高等教育出版社2000年版。

教育部高教司:《高职高专改革与建设——2000年高职高专教育文件资料汇编》,高等教育出版社2001年版。

卡尔·哈达赫:《二十世纪德国经济史》,商务印书馆1984年版。

卡尔·雅斯贝尔斯著,周晓亮、宋祖良译:《现时代的人》,社会科学文献出版社1992年版。

克里斯托弗·福尔著,肖辉英、陈德兴、戴继强译,戴继强校:《1945年以来的德国教育:概览与问题》,人民教育出版社2002年版。

雷正光:《"双元制"职教模式及其实验研究》,中国科学技术出版社1999年版。

雷正光:《德国双元制教学模式初探》,科学普及出版社1992年版。

李耐因、邵泉:《培养为明天工作的人——联邦德国职业教育考察记》,新华出版社1987版。

李其龙:《德国教育》,吉林教育出版社2000年版。

李其龙、孙祖复:《战后德国教育研究》,江西教育出版社1995年版。

梁忠义、金含芬:《七国职业技术教育》,吉林教育出版社1990年版。

琳达·克拉克、克里斯托弗·温奇主编,翟海魂译:《职业教育:国际策略、发展与制度》,外语教学与研究出版社2011年版。

蔺田、王萍:《中国职业技术教育史》,高等教育出版社1994年版。

凌培亮、雅尼士、陈祝林:《中德职业教育的现状与未来》,学林出版社2000年版。

刘福军、成文章:《高等职业教育人才培养模式》,科学出版社2007年版。

刘国光:《德国的社会市场经济》,科学出版社1992年版。

鲁迅:《集外集拾遗·〈浮士德与城〉后记》,人民文学出版社1976

年版。

陆规亮:《德国教育之实况》,中国图书公司和记 民国5 [1916]年版。

吕鑫祥:《高等职业技术教育研究》,上海教育出版社1998年版。

马越、王文博:《高等职业教育课程学习评价与案例》,中国轻工业出版社2010版。

孟广英:《当代中国职业技术教育》,高等教育出版社1993年版。

欧盟Asia-Link项目"关于课程开发的课程设计"课题组:《学习领域课程开发手册》,高等教育出版社2007版。

钱乘旦、陈晓律:《在传统与变革之间——英国文化模式溯源》,浙江人民出版社1996年版。

钱民辉:《职业教育与社会发展研究》,黑龙江教育出版社1999年版。

裘元伦:《稳定发展的联邦德国经济》,湖南人民出版社1988年。

塞缪尔·亨廷顿、劳伦斯·哈里森:《文化的重要作用——价值观如何影响人类进步》,新华出版社2012年版。

石伟平:《比较职业技术教育》,华东师范大学出版社2001年版。

石伟平:《时代特征与职业教育创新》,上海教育出版社2006年版。

孙复祖、金锵:《德国职业技术教育史》,浙江教育出版社2000年版。

陶秋燕:《高等教育与职业教育的专业和课程——以澳大利亚为个案的研究》,科学出版社2004年版。

腾大春:《外国教育史和外国教育》,河北大学出版社1998年版。

腾大春:《外国教育通史》,山东教育出版社1985年。

托·亨·赫胥黎著,单中惠、平波译:《科学与教育》,人民教育出版社1990年版。

托斯顿·胡森、T·内维尔·波斯尔恩韦特:《国际教育百科全书》,贵州教育出版社1991年版。

王炳照、徐勇:《中国科举制度研究》,河北人民出版社2002年版。

王承绪、徐辉:《战后英国教育研究》,江西教育出版社1992年版。

王承绪等:《比较教育》,人民教育出版社1985年版。

王明伦:《高等职业教育发展论》,教育科学出版社2004年版。

吴建设:《能力本位高等职业教育研究》,中国商业出版社2005年版。

吴雪萍:《国际职业技术教育研究》,浙江大学出版社2004年版。

吴友法、刑来顺:《德国:从统一到分裂再到统一》,三秦出版社2005年版。

夏之莲:《外国教育发展史料选粹》,北京师范大学出版社1999年版。
徐国庆:《职业教育课程论》,华东师范大学出版社版2007版。
徐国庆:《职业教育项目课程开发指南》,华东师范大学出版社2009年版。
徐行言:《中西文化比较》,北京大学出版社2004年版。
严红卫、邰志明:《德国人》,三泰出版社2004年版。
杨潞:《成功培训新招数——国际流行的培训标准与指南》,中国经济出版社2004年版。
易红郡:《英国教育的文化阐释》,华东师范大学出版社2012年版。
俞启定、和震:《中国职业教育发展史》,高等教育出版社2012年版。
原青林:《揭示英才教育的秘诀——英国公学研究》,黑龙江人民出版社2006年版。
约翰．杜威著,王承绪译:《民主主义与教育》,人民教育出版社1990年版。
曾子达:《加拿大社区学院》,北京大学出版社1994年版。
翟海魂:《发达国家职业技术教育历史演进》,上海教育出版社2008年版。
翟海魂:《英国中等职业教育发展研究》,高等教育出版社2005年版。
张岱年、程宜山:《中国文化与文化争论》,中国人民大学出版社1990年版。
张建新:《高等教育体制变迁研究——英国高等从二元制向一元制转变探析》,教育科学出版社2006年版。
张天:《澳洲史》,社会科学文献出版社1996年版。
张熙:《德国双元制职业教育概览》,海南出版社2000年版。
张应强:《文化视野中的高等教育》,南京师范大学出版社1999年版。
赵世林:《云南少数民族文化传承论纲》,云南民族出版社2002年版。
赵志群:《职业教育工学结合一体化程序开发指南》,清华大学出版社2009年版。
赵志群:《职业教育与培训学习新概念》,科学出版社2003年版。
赵中建:《全球教育发展的研究热点——90年代来自联合国教科文组织的报告》,教育科学出版社2003年版。
中华人民共和国教育部高等教育司、全国高职高专校长联席会:《教学相长——高等职业教育教师基础知识读本》,高等教育出版社2004年版。

中华人民共和国教育部高等教育司全国高职高专校长联合会:《点击核心——高等职业教育专业设置与课程开发引导》,高等教育出版社 2004 年版。

周蕖:《中外职业技术教育比较》,人民教育出版社 1991 年版。

Africa Melis: Teachers and Trainers in Vocational Training: Germany, Spain, France and UK, CEDEFOP, 1995.

Alan Barcan: A History of Australian Education, Oxford University Press, 1980.

Australian National Training Authority: Standards for State and Territory Registering/course Accrediting Bodies, 2005.

Brain Simon: Education and the Social Order(1940—1990), Lawrence and Wishart, 1991.

Commonwealth Department of Education: Major Trends and Developments in Australian Education in 1975 and 1976, Australian Government Publishing Sevice, 1978.

Correlli Barnett: The Audit of War, Macmillan Limited, 1986.

D. Stern, etc: School to Work: Research on Programs in the United States, The Falmer Press, 1995.

ESFC: TAFE in the 1990s: Developing Australia's Skills, Australian Government Publishing Service, 1991.

Helen Collins: European Vocational Education Systems, Kogan Page, 1993.

J. Patrick Paines and Charles G. Leathers: The Economic Institutions of Higher Education Edward Elgar Publishing, 2003.

J. Cannon: Aristocratic Century: The Peerage of Eighteenth Century England, Cambridge University Press, 1984.

James McConnell: English Public school, The Herbert Press Limited, 1985.

Jill Blackmore, Gender of Skill and Vocationalism in Twentieth-Century Australian Education, from Journal of Education Policy, 1992.

John Cannon, Aristocratic Century: The Peerage of Eighteenth Century England, Cambridge University Press, 1984.

John McLaren: A Dictionary of Australian Education, The Dominion Press, 1974.

NBEET: Change and Growth, TAFE to 2001, Australian Government Publishing Service, 1992.

OECD: Vocational Training in Germany: Modernization and Responsiveness, 1994.

Phyllis Deane and W. A. Cole, British Economic Growth (1688—1959), Cambridge University Press, 1964.

Richard Aldrich and Dennis Dean: Education and Policy in England in the Twentieth Century, The Woburn Press, 1990.

Richard Bellamy: Liberalism and Modern Society, Polity Press, 1992.

Richard W. Bums (Ed), Competency-based Education: an Introducion, Education Technology Pubilication, 1972.

Richard W. Bums (Ed): Competency-based Education: an Introducion, Education Technology Pubilication, 1972.

W. A. C. Stewart, Higher Education in Postwar Britain, The Macmillan Press Ltd, 1989.

Berthold 博士:《关于德国双元制职教模式的报告》[R],2009 年 9 月 24 日苏州健雄职业技术学院吴园会议室。

陈传伟:《CBE/DACUM 模式的教育学特点及思考》,《中国高教研究》,2000 年第 5 期。

陈智强:《澳大利亚 TAFE 模式及其对我国高职教育的启示》,《教育与职业》,2011 年第 36 期。

顾明远:《文化研究与比较教育》,《比较教育研究》,2000 年第 4 期。

顾月琴:《从 STW 到 STC:世纪之交美国职业教育改革探析》,《职教论坛》,2013 年第 3 期。

顾月琴:《德国双元制职业教育发达的重要因素》,《中国职业技术教育》,2010 年第 28 期。

顾月琴:《基于 STC 视角的全民职业教育理念分析》,《教育理论与实践》,2013 年第 27 期。

顾月琴:《我国古代民间杂字教材中的职业教育》,《河北师范大学学报》(教育科学版),2008 年第 11 期。

黄日强、邓志军:《英国 BTC 职业教育在我国的引进》,《外国教育研究》,2004 年第 5 期。

黄日强等：《澳大利亚 TAFE 学院的课程设置》，《职教论坛》，2005 年第 13 期。

黄尧、刘京辉：《国际职业教育发展趋势——第二届国际技术与职业教育大会综述》，《中国职业技术教育》，1997 年第 7 期。

姜大源：《基于整体思考的评价观》，《中国职业技术教育》，2009 第 25 期。

姜大源：《论世界职业教育发展的主体脉络》，《中国职业技术教育》，2001 年第 11 期。

姜大源、王泽荣、吴全全等：《当代世界职业教育发展趋势研究——现象与规律（之一）》，《中国职业技术教育》，2012 年第 18 期。

姜大源、王泽荣、吴全全等：《当代世界职业教育发展趋势研究——现象与规律（之二）》，《中国职业技术教育》，2012 年第 21 期。

教育部关于职业院校试行工学结合、半工半读的意见[Z]，教职成[2006]4 号。

教育部关于做好全日制硕士专业学位研究生培养工作的若干意见[Z]，教研[2009]1 号。

教育部教育发展研究中心 BTEC 项目课题组：《中国消化 BTEC——关于 BTEC 项目实施情况的调研报告》，《职业技术教育》，2004 年第 36 期。

君德·瓦格纳：《欧洲一体化形势下德国双元制发展趋势》，《职业技术教育》，2002 年第 15 期。

李建：《国际职业教育发展现状、趋势及中国职业教育的基本对策》，《外国教育资料》，2000 年第 6 期。

潘懋元：《黄炎培职业教育思想对当前高等职业教育的启示》，《教育研究》，2007 年第 1 期。

潘懋元、邬大光：《文化传统与高等教育的理论思考》，《高等教育研究》，1989 年第 1 期。

彭正梅：《德国职业教育改革和发展趋势》，《全球教育展望》，2002 年第 3 期。

苏俭、王益宇：《对高职院校"工学结合"教育模式的再思考》，《中国高教研究》，2010 年第 5 期。

孙进：《文化适应问题研究：西方的理论与模型》，《北京师范大学学报》（社会科学版），2010 年第 5 期。

徐涵：《德国学习领域课程方案的基本特征》，《教育发展研究》，2008

年第 1 期。

易元祥:《中国高等职业教育的发展研究》,华中科技大学 2004 年博士学位论文。

周济:《工学结合、半工半读实现我国职业教育改革和发展的新突破》,《中国教育报》,2005 年 8 月 20 日。

周丽华、李守福:《企业自主与国家调控——德国"双元制"职业教育的社会文化及制度基础解析》,《比较教育研究》,2004 年第 10 期。

后 记

　　光阴荏苒,岁月如梭。放眼望去,深邃的夜空中繁星点点,与天境湖边柔和的路灯相映成趣。无数个夜晚的辛苦写作,终于使书稿按期完成。本书系江苏省教育科学"十二五"规划2013年度课题:《比较与借鉴:国外现代四大职教模式研究》(编号:D/2013/03/113)的研究成果。课题研究和书稿写作期间,曾饱受病痛的困扰和折磨,让我一度失去写作的信心和热情,但在家人和亲友们的关爱和帮助下,终于坚持了下来!

　　首先,深深感谢家人们对我的无私关爱!我是个幸运儿,生活一直平静而幸福。从小在父母和阿姨的疼爱中平安长大,与弟弟情谊深厚。成家后,爱人仁爱宽厚,与公婆小姑相处和睦,上帝又赐我一对双胞胎儿子,阳光懂事。对于所有的家人,尤其对于我的父母来说,他们的愿望简单而真实——只希望我幸福快乐地生活,并依然提供最好的条件让我能心无旁骛地读书写作。对于生活,很感恩很知足!

　　深深感谢我们学院的魏晓锋院长、陈智强副院长和徐金河处长等众多领导和同事,他们的支持和鼓励是我努力工作的最好动力。苏州健雄职业技术学院是江苏省示范高职院校,学院的领导们不但自身学术造诣深厚,而且关注普通教师的学术发展,营造了民主宽容的良好氛围。因此,虽然工作有时很繁忙,但我始终保持着愉悦的心情认真踏实地做好本职工作。

　　深深感谢华东师范大学高等教育研究所丁钢教授和北京师范大学教科院徐勇教授。两位恩师不但在我博士论文写作时给予鼓励和帮助,而且在毕业多年后依然给我很多指导和建议,让我重新有了信心和勇气攀登学术之路。恩师们的教诲我将铭记在心!

　　深深感谢太仓市作家协会凌鼎年主席的支持和帮助。凌老师是微型小说界的泰斗,也是我文学路上的启蒙导师。承蒙凌老师的厚爱,多年来一直关注我的成长与发展,可惜学生不才,辜负了老师的一片苦心,希冀将来有时间和精力从事文学创作。

　　深深感谢好友们的关爱和支持。写作的过程很寂寞甚至是孤独,但所幸有朋友们的相伴和相知,让我深知自己不是孤军奋战。每次遇到思路困顿精神倦怠之时,与友小聚交流或锻炼放松,便会忘记烦恼,重新轻松上路。

有朋友一起分享喜怒哀乐是件幸福的事！

最后，深深感谢那些相识与不相知的前辈和同仁。本书参考了大量国内外的研究成果，正是他们辛勤付出所取得的成果，为我的深入研究提供了一定的基础和条件。

感恩我所拥有的美好的一切！